中国地方财政隐性赤字的演化路径、激励机制与风险监管研究

郭玉清　著

南开大学出版社

天　津

图书在版编目(CIP)数据

中国地方财政隐性赤字的演化路径、激励机制与风险监管研究 / 郭玉清著. —天津：南开大学出版社，2015.12

ISBN 978-7-310-05036-9

Ⅰ.①中… Ⅱ.①郭… Ⅲ.①地方财政－财政赤字－研究－中国 Ⅳ.①F812.7

中国版本图书馆 CIP 数据核字(2015)第 294827 号

南开大学出版社出版发行

出版人：孙克强

地址：天津市南开区卫津路 94 号　　邮政编码：300071

营销部电话：(022)23508339　23500755

营销部传真：(022)23508542　　邮购部电话：(022)23502200

*

河北昌黎太阳红彩色印刷有限责任公司印刷

全国各地新华书店经销

*

2015 年 12 月第 1 版　　2015 年 12 月第 1 次印刷

230×155 毫米　16 开本　15.5 印张　2 插页　235 千字

定价：35.00 元

如遇图书印装质量问题，请与本社营销部联系调换。电话：(022)23507125

　　本书获国家自然科学基金青年项目"中国地方财政隐性赤字的规模估测、风险量化与动态监管研究"（项目批准号：71203106）、韩国高等教育财团（KFAS）2013—2014年度"国际学者交流计划"（ISEF）资助

目　录

第1章 绪论

1.1 本书的缘起

2008年，受国际金融海啸冲击，中国政府启动继1998年积极财政政策后的新一轮积极财政政策，以4万亿投资计划维系增长。2009年，新积极财政政策使中央财政赤字达到7781.63亿元，中央赤字率和赤字依存度分别攀升至2.3%和10.2%，逼近历史峰值。在中央财政赤字背后，地方财政隐性赤字规模也随之飙涨。在4万亿经济刺激计划中，中央政府实际拨款1.18万亿，剩余2.82万亿需要地方自筹（《中国地方债务管理研究》课题组，2011）。为鼓励地方政府筹集配套资金，2009年中国人民银行和银监会联合颁发信贷结构调整意见，鼓励各地组建地方政府融资平台（Local Financing Platform），通过银行贷款、发行城投债、融资租赁等方式拓宽融资渠道，配合国债资金投资基础设施建设项目。

在中国，省以下地方政府预算内收入拮据，一些县级政府的预算收入仅够维持预算内刚性支出，如人员经费、办公经费等，俗称"保吃饭""保运转"，因此依托地方政府融资平台的预算外融资，对地方政府"谋发展""求政绩"来说就显得特别重要。游离于预算监管之外的举债融资，使地方财政处在隐性赤字状态下运行（Ahmad等，2004），隐性赤字支撑的市政建设有力维系了危机冲击期间的大国经济增速，但也带来不容忽视的潜在风险。目前，关于中国地方财政隐性赤字积蓄的风险表现在哪些方面、已经达到什么程度、可能对中国经济带来什么样的影响和冲击，国内外学界臧否不一，尚无定论。

国际金融海啸爆发后，希腊、西班牙、葡萄牙、爱尔兰等国相继爆发"欧债危机"（European Debt Crisis），对主权信用评级带来极大负面影响。国际社会在关注欧债危机的同时，对中国地方政府债务风险的判断有失偏颇，居心叵测者据以唱衰中国，妄称中国地方政府的隐性举债严重脱离预算监管程序，累积债务规模过高，可能像欧债危机一样引发中国经济衰退，甚至导致"全面崩溃"。但如果我们深入分析中国和欧盟情况，就会发现两者存在根本差异。深陷欧债危机的国家，往往将举债融资贴补高福利赤字，而中国地方政府举债融资主要投向市政建设，在城市化快速推进过程中形成了大量优质公共资产。公共投资导向的地方政府举债融资符合债务期限与资产寿命相匹配的"黄金法则"（Golden Rule），从代际公平视角考虑，后代人理应为基础设施的跨期溢出效益承担部分成本（Macro，2001）。一些研究发现，基建投资作为制约发展中国家区域一体化和产业结构升级的核心瓶颈，能够解释中国和印度两个地理毗邻、基础相近的发展中大国为何形成截然不同的增长绩效。中国政府通过鼓励性的制度安排，允许地方政府举债建设基础设施，积极推进城市化进程，为产业发展提供协调和外部性（林毅夫，2012），而印度政府并没有这样做。按照这样的思路分析，中国地方政府的举债融资具备可持续性基础，风险发生机制与欧债危机国家迥然相异，从中长期看有利于增强经济内生增长潜力，避免陷入系统性债务危机。

中国审计署 2013 年公布的地方政府性债务审计报告，从官方角度证实了风险的可控性。根据审计署公示结果，截至 2013 年 6 月，全国负有偿还责任、担保责任和兜底责任的地方政府性债务总量占 GDP 比重远低于国际公认警戒线，并且其中一些担保、兜底债务也未必转化为政府的偿债负担。这意味着从中长期"可持续性"（Sustainability）角度观察，中国地方政府债务风险是总体可控的。但总体可控并不代表可以忽视潜在风险，测算地方政府债务余额占自有财力比重后，我们发现一些中西部省区的综合债务率指标已经超出国际警戒线。这说明，中国地方政府举债融资在风险总体可控的同时，隐含着资产负债期限结构错配风险，这类流动性风险因素在密集偿债期到来时，将会给局部地区带来难以承受的偿债压力，甚至陷入偿债困境。另一个不容忽视的风险点是，1994年分税制财政管理改革完成的主要工作是在中央和省之间分配财权，但并未涉及事权如何划分，特别是没有涉及如何清晰界定偿债责任。弊端是，如果局部无力偿债陷入流动性危机，将倒逼上级政府事后纾困，使流动性风险沿着由低到高的纵向行政链条，层层传导、逐级转嫁，冲击中央财政安全（郭玉清，2011）。由此我们判断，中国地方政府举债融资不存在中长期可持续性问题，风险主要表现在流动性（Liquidity）方面，其发生机制是地方政府长期在预算收支表外举债融资，而隐性赤字支撑的公共资产贡献的利润流不足以覆盖到期债务。

我们要思考的问题是，中国地方财政赤字为何长期以"隐性"状态存在？换句话说，既然审计署已经确认中国地方政府债务规模持续膨胀，说明地方财政收支处于事实上的赤字状态运行，那为什么这些财政赤字没有在公开的财经资料中予以反映？回答上述问题，必须追溯至 1994 年分税制改革及其配套规定。1994 年《预算法》规定，地方政府不能发行地方债券融资，财政预算禁列赤字，必须严格保持收支平衡，这项法律规定一直延续到 2015 年新预算法的颁布。在旧《预算法》存续的 20 年间，从账面上看，各地《财政一般预算收支决算总表》中包括税收收入、非税收入、中央转移支付收入等可支配财力在内的总预算收入同总预算支出是基本持平的，也就是说，旧《预算法》作为一项强制度约束一直在发挥效力。但在一般预算收支表外，地方政府（特别是基层政府）大多以搭建地方融资平台的方式绕开这项制度约束，诉诸多重隐性渠道举债融资，形成难以估测的地方财政隐性赤字。表内、表外截然不同的融资策略意味着，中央政府一方面通过显性法则禁止地方政府列预算赤字，另一方面又默许甚至鼓励地方政府经由隐性渠道筹措资金，否则地方政府将难以迎合城市户籍人口激增派生的巨量基建投资需求。地方财政隐性赤字这样一种制度现象，深刻体现了中国经济转轨时期特有的制度柔性特征，但由于隐性赤字不能完全反映在财政预算收支、预算外收支、银行或非银行金融机构的资金来源和运用账面上，表现形式非常隐蔽，在通常的研究中极易被忽视。当地方财政隐性赤字逐年累积到一定规模时，地方政府债务体量将变得极为庞大，超出地方政府的债务承载能力，倒逼中央政府事后救助，通过行政传导链条冲击中央财政运行安全。从这个角度说，很多研究仅以财政收支表中的显性财政赤字——中央政府财政赤字——衡量财政风险度，却忽略规模庞大的地方财政隐性赤字，是不全面和不准确的。

　　尽管中国同国外情况不同，但"欧债危机"的爆发和演化对我国仍有警示意义。希腊自 2001 年加入欧元区后，经济基础薄弱，产业重点放在海运、旅游、侨汇三大外需型产业上。2008 年受全球金融危机冲击，赴希腊旅游的欧美游客锐减，运力占全球 20% 的希腊航运业快速步入萧条。但希腊政府长期负担高福利支出，面对收入锐减和支出扩张的压力，不得不大量对外举债，发行短期国内债券。数据显示，希腊 2009 年新发行债券中，5 年期以下债券占 71%，3 年期以下占 27%，1 年期以下占 12%，短期偿债压力沉重，流动性风险剧增。

　　中国地方政府举债融资主要投向市政设施而非福利性支出，意味着中国地方政府举债具备中长期意义上的可持续性；但应看到，在流动性风险方面，中国与欧债危机国家是近似的。长期来看，中国地方政府的预算外举债依托融资平台，融资收入主要投向轨道交通、管道敷设、垃圾清运等市政设施，这些基础设施能够破除中长期增长的瓶颈制约，但不能在短期内形成稳定的偿债利润流。以银行贷款为主的融资方式决定债务偿还期极短，往往在 3～5 年内就迎来密集偿债期，使地方政府面临巨大的偿债压力。由于资产负债期限结构错配严重，地方政府的偿债资金来源主要是土地出让金（Land Leasing Fee）[①]。随着中国城市化不断推进，隐性赤字支撑的市政建设推动了城市土地资产升值，地方政府可以凭借国有土地所有者身份，在土地交易市场上批租土地使用权，获取土地出让金。地方政府对土地出让金拥有自由裁量权，中央政府并不干涉具体投向，但土地批租收益扣除融资成本后，剩余部分仍不足以迎合市政建设需求。由此地方政府继续以土地出让金为地方融资平台提供担保，向商业银行申请贷款或发行城投债，形成一种"土地收益为杠杆"的举债融资模式（Guo Yuqing，2014）。这种杠杆融资机制至少潜伏着两类风险：一是区域性，即风险的地域分布极不均衡，在某些土地收益薄弱的落后省区，可能率先出现政府无力偿债局面，将偿债压力抛给上级政府；二是波动性，土地出让收益是高度"顺周期"（Pro-cyclical）的财

　　[①] 根据审计署 2013 年第 32 号、总第 174 号审计公告，截至 2012 年年底，11 个省本级、316 个市级、1396 个县级政府承诺以土地出让收入偿还债务 34865.24 亿元，占省市县三级政府负有偿还责任债务余额 93642.66 亿元的 37.23%。

源，一旦宏观经济受外生冲击大幅震荡，土地出让金波动更加剧烈，势必影响地方政府的持续杠杆融资能力。一些研究发现，在遭受国际经济危机冲击期间，发展中国家的地价可以在正负两极波动 50%（Rodden，2002），联带后果是地方财政偿债能力也随之剧烈波动，甚至触发流动性危机。

从当前中国经济发展面临的国内外形势看，地方财政隐性赤字风险是不容忽视的。在保持 30 年经济高增长之后，中国一跃成为全球第二大经济体，但在后危机时代，支撑中国经济高速增长的三驾马车之一的净出口已然下滑，继续维持原有增长态势既要保持高投资率，又要在结构转型中确立新的经济增长点，在当前的国际形势下对政府执政能力构成了严峻考验。随着经济增长步入"新常态"，房地产价格回落至正常涨幅①，土地出让金难以成为地方政府可长期依赖的稳定持续财源。地方财政隐性赤字的区域分布同样堪忧。根据审计署调查结果，2012 年 3 个省级、99 个市级、195 个县级、3465 个乡镇政府负有偿还责任债务的债务率高于 100%；2 个省级、31 个市级、29 个县级、148 个乡镇 2012 年政府负有偿还责任债务的借新还旧率（举借新债偿还的债务本金占偿还债务本金总额的比重）超过 20%。这说明，中国各省区偿债压力极不均衡，隐性赤字的区域结构风险已然显现，部分财力薄弱的省份和地区已陷入流动性困境。地方政府还采取更隐蔽甚至违规的方式举债融资，如建设经营转让模式（BT）、非金融组织和个人借款、违规发行债券等，加大了风险监管难度，使核实隐性赤字规模变得非常困难。

2015 年初，中国新预算法完成"破冰之举"，正式放开了地方政府的发债融资权。伴随新预算法的实施，财政部推出万亿债务置换额度，允许地方政府以债券融资置换即将到期的隐性债务，从而地方财政隐性赤字将逐步显性化，地方政府偿债压力将以债权人分散化和债务期限结构中长期化的方式得以缓释。债券融资模式的放开，意味着中国将逐步同成熟分权治理国家的地方政府举债融资模式接轨，将所有债务纳入预算管理，财政赤字进入预算监控，从而更规范地防范和控制地方财政隐

---

　　① 一般认为，中国房地产业在二十一世纪前十年经历了发展的"黄金十年"。在此期间，房地产价格快速飙涨，背后有城市化推进过程中一系列制度红利的协同影响，但这些制度红利将随着宏观经济步入"新常态"而逐步减弱，带动房价涨幅回落至正常区位。

性赤字风险。在债务置换过程中，亟待厘清的问题是，传统地方政府举债融资模式究竟隐含着什么样的激励机制，使地方财政隐性赤字逐年累积扩张，部分地区近于失控？传统赤字融资模式究竟蕴含着哪些风险？这些风险在中国严不严重，如何应对？对这些问题的解答，有利于在未来的债券融资模式中搭建一个激励相容的制度框架，约束地方政府沿着可持续融资的轨道平稳、有序举债。根据我们掌握的文献资料，这项课题仍是中国财政风险领域研究的薄弱环节，鲜有文献进行过系统研究。由于定量证据不足，既有研究大多只是从政策方向上提出一些建议，所提出的政策建议尚需具备对应的理论基础。

我们认为，控制地方财政隐性赤字风险，并不等于完全取缔地方政府举债融资权，或实施严苛的"去杠杆化"（Deleveraging）政策，这种做法无异于"将婴儿和洗澡水一起倒掉"。必须认识到，地方财政隐性赤字支撑的市政设施建设形成了大量优质公共资产，使地方政府举债融资具备中长期可持续的潜力。当前要解决的关键问题是防范地方财政隐性赤字可能衍生的流动性风险，遏制隐性赤字存在的机会主义倾向，使财政赤字更加透明化和可持续。因此，尽快研究地方财政隐性赤字的制度激励和风险管控策略，在当前已凸显出其保障财政安全、稳定经济运行的重要现实意义；对于分权治理大国构建一个激励相容的地方举债管理框架来说，这项研究也已经势在必行。

1.2 相关概念阐释

研究中国地方财政隐性赤字的制度激励和风险防控体系，涉及很多专业术语，有必要首先界定各种相关概念的内涵和外延，对各种交织于一体的定义予以梳理和澄清，为后续研究构筑基础。这些概念有些散见于媒体报端和公众评论，但各方认知迥异；有些则是并不常见的学术用语，有待做理论诠释。

1.2.1 地方财政隐性赤字

"地方财政隐性赤字"（Local Hidden Fiscal Deficit）是基于中国现实，

从"财政赤字"（Fiscal Deficit）引申出来的一个概念。财政赤字是在特定时段内（一般是 1 年）财政支出同财政收入的差额[①]，是一个学界普遍接受的流量概念。财政收入是政府为履行资源配置、收入分配、经济稳定等职能筹集的政府可支配收入，中国地方政府可支配收入包括税、费、租等类型。其中，"税"是政府凭借政治权力向企业和个人强制征收的税金；"费"是政府及其职能部门收取的行政事业性收费、基金，如公路养路费、城市教育费附加、城市建设配套费等，投向涵盖交通、教育、卫生等多个领域；"租"是政府凭借土地所有者地位，在土地交易市场折现让渡未来若干年限的土地使用权后，获取的资本化"租"金，主要用于土地收储和城市扩建。上述收入以"预算内""预算外""制度外"等形式，成为地方政府的实际可支配收入，是有数据可查的。当上述收入仍不足以迎合地方政府的财政支出责任时，地方政府就需要以举债融资拓宽财源，并承诺在未来年度偿还本息，因而"债"是一种有偿收入，新增举债主要用于弥补财政支出高于财政收入形成的流量赤字。

　　中央政府弥补财政赤字可以选择发行国债（Bond Issuance）和征收铸币税（Seigniorage Collection）两种方式。"铸币税"是中央政府超额发行货币、主动使货币贬值，进而使债权人财富下降、债务人偿债压力降低的一种减债方式。此外，中央政府有债券发行权，可以用国债发行收入弥补中央财政赤字。中国中央财政赤字和国债余额可在《中国财政年鉴》《中国统计年鉴》等公开资料查询，中央财政赤字是显性化的。图1-1 绘制了 1998 年积极财政政策后，中央财政赤字绝对和相对规模的演化情况[②]。这张图显示，总体上中央财政赤字是逆经济周期操作的，在危机冲击期间，财政赤字规模相应扩张；反之则相应减缩。

---

　　① 与"财政赤字"对应，当地方政府一定时段内的财政支出低于财政收入时，收支差额形成了地方政府"财政盈余"。财政赤字和财政盈余往往随经济周期交替出现，反映政府调控经济周期波动的政策姿态。

　　② 中央财政赤字在两次积极财政政策实施期间攀升较快，2000 年，2.5%的中央财政赤字率和15.7%的中央财政赤字依存度分别达到历史高位。其后，仅 2007 年中央财政赤字由正转负，实现了1540.43 亿元的财政盈余，但这种情况自 1998 年积极财政政策后并不多见。2009 年，中国政府反周期刺激增长，中央财政赤字高达 7781.63 亿元，赤字率和赤字依存度重新攀升至 2.3%和10.2%，逼近历史峰值。

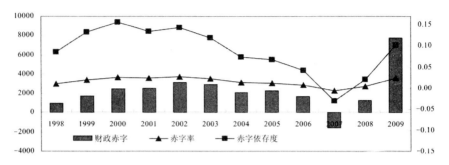

图 1-1　中央政府财政赤字、赤字率及赤字依存度的演变情况

资料来源：《中国统计年鉴》(1999—2010)。左侧纵轴单位为亿元，中央财政赤字＝中央财政支出－中央财政收入，中央财政赤字率＝中央财政赤字/GDP，中央财政赤字依存度＝中央财政赤字/全国财政支出。

与中央政府不同，地方政府没有货币发行权，不能以铸币税方式减债，地方财政赤字只能靠政府及附属机构发行债券融资，或向金融机构、政府、企业甚至个人借贷的方式弥补（Liu 和 Waibel，2009）。1994 年《中华人民共和国预算法》第四章第二十八条规定："地方各级预算按照量入为出、收支平衡的原则编制，不列赤字；除法律和国务院另有规定外，地方政府不得发行地方政府债券"，这项法律从制度上禁止了地方政府以发行债券方式弥补财政赤字的权利。那是否地方财政收支确实不存在显性赤字呢？查询历年《中国财政年鉴》不难发现，各省 2009 年以前财政收支决算表报表的"财政收入"项包括"国债转贷收入"；2009 年后变更为"财政部代理发行地方政府债券收入"。这说明在 2009 年以前，中央政府统一发行国债后，又将其中部分国债收入按区域政策贷放给了地方政府，这部分收入构成了地方财政显性赤字，是在账面上可查的；2009年后，尽管发行主体仍然是财政部，但发债主体已明确变更为地方政府，财政赤字进一步显性化。这两类地方政府举债融资收入均明确记录在分省财政收支报表中，未来需要偿本付息，所弥补的地方财政收支差额均应定义为"地方财政显性赤字"（Local Explicit Fiscal Deficit）。将显性赤字纳入地方预算收支报表后，各省财政收支预算严格保持平衡，尽管显性赤字规模都不高，但也事实突破了预算法的制度约束。

除地方财政显性赤字外，审计署屡次审计结果表明，地方财政收支还存在没有反映在财政收支账面上的隐性赤字。为弥补地方财政隐性赤字，各级地方政府已经累积了规模巨大的政府性债务，需要做专项研究。

　　本研究定义的"地方财政隐性赤字"，是指由地方政府及其附属机构主动借债弥补，而在财政预算收支账面上没有反映的年度财政收支缺口。作为发展中的大国，中国的地方政府在承担基本公共服务供给职能的同时，还面临经济发展的重任，而地方政府税基普遍孱弱，生产性支出与预算财力之间形成了巨量收支缺口，需要地方政府多方拓宽融资渠道予以填补。为弥合基建缺口，且不违背旧预算法禁止地方政府发行债券的制度规定，中国地方政府大多诉诸隐性渠道借债融资，采取的手段包括组建融资平台申请银行借贷、企业或个人借款、政府间往来借款、政信合作借款、券商资管和私募合作的 BT 代建融资等，其中组建地方政府投融资平台借款是最常见的隐性举债方式。这些举债融资没有计入任何公开统计资料，但借贷主体多元、借贷规模巨大，融资收入不纳入地方政府的预算收支报表，主要被用于市政设施建设。地方政府融资平台本身没有现金流业务，借债过程要由地方政府提供隐性担保，甚至直接以地方政府作为债务人，一旦陷入偿债困境，地方政府将直接或被动承担偿债责任，因此融资平台举债填补的财政收支缺口应定义为"地方政府隐性赤字"。

　　本研究将地方政府弥补财政隐性赤字的债务融资范畴限定为地方政府及其附属机构的"主动借债"，是为了同社保基金缺口、粮企亏损挂账、环境污染治理等被动负债相区别。在本书定义中，"主动借债"是地方政府及其附属机构为弥补地方财政隐性赤字，以合同或契约形式同其他市场主体发生的债务关系，特点是借贷、偿还主体明确，偿债程序事先约定，地方政府或其附属机构到期履行偿债责任。与其对应，"被动负债"是经济转轨期的经济和制度环境对政府职能构成外生压力、但又不明确划归地方政府支出责任的债务类型。以"社保基金缺口"为例，这项收支缺口是每年社保基金需求同社保基金收入的差额，测度缺口规模的关键是确定社保基金需求量有多高。如果以受保人数和人均社保标准的乘积测算社保基金需求，那人均社保费用的划定标准是一个见仁见智的问题，将需求标准降低一些就不存在缺口，提高一些就会有缺口，很难合理量化社保基金的隐性赤字规模。①更关键的问题是，社保支出一般被认为是一种强外溢性支出，同粮企亏损挂账、环境污染治理、金融系统呆坏账等支出项目类似，中央政府应承担部分支出责任，未必完全归属为地方财政隐性赤字。因此本书将地方财政隐性赤字限定为地方政府主动借债弥补的财政赤字，这样既便于量化测度各省财政隐性赤字规模，也与中国国情和政府职能要求相符。

1.2.2 地方政府债务

地方政府债务（Local Government Debt）是地方政府在财政运行过程中，为弥补财政赤字逐年举借的债务累积额。如果说地方财政赤字是一个流量概念，地方政府债务就是一个相对应的存量概念，是截止到特定时点尚待清偿的债务余额。由于地方财政赤字只能以举债方式弥补，在理论意义上，地方政府债务与地方财政赤字的关系可表述为：

$$B_t = (1 + r_{t-1})B_{t-1} + (G_t - R_t) \qquad (1.1)$$

其中 B_t 是截至 t 期末的地方政府债务余额，将（1.1）式中的 B_{t-1} 移至方程左端，则 $(B_t - B_{t-1})$ 代表 t 至 $t-1$ 期末地方政府债务的变化额，即 t 期新增地方政府举债额。$(G_t - R_t)$ 代表 t 期地方财政收支差额，当支出 G_t 高于收入 R_t 时，即产生地方财政赤字，其中可能包含显性赤字或隐性赤字，概以地方政府举债方式弥补。$r_{t-1}B_{t-1}$ 是根据上期利率测算的待偿债务利息，利率一般采用期内平均利率。将考察视角从离散时间转为连续时间，则截至 t 期末的地方政府债务余额是对（1.1）式右侧的财政赤字和债务利息从基期开始求取积分，计算后可得：

$$B(T) = \int_0^T G_t [\exp(\int_0^t r_v \mathrm{d}v)] \mathrm{d}t - \int_0^T R_t [\exp(\int_0^t r_v \mathrm{d}v)] \mathrm{d}t \qquad (1.2)$$

由（1.2）式做一个反向推断：假如截至特定时点，审计查明地方政府存有大规模债务余额，则既往年度地方财政收支必然存在赤字；进一步分析，如果显性赤字不足以引致审计查明的地方政府债务余额的话，则地方财政收支过程中必然存在没有纳入统计程序但又真实存在的隐性

---

① 关于中国社会保障基金是否存在缺口，社会各界争议较大。学界一般认为存在巨额缺口，需要提高社保缴费比例并改革传统社保制度；实际部门则认为社保基金不仅没有缺口，还有制度性盈余。双方判断差异的根源，即体现在对社保需求标准的认知方面。

赤字。即便官方公布的财政决算报表显示地方政府严格保持预算收支平衡，也会存在预算收支表外以隐匿形态存续的财政赤字，即前文定义的"地方财政隐性赤字"。

中国审计署 2011 年以来总共组织了三次大规模地方政府性债务审计，2013 年底公布的包括省、市、县、乡四级地方政府在内的政府性债务余额共计 17.9 万亿元。在 17.9 万亿债务余额中，部分债务是为弥补地方财政显性赤字举借的，举债方式有中央代发地方政府债券、国债转贷两种，但审计查明这两部分债务余额共计 0.96 万亿元，仅占全部地方政府债务余额的 5.36%。这说明，地方政府除以两类显性举债方式弥补地方财政显性赤字外，更主要的是通过银行贷款、BT、企业债券、中期票据、信托融资等隐性举债方式弥补地方财政隐性赤字，隐性赤字规模远高于显性赤字。显性债务规模极低的原因是，国债转贷（Lending Policy of Treasury）、中央代发地方债券等举债方式举借、偿还主体明确，中央政府能够约束地方政府借贷规模，要求地方政府优先偿还到期显性债务，债务规模受控于中央政府；相对而言，地方财政隐性赤字的借贷渠道非常隐蔽，在预算软约束激励下举债规模高、偿债动力弱，债务规模取决于地方政府，中央政府难予控制，因而成为地方政府债务的主要来源。鉴于地方政府预算外举债和地方财政隐性赤字是客观存在的，忽略规模庞大的地方财政隐性赤字研究风险，结果可能是失真的，甚至是误导的（Krumm 和 Wong，1999；高培勇，2006；Brixi 和马骏，2003）。

对于地方政府债务分类的研究，最早可追溯至世界银行专家白海娜（Hana Polackova，1998）。如表 1-1 所示，白海娜在这篇极具影响力的文章中将政府债务划分为四类。首先，政府债务可划分为直接债务（Direct Liability）和或有债务（Contingent Liability），直接债务是地方政府明确承担偿债责任的契约型债务，偿债责任既可能现期发生，也可能将来预期确定发生。或有债务是随机事件引发的债务，发生概率既取决于外生因素（如自然灾害），也取决于内生因素（如地方政府为企业贷款提供担保的联带责任）。白海娜（1998）进一步指出，按政府债务是否得到法律或合同的认定，政府债务又可划分为显性债务（Explicit Liability）和隐性债务（Implicit Liability）。显性债务是法律或合同确认的债务，这类债务到期时，地方政府必须履行偿付责任，如国际金融机构借款、政府担保的企业借款等。隐性债务不是法律意义上的政府法定责任，而是建立在公众期望或者政治压力上的政府道义责任，如自然灾害救助、金融危机化解。根据这个定义，也可将显性债务理解为法定债务，将政府隐性债务理解为推定债务（李萍等，2009）。两个层次的政府债务相互交织，组成四种政府债务类型，即显性直接债务、隐性直接债务、显性或有债务和隐性或有债务，四类债务包含的具体债务细目在表1-1中列示。其中，仅直接显性债务具有明确的法律约束，是确定由地方政府负责偿还的债务。这类债务主要弥补基建投资缺口，要严格遵守政府举债的黄金法则；其余三类政府债务由于偿债主体的模糊性、发生与否的不确定性，未必由政府作为最终偿债人，债务规模核算相对困难。

表 1-1　白海娜（Hana Polackova）政府债务矩阵

债务类型	直接债务：源于政府承担的现时义务，任何情况下都会发生	或有债务：源于政府承担的未来义务，仅当特定事件发生时才存在
显性债务：由法律或合同所确定的政府债务	1. 主权债务（政府签署合同的借款和发行的证券）； 2. 法定支出； 3. 法定公务员养老金	1. 政府担保的下级政府、国有或私人部门的非主权债务； 2. 政府各种贷款担保（如各种抵押贷款、助学贷款、农业贷款、小企业发展贷款等）； 3. 政府其他担保（如贸易、汇率、对外国政府主权债权、私人投资等）； 4. 政府保险计划（如存款保险、私人养老基金的最低返还、粮食、自然灾害和战争等）
隐性债务：政府出于公共或利益集团压力而承担的债务	1. 公共投资项目的未来维护成本； 2. 非法定未来公共养老金支出； 3. 非法定未来医疗保险支出； 4. 非法定其他社会保障支出	1. 非担保的下级政府债务违约； 2. 非担保的国有或私人企事业的债务违约； 3. 银行危机的救助（超出政府保险范围的部分）； 4. 非担保的养老保险基金、失业保险基金或社会保障基金的危机救助； 5. 中央银行无力履行义务； 6. 私人资本外逃的救助要求 7. 突发性环境破坏、灾害救济和军事支出等

　　资料来源：白海娜（Hana Polackova，1998）。

　　接下来需要厘清，中国审计署公布的地方政府性债务与世行专家白海娜界定的政府债务有何异同。审计署在审计地方政府性债务时，按照财政部分类标准，将地方政府债务分为三类："直接债务""担保债务"

"兜底债务",其中直接债务进一步细分为"一般债务"和"专项债务"两类(中华人民共和国财政部预算司,2009),主要涉及的债务类型是地方政府及其职能部门、事业单位、下属机构的主动借债,而白海娜(1998)定义的"社保基金缺口""突发性环境破坏""灾害救济"等被动负债并未包含在该统计口径中。本研究主要参照财政部口径定义地方政府债务。

在财政部口径中,"直接债务"指地方政府及其职能部门、有财政经常性拨款的事业单位直接借入或拖欠形成的债务,以及地方政府及其职能部门成立的公司为进行基础性、公益性建设,以政府信用直接借入形成的债务。其中,"一般债务"指没有对应收入来源的债务,如用于义务教育、卫生防疫和疾病控制等举借或拖欠的债务,专项债务指有对应经营性收益或制度性收入来源的债务,如由交通部门统借统还建设的高速公路、用土地出让金作为还款来源的城市基础设施项目、高等院校和医院等事业单位质押收费权举借的债务;"担保债务"指地方政府及其职能部门、有财政经常性拨款的事业单位等依据合同提供担保形成的债务,以及地方政府及其职能部门或机构成立的公司为进行基础性、公益性建设,以政府信用依法提供担保形成的债务;"兜底债务"是企事业单位为公益性项目举借、政府未确认承担直接还款责任,也未提供担保的债务(不含上级财政转贷债务),如高校、医院、供水、供热、供气、融资平台公司等为主体举借的相关债务。对比来看,财政部定义的"直接债务"大体相当于世行专家白海娜(1998)定义的"直接显性债务",担保债务大致相当于"或有显性债务","兜底债务"属于"或有隐性债务"的一部分。尽管财政部口径小于世行专家口径,但基于中国国情和便于审计核查的考虑,将地方政府债务范畴限定为地方政府及其职能部门的主动负债,更有利于量化管控风险。同审计署口径一致,本研究以地方政府及其职能部门的主动负债为基准,量化地方财政隐性赤字规模,研究地方财政隐性赤字的激励机制和演化规律,设计地方财政隐性赤字的风险管控策略,为政府决策提供理论依据。

1.2.3 地方财政隐性赤字风险

地方财政隐性赤字是地方政府以预算外举债融资弥补的财政收支缺口,赤字规模反映地方政府对经济的隐性干预程度。政府干预理论可追溯至凯恩斯的《货币、利息与就业通论》。在其理论体系中，政府应以财政政策平抑商业周期波动，但赤字扩张不长期维系，财政赤字和财政盈余应逆经济周期交替出现，形成"全周期预算平衡"（Cyclical Budget Balance）。凯恩斯以降，内生增长理论发现政府财政政策可以在资本积累、技术扩散、研发创新等方面发挥能动作用，增强经济内生增长潜力（Barro 和 Sala-i-Martin，1995；Aghion 和 Howitt，1998；郭玉清，2007），这为新兴分权国家的赤字扩张政策提供了理论依据。当政府显性债务融资不足以迎合扩张需求时，新兴分权国家普遍依托政府控制的机构实体，在资产负债表外经由隐性渠道举债融资，对经济运行实施深层次干预（刘俐俐，2011）。财政隐性赤字在促进基础设施建设、推动城市化进程方面发挥了重要作用，缓解了新兴分权国家经济发展的瓶颈制约；但新兴分权国家的财政赤字扩张普遍没有坚守"全周期预算平衡"，而是形成了持续的扩张偏好，隐含着放大周期波动、冲击财政安全的风险。由于隐性赤字支撑的基建投资短期难以贡献稳定利润流，很多新兴分权国家曾触发流动性偿债危机，部分地方政府甚至反复陷入破产境地，引发理论界广泛关注和大量研究。

为全面理解地方财政隐性赤字风险，有必要澄清经济学意义上的"风险"（Risk）概念，梳理其内涵和外延。对于"风险"，经济学界有两种代表性观点：其一，风险是在特定环境下和特定时段内可能发生的结果变动，即结果的不确定性；其二，风险是特定环境和特定时段内损失发生的可能性。结合这两种观点，可将"风险"界定为未来不确定事件可能给经济主体造成的潜在损失。

在经济学意义上，"风险"具有四个典型特征：

第一，普遍性。风险是经济主体决策行动的可能结果，影响风险的因素广泛存在，只要具备一定条件，风险便可能转化为现实。规避风险是通过改变行动规划，甚至取消行动计划，将潜在损失以经济、技术手段予以消弭的行为。在损失发生之前，如果决策主体辨明警兆险源，预先实施风险规避机制，能够实现损失概率的最小化。

第二，变化性。风险主体在特定时间、地点和条件下，面对的风险要素并不相同。同样的损失对承受能力强的风险主体危害小，对承受能力弱的风险主体危害大，甚至可能触发危机和破产。风险要素不断变化，即使对于同一风险主体，当外部环境变化后，风险承受力和风险潜在损失也相应改变，因此风险研究应基于动态视角而非静态视角展开。

第三，可测性。风险意味着潜在损失，尽管结果不确定，但风险程度是可测和可控的。结合定性、定量技术预测风险概率，风险主体能根据承受能力采取相应的防控预案。可测性是量化管控风险的前提，制定风控战略预警管控风险，对风险主体非常重要。

第四，对称性。风险主体之所以愿意采取风险行动，目的是获取收益。风险和收益往往是对称的，风险是收益的代价，收益是风险的报酬。但在承担风险的同时能否获取收益，还取决于诸多外生和内生条件，如客观因素变化与否、是否开展可行性研究、风险管控水平如何等。尽管获取收益必然承担风险，但反过来"承担风险必然获得收益"未必成立。

按上述框架理解"地方财政隐性赤字风险"，其可定义为：地方政府以预算外举债融资弥补财政收支隐性赤字，在各种不确定因素的影响下，冲击财政安全、导致经济损失的可能性。由于隐性赤字对财政经济的影响有一个积累过程，在本研究中，地方财政隐性赤字风险同地方政府债务风险是基本等价的。但应注意，中央代发地方债券、国债转贷弥补等地方财政显性赤字，即有数据可查的财政赤字，并没有定义在隐性赤字范畴中。

同"风险"概念对应，地方财政隐性赤字风险同样具有四个典型特征[①]：

第一，发展中国家普遍依赖隐性赤字融资支持城市化和基础设施建设，但赤字的隐性扩张存在着客观风险。在经济高速发展期，地方政府的偿债能力较强，隐性赤字风险处于隐匿状态；一旦经济步入紧缩阶段，

---

① 中国财政部预算司（2009）将地方政府举债风险分为内部风险和外部风险两类，风险内涵与我们界定的风险特征是一致的。在官方定义中，内部风险包括五个方面：总量风险，即由于债务规模过大而可能导致的借债主体到期无法完全偿债的风险；结构风险，如债务来源形式复杂，各类债务齐头并进、波动显著，债务风险区域分布不均衡，经济相对落后地区的政府债务风险相对较大等；效率风险，即由于债务资金的使用效率不高，而可能导致的债务资金支持的公共项目无法提供稳定利润流和偿债资金的风险；利率与汇率风险，是市场利率的变动造成的对债务支出的影响，或涉及向国际金融机构借债时，由于汇率变动导致的对债务本息支出的影响；管理风险，指地方政府及其机构由于债务管理效率不佳而造成的资金低效运用风险。外部风险主要有：增加税费风险，地方政府债务融资被视为一种推迟了的税收，当地方政府债务负担日益加重时，纳税人和收费对象的税费负担也可能逐步加重；转嫁债务风险，地方政府会通过各种方式向银行、企业、上级政府、下届政府转嫁风险，难以弥补的债务负担最终往往要由中央政府承担；宏观政策实施效果风险，地方政府债务无论是以财政赤字的方式出现，还是以各种借款的方式出现，都意味着地方政府在实施扩张性的财政政策，而与所处的宏观经济环境无关。

经济增速放缓，长期累积的隐性赤字风险将集中凸显，使地方政府陷入偿债困境。在政绩竞争压力下，中国地方政府普遍存有赤字扩张偏好，行政级次越低的地方政府赤字扩张偏好越强烈（郭玉清等，2014）。因此地方财政隐性赤字风险的地理分布极不均衡，对防范风险来说，高危地区的区域联防比个案控制更加重要。

第二，地方财政隐性赤字风险是一种相对风险，不同区域、不同层级地方政府的风险程度迥异，仅从全国整体视角判断地方财政隐性赤字风险可能存在认知偏差。审计结果表明，中国的负债率指标（地方政府债务余额/GDP）仍处于安全区间，说明地方财政隐性赤字风险是总体可控的。但总体可控并不等于不存在局部风险，甚至高危地区。中国各地区政府财力极不均衡，财力薄弱地区的偿债压力大、风险高，债务流动性不足，因此与总量风险相比，地方财政隐性赤字风险主要表现在流动性和结构方面。此外，不同地区的隐性赤字风险会随利率、汇率、房价等参数动态变化，以静态指标观测风险未必适宜。

第三，地方财政隐性赤字风险是可测和可控的。可测性是指通过定性、定量数理方法，可以量化估测地方财政隐性赤字的风险程度，研判地方财政隐性赤字风险的演化规律，针对高险警区提前制定防控预案。[①]不仅全国财政隐性赤字的整体风险是可测可控的，还可以根据省以下地方隐性赤字风险的演化趋势，采取差异化防范策略，形成层次衔接、区域联动的风险量化评估体系。制度设计、机构组建和政策工具的综合运用，可以避免局部风险升级为系统危机，甚至可以实现"转危为机"。

第四，地方财政隐性赤字有风险，也有收益。如能遵循举债黄金法则，将举债融资投向市政设施和硬件服务领域，地方财政隐性赤字可以发挥支出乘数效应，缓解基建发展瓶颈，为中长期经济增长提供外部性。但隐性赤字融资不计入财政预算，支出过程缺乏外部监管，隐匿着迎合政府自利需求的道德风险，如楼堂馆所建设、非公益项目投资、供养预算超编人员等，因此隐性赤字的"收益"未必全都有利于增长，还要考察谁受益、谁受损的绩效问题。

---

① 穆迪、惠誉、标准普尔等国际信用评级机构一直采取类似的统计方法，对不同国家和地区的主权债信状况进行量化评级。中国地方财政隐性赤字风险的量化预警，可以借鉴其统计方法和评级程序展开。

由上述分析综合判断，中国地方财政隐性赤字风险总体可控，风险主要表现为结构性风险和流动性风险，不同地区的偿债压力和风控绩效迥异，需要掌握各地财政隐性赤字规模，在区域比较分析的基础上研究地方财政隐性赤字的演化规律、激励机制和风控策略。2015 年，中国政府的新预算法正式放开了地方政府的发债融资权，财政部退出万亿置换计划，以发债融资置换到期债务。债务置换将使地方政府的资产负债期限结构更加匹配，从债务期限结构中长期化、债权人分散化、财政赤字显性化的意义上缓释风险。但长期赤字扩张累积成的债务不可能短期置换完毕，在置换过程中，仍需要采取动态监管措施防范存量隐性风险。

1.2.4　地方财政隐性赤字危机

"风险"（Risk）和"危机"（Crisis）是既有联系又有区别的两个概念。"风险"是危机爆发前不确定结果的潜伏和酝酿状态，从低风险到高风险的演化，都可界定为风险范畴；"危机"是风险积聚到一定程度，由不确定因素触发的可观测结果。本书对地方财政隐性赤字危机的定义为：地方财政隐性赤字风险酝酿、积聚到一定程度后，地方政府无力偿债、举债融资难以持续，需要将偿债压力转嫁给其他部门或机构的客观事实。

进一步分析，潜在风险是危机爆发的前提，在风险积聚过程中，一般不存在可观测事件，使举债机构或外部观察者意识到风险已经积聚到触发危机的程度。因此在地方财政隐性赤字风险的演化过程中，举债部门往往过度诉求隐性赤字收益，却忽略了可能潜伏的风险。危机是风险持续积聚的结果，一旦触发地方财政隐性赤字危机，必有可观察事件发生，逼迫政府采取紧急应对措施。当地方财政赤字触发危机时，彻底分权国家允许地方政府破产（Local Government Bankruptcy），中央政府采取人事重组、收支调整、框架指导等政策，要求危机政府厉行增收节支、恢复财政健康。中国政府间采取严密纵向层级控制，不执行过于激进的地方政府破产政策，但地方财政隐性赤字危机会通过其他方式凸显。郭玉清（2011）认为，若地方政府逾期债务高于负重阀值，倚靠自有财力无力偿还，亟须上级政府拨款救助，即可判断地方财政隐性赤字触发了偿债危机。

1994 年分税制改革后，中国尚未触发过可观测的地方财政隐性赤字危机，风险一直处于隐匿状态而非现实爆发。但审计结果表明，一些市县政府已经陷入了"借新偿旧"的被动循环，很多基层政府没有足够的偿债资金应对到期欠债，风险正在基层政府积聚，甚至不排除某些地区已经陷入事实上的赤字危机。当密集偿债期到期时，一些税基孱弱地区可能率先资不抵债，倒逼上级政府施以救助之手，使赤字危机沿着从低到高的行政链拾级而上，转嫁升级。对于可能触发危机的基层政府而言，必须在密切观察其资产负债表的同时，研究流量财力能否覆盖到期债务，从财源和负债两个层面设计预警机制。

世行专家 Brixi and Schick（2002）建议，应构建财政资源对冲矩阵（Hedge Matrix），借以研究地方政府出现财政危机的可能性。他们设计的财政资源对冲矩阵按照直接与或有、显性与隐性债务的分类标准，从政府资产和财政收入的角度对应列举了政府偿债资金的各种来源。具体地，直接显性债务是法律约束政府必须承担的偿债责任，当偿债资金不足时，政府应变现一些国有资产用于偿债；直接隐性债务的偿债来源同样建立在现存资产的基础上，但对应资产游离于政府控制之外，只能通过隐蔽渠道消弭风险。或有显性偿债资金对应资源而非资产，其中最重要的资源是政府的征税权，但要扣除政府担保和补贴支出额；或有隐性债务偿债资金来源是国有企业利润、官方债权人融资承诺和外汇储备。

刘尚希、赵全厚（2002）在国内最早提出类似观点，认为地方财政危机评估应建立在政府资产和负债两个基本面上。他们认为，政府资产是政府拥有的公共资源，既包括有形经济资源，又包括无形政治资源和社会资源；政府债务是政府承担公共支出责任和义务的赤字融资方式。在界定风险程度时，刘尚希（2003）建议考虑四个层次的资产负债比率关系：政府负债与资产存量对比、政府负债增量与资产增量对比、政府负债与经济总规模对比、政府负债与无形资源对比。通过比较政府债务及其对应的资源状况，中央政府能够预判地方政府危机程度，判断局部危机是否会演变升级为经济和社会危机，提前做出防范预案。

表 1-2　政府偿债资源对冲矩阵

财政安全性来源	直接来源:建立在现期资产存量和收入流量的基础上	或有来源:依赖于未来价值的创造
显性来源: 建立在政府的法定权力之上,即财产所有权、征税权和举债权	1. 经营性和非经营性国有资产出售收入; 2. 政府拥有的自然资源; 3. 税收收入; 4. 来于上级政府的转移支付; 5. 政府收费	政府从金融机构购买的避险工具
隐性来源: 建立在政府间接控制的基础上	1. 国有企业利润; 2. 中央银行正净值; 3. 官方外汇储备	从官方债权人获得的融资承诺

资料来源: 李萍等 (2009)。

　　另一些研究质疑了 Brixi and Schick (2002) 的资源对冲矩阵。李萍等 (2009) 认为,税收收入属于政府在一定期间内可以直接控制的财政资源,在本质上更接近于政府的直接资产而不是或有资产;政府资源开采和销售收入同样应归属政府直接掌控的资源;从债权人获得的或有信贷额度应视为负债而非资产。依据是,政府直接资产建立在当期资产存量和收入流量的基础上,而或有资产取决于未来事件发生与否。结合中国实际,李萍等 (2009) 设计的政府资源对冲矩阵如表 1-2 所示,认为政府偿债资产矩阵与政府负债矩阵并非严格一一对应关系。当或有显性债务违约,政府从金融机构购买的避险工具不足以偿债时,地方政府可动用政府性收费、税收甚至国有资产变现收入为受保单位偿还债务;如直接显性来源仍不足以偿债,地方政府将不得不依赖上级政府救助,获取来自上级的融资承诺。也就是说,政府资产矩阵主要反映偿还债务的第一序列资金来源;当第一序列偿债资源不足时,再顺次考虑其他资金来源,对冲负债的财政资源是灵活的,而非僵化的。

　　上述研究的政策启示是,虽然影响地方财政隐性赤字风险的因素多样,风险程度在各种内、外生因素冲击下不断演化,但触发地方财政隐性赤字危机的直接原因是地方政府可偿债财力资源严重不足,逾期债务累积存压到不堪重负的程度。防控地方财政隐性赤字危机,必须针对可能陷入困境的地区,从财源和负债两个层面设计管控思路。一旦地方政府陷入事实危机，中央政府有必要介入债务重组过程，防范局部危机向更大的区域扩散蔓延，事前监警和事后重组对遏制地方财政隐性赤字危机都很重要。

1.3 研究方法、技术路线与后续研究方向

本研究是关于中国地方财政隐性赤字的演化规律、激励机制和风险监管策略的学术研究，可供参考的相关文献极少，需要综合运用统计、计量和数理分析方法，实现地方财政隐性赤字领域研究从定性到定量的突破。在技术路线方面，我们将遵循数据挖掘→经验观察→风险评估→制度设计的路径，在定量观测风险的基础上，提出适用于中国的风险防控政策工具组合。

1.3.1 主要研究方法

本研究涉及领域较广，单独采取定性或定量技术均难以达到研究目标，需要结合定性与定量技术展开研究。定量方法主要用于分省财政隐性赤字的规模估测和演化趋势观察，定性方法包括历史资料整合、典型案例分析、比较研究等。

1.3.1.1 隐性经济统计方法

隐性经济（Implicit Economy）是根据现行国民经济核算体系应被核算而未被核算、现行国民经济核算体系虽未涉及但确实存在的经济活动（李金昌、徐蔼婷，2005），隐性经济统计方法主要用于地下经济、非法经济或非正规经济数据的统计估测。中国地方财政隐性赤字长期没有进入标准核算体系，在地方政府预算收支表外操作，客观存在并对宏观经济发挥现实影响力，因此本研究借鉴这类统计方法，结合审计署公布的权威数据，定量估测分省财政隐性赤字规模。研究中涉及的分析技术有：

1. 货币测量

这种方法基于经济变量相互关系的定量分析，以数理方法描述货币存量在"正常经济"背景下的变化逻辑，将无法用常规因素解释的隐性财政赤字与现实状态的偏离归因于隐性财政收支活动，结合基础货币变

动判断隐性赤字规模。利用国家信用优势，中央政府可以铸币税方式缓释偿债压力，基础货币存量的变化能够反映出中央政府以通货贬值减轻的偿债负担，因此估测中央财政赤字时，货币测量法是必须考虑的定量估测方法。但地方政府不具备货币发行权，无法以铸币税方式减债，货币因素对地方财政隐性赤字的影响弱于中央财政赤字。

2. 收支核算

收支核算即通过对地方财政收支情况的观察，乃至对地方公共部门收支的全面核查，将国民账户同公共部门的收支差异归因于未被观测的隐性财政活动，进而获得隐性赤字估算数据。在官方公布的地方财政预算收支报表中，包括地方财政显性赤字在内的财政收支是平衡的，但此外还应考虑地方政府的预算外收支、制度外收支等隐性财政收支活动，更准确把握地方政府的实际资金支配情况，使估算的隐性赤字数据更全面反映地方政府的活动范围和干预领域。

3. 相关度印证

相关度印证是通过测算与地方财政隐性赤字密切相关的土地融资率、金融机构隐性授信意愿、中央政府转移支付等指标，观察地方政府举债融资趋势，印证地方财政隐性赤字规模。由于预算内收入拮据，处于纵向失衡压力下的地方政府依赖预算外隐性渠道筹集基建资金，财政隐性赤字与土地融资之间具有较强的相关性。为快速回笼资金，隐性举债融资也被投向营利性、政绩性项目[①]，对上述相关指标的定量测度，有助于判断地方财政隐性赤字的扩张力度和经济绩效。

4. 潜变量观测

潜变量观测是通过辨别牵引地方财政隐性赤字的潜变量（Hidden Variable），获得关于地方财政隐性赤字的信息集合，进而利用潜在信息约束估测财政隐性赤字规模。在估测分省财政隐性赤字时，一个非常重要的潜变量是土地批租收益。土地收益既被地方政府作为预算外可支配财源，又作为偿债担保，发展出一种典型的以土地收益为担保的杠杆举债模式。土地收益越充裕的地方政府，从金融机构获得的授信支持越多，举债规模越大，是估测各省财政隐性赤字的重要潜变量。本书也利用其

---

① 根据审计署总第 174 号审计公告，截至 2012 年底，全国共有超过 350 亿元地方政府举债融资被投向房地产、"两高一剩"等非公益营利性和低效投资领域。

他可能的潜变量，观察估测数据的稳健性。

1.3.1.2 数理模型框架设计

本研究利用政府举债和财政赤字的动态理论方法，构建适用于中国的风险测度模型，在一个前后衔接的模型框架内，逐步展开地方财政隐性赤字估算、地方财政隐性赤字风险及危机预警、地方财政偿债准备金滚存设置等内容的理论研究。在下管一级的管理模式中，各级财政部门遵循本项目设计的理论框架进行隐性赤字风险预警时，可从自身实际情况出发，获取地方隐性赤字的历史资料，确定本级风险防范预案；而上级政府数据信息又是从下级政府层层传递而来，这样既能使上级财政部门随时监控下级部门的风险状况，又能保证数据流的真实、划一。

1.3.1.3 历史资料整合

历史资料整合过程是对地方财政隐性赤字的历史数据进行重新剖析和解读。继世行专家白海娜后，国内学者多次估算过中国地方政府债务余额，审计署也组织了三次大规模债务审计。整合理论界和实际部门的历史数据资料，有助于从多维视角印证研究结果的稳健性。在预警地方财政隐性赤字风险的过程中，我国地方财政部门广泛使用了"违约债务""逾期债务""债务余额"等指标，但各地测算口径差异极大，增加了构建统一风险评估机制的难度。本研究将基于掌握的历史数据资料，重新设计风险指标，使风险评估方法及防范策略的研究相互衔接统一。

1.3.1.4 比较研究

比较分析方法将大量应用于本研究。通过综述相关文献，我们将对比不同学者对我国地方财政隐性赤字的估测结果及风险判断，提出本研究的创新性研究思路。由于研究对象是分省财政隐性赤字，可以通过对省际赤字的跨时跨域比较，总结出风险演化的动态规律。本研究还将比较新兴分权国家、成熟分权国家及中国财政风险管控的实践经验，在其基础上提出适用于中国的"前瞻后顾"风险管控战略。

1.3.2 总体技术路线

本研究将遵循经验观察→机制剖析→风险量化→监管设计的路径展开研究，并在其中穿插融合多种定性、定量方法，力争突破传统技术瓶颈。在绪论部分，本研究主要诠释地方财政隐性赤字的相关概念和研究背景，确定基本的研究框架，进而展开正式研究。首要完成的工作是整合历史研究资料，系统述评地方财政隐性赤字的规模估测、激励机制、风险预警、监管策略等领域的国内外文献，总结既有研究做出哪些理论贡献，尚有哪些理论、经验或技术瓶颈亟待突破，形成了哪些政策启示，进而提出本研究的基本特色和创新点。在概念诠释和文献综述之后，两项内容的研究将贯穿全文：一是地方财政隐性赤字的制度阐释，二是地方财政赤字管理的经验借鉴。在机理阐释部分，我们系统归纳中国地方财政隐性赤字背后一系列经济、政治、财政、金融等制度因素的协同激励，我们发现正是这些显性或隐性的制度激励，使地方政府罔顾成本、扩张赤字，诱发出以公共池推卸责任的举债道德风险问题。财政赤字管理的国内外经验总结既能指导构建风险管控的制度框架，又能提供适用于中国的具体政策工具。

总体上，本研究分成三个相互分野又互有联系的研究领域，分别是地方财政隐性赤字的演化路径、制度激励和风险监管。概念诠释和文献整合将指导观测中国分省财政隐性赤字的演化路径，我们主要基于审计署权威数据和掌握的数据资料，估算分省财政隐性赤字的时序数据。估算数据可以揭示出在城市化快速推进和经济高增长的背景下，中国地方政府的扩张偏好及赤字融资的周期性规律。在制度激励研究部分，我们发现地方财政隐性赤字受到转轨期多重制度安排的协同激励，这些激励制度有些是新兴分权国家共有的，有些是中国特有的。通过在分权框架中嵌入制度激励，中国有效激发了地方政府"搞建设""谋发展"的融资积极性，使增长导向的发展战略得以逐级贯彻落实，并切实推动了大国经济的高增长。但在取得卓然增长绩效的同时，隐性赤字激励也引发资产负债结构错配、流动性风险加剧、局部地区风险凝聚等问题，需要引起决策者高度重视。我们在风险监管部分提出，对地方财政隐性赤字风险的监控，应构建双层预警机制：早期预警机制和危机预警机制，其中早期预警机制主要针对全国范围，危机预警机制主要针对省以下政府，两套预警机制分别采取不同的预警方法。早期预警机制重点观测省区间隐性赤字风险的差异性，根据早期预警指标反映的险情警兆设计风控预案；危机预警机制以"逾期债务"为核心、以流动性为监测对象，设计化解危机的综合治理方案。我们最终提出"事前设限、事中控管、事后重组"的"前瞻后顾"风险监管机制，在总结分权治理国家的隐性赤字控管经验时，逐步厘清哪些适于中国，哪些在借鉴引入的同时要做适应性调整。

1.3.3 后续研究方向

本研究是关于地方财政隐性赤字的首创性研究，没有太多相关文献可资借鉴，加之笔者学术水平有限，错误和疏漏之处在所难免。本书涉及的很多问题限于分析技术，仅能做到"浅尝辄止"，主要目的是"抛砖引玉"，吸引更多学者展开更深入的后续研究。可供参考的研究方向包括：

第一，在地方财政隐性赤字的激励机制和传导路径部分，我们发现地方官员受政治考评机制驱使，普遍在纵向失衡的分权框架中形成了赤字扩张偏好，如果管控机制不力，财政隐性赤字风险可能传导升级为财政金融风险，冲击宏观经济安全。在中国体制背景下，有观点认为是不可能出现系统性财政危机的，财政危机只会以金融危机的形态凸显，财政负债终将以银行呆坏账的形式转化为金融债务。我们认为，有必要深入研究财政风险和金融风险的转化机制，可行路径是从金融资产负债表的角度观测地方财政隐性赤字风险如何发展演化，一些文献已开始尝试从这个视角展开研究（沈沛龙、樊欢，2012）。

第二，地方财政隐性赤字既有风险，又有收益。在中国快速城市化进程中，城市人口激增需要地方政府改善基础设施和公共服务，破除经济可持续增长的瓶颈制约。在预算内可支配财力孱弱的前提下，以增长为导向，地方财政隐性赤字有效推进了市政项目建设，在地区间激烈的竞争氛围中取得了卓然增长绩效；但也必须认识到，地方政府持续的赤字扩张也积累了大量表外债务，一旦宏观经济步入紧缩，地方政府面临的偿债压力将骤然增大，赤字扩张模式将难以为继，甚至触发局部流动性危机。如何在统一的框架内分析地方财政赤字融资的贡献和成本，从而得出一个边际意义上的最适举债规模，使地方政府举债融资的大国治理机制从"加力"向"增效"转变，仍有待深入研究。

第三，在设计地方财政隐性赤字的监管策略时，我们分析了"前瞻后顾"式监管策略的可行性，提出明晰划分政府间偿债权责的制度框架，以及如何遏制地方政府赤字融资的道德风险和逆向选择。但在完善中央地方财政关系层面，受研究视角所限，本书没有展开深入分析。关于中央和地方政府应如何划分财权事权，特别是中央政府应如何在分权和救助之间谋求制度平衡，理论界颇有争议。原则上，中央政府控制地方政府举债的方式有四种：市场纪律（Market Discipline）、行政约束（Administration Constraints）、规则控制（Rule-based Controls）、合作协议（Cooperative Arrangements），在不同的制度环境下，这四种方式都有可能成为最优选择（Ter-Minassian，1997）[①]。一些学者建议在中国实施完全硬化的预算约束，使资本市场在约束地方政府借贷行为时发挥主要作用。但中国目前尚不具备彻底分权的所有制度要件，结合中国国情设计中央地方财政关系的最优模式，是非常有意义的研究方向。

第四，沿循以上思路分析，地方政府的各类行为，如省际竞争、表外融资、区域分割、扩张偏好等，不一而足，都与中央政府的顶层制度设计有关。地方财政隐性赤字的制度激励有经济、政治、财政、金融等层面，这些制度激励有些是中央政府明禁暗许的，有些是中央政府直接推动的。假定中央政府的目标函数是关于增长和稳定的一个非线性函数，放开地方政府举债融资权能推动经济增长，但赤字扩张累积的风险反过来又会威胁到经济稳定，因此中央政府必须谨慎权衡地方财政隐性赤字的各种成本和收益。在顶层设计中，中央政府并不只是一个简单的规则制定者，还是博弈参与人，究竟继续允许地方政府扩张赤字，还是采取严厉的去杠杆政策遏制风险，应该是中央在和地方政府反复博弈中形成的最优制度安排。从这个视角观察，基于大国分权框架中的央地财政关系研究地方政府举债融资的治理机制，更有助于从制度层面规范地方政府竞争行为、降低地方政府扩张冲动，增强中国经济中长期可持续增长的内生潜力。当然，这也有待学界继续研究。

---

① 在 Ter-Minassian（1997）的定义中，"市场纪律"指中央政府完全不干预地方政府借贷、任由资本市场决定信贷配置的管理模式，地方政府自由决定是否借贷和向谁借贷；"行政约束"是中央政府以指令方式直接控制地方政府借贷的管理模式，如规定最高借款额、负债率上限等；"规则控制"指中央政府只能靠宪法或法律规章干预地方政府借贷，并且依据的财政规则必须是确定而透明的；"合作协议"指中央政府和地方政府通过谈判、协商的方式确定地方政府借贷规模。作者认为，这四种管控方式各有优劣，不存在理论上的绝对最优模式。

第2章 地方财政隐性赤字的理论与政策研究述评

　　搜诸文献，一些国内外相关研究针对成熟市场经济国家或新兴分权经济体，探讨了地方财政赤字的估测方法、预警机制和监管策略。尽管中国情况有特殊性，但国内外既有研究对分析中国地方财政隐性赤字的预警与控制机制具有重要借鉴价值。本章分地方财政隐性赤字规模估测、风险量化和监管策略三部分，对相关文献进行述评，并在章末总结政策启示。

2.1 地方财政隐性赤字的概念界定及规模估测研究

　　国际学界对地方财政隐性赤字的研究可追溯至20世纪80年代的拉美债务危机。在拉美债务危机爆发前，公开数据表明，拉美国家具有可持续且富活力的内生增长潜力，政府资产负债表健康，有充足的财力储备防范经济风险。但当拉美债务危机爆发时，危机迅速蔓延到东南亚诸国，说明拉美国家的经济结构和财政基础并不像外部观察者看到的那样牢固，有大量政府隐性收支游离于预算监控之外，威胁财政金融运行安全；一旦遭受外生事件冲击，潜在风险便凸显成为现实危机，甚至通过传染效应向更大的区域蔓延。无独有偶，1997年亚洲金融危机的爆发进一步印证了国际学界的这类判断。新兴分权经济体的财政脆弱性，促使国际学界开始重视地方财政隐性赤字的研究，首要工作是界定财政隐性赤字概念，估测发展中国家和经济发达国家的财政隐性赤字规模，研究两类经济体的财政隐性赤字存在哪些不同。可以说，概念界定和规模估测是先导预警地方财政隐性赤字风险,进而设计出风险管控机制的基础。

2.1.1　地方财政隐性赤字的概念及内涵界定

1998 年，世界银行财经专家白海娜（Hana Polackova）分析发展中国家的财政运行情况时，发现很多国家公开的预算报表中公布的财政赤字并不能覆盖真实的举债融资情况，很多或有、隐性债务没有反映在财政收支表中，但这些没有纳入统计报表的财政赤字却威胁着发展中国家的财政安全，风险程度甚至超过显性财政赤字。Daniel 和 Jeffery（1997）、Easterly（1998）、Talvi 和 Carlos（2000）同样发现，发展中国家的财政统计表普遍没有充分反映地方政府举债，很多国家的地方政府将大量财政赤字转换为隐性负债，公开统计报表中列示的赤字仅能反映小部分收支缺口。

作为全球最大的发展中国家，中国政府预算收支报表是否也遗漏了地方财政隐性赤字呢？翻阅历年《中国财政年鉴》，会发现预算报表中公布的地方政府举债融资收入是"国债转贷收入"，2009 年后变更为"财政部代理发行地方政府债券收入"。这两类地方举债融资收入主要用于弥补地方政府的显性预算收支缺口，或滚动偿还到期的显性债务，是有据可查的，从而应定义为地方财政显性赤字①。其特点是，显性举债方式有明确的合同约束，债务、债权主体明确，地方政府难以规避到期债务的偿还责任。但同很多发展中国家类似，中国还存在地方政府经由隐性渠道举借的债务，这些举债融资没有在公开统计资料得以反映，却是地方政府非常倚重的收入来源，类型有地方政府融资平台债务、地方政府向个人和企业举借债务等。由于这些举债融资绕过了 1994 年《预算法》的制度约束，填补的财政赤字应定义为地方财政隐性赤字。与显性赤字不同，隐性赤字规模是逐年迅速膨胀的②，我们甚至可以判断，中国地方财政隐性赤字的增速应高于印度、墨西哥、巴西等发展中国家，道理在于，中国在 21 世纪前十年经历了发展中国家极为罕见的快速城市化，

---

① 1994 年《中华人民共和国预算法》要求地方政府必须保持财政收支预算平衡、不列赤字，但事实上无论"国债转贷"还是"财政部代发地方政府债券"，地方政府都通过向中央政府借贷或由财政部出面发行债券的方式进行了举债融资。由这些举债融资方式实现的地方财政支出已然超过预算征收能力，形成当年的显性财政赤字，未来需要偿还本息。因此即便查询公开的数据资料，地方政府"不列赤字"的制度限制也已被突破，只不过对这两种显性融资方式来说，地方政府尚未成为真正意义上的举债主体。

② 关于中国分省财政隐性赤字的演化路径和潜在风险，详见本书第三章。

城市化扩张需要地方政府大力投资市政设施，缓解城市人口激增导致的公共品拥挤效应，而地方政府投资市政设施的资金大多要靠组建地方融资平台的隐性方式，经由预算外举债融资渠道获取，这部分隐性赤字并没有体现在官方公布的统计资料中。为鼓励地方政府拓宽融资渠道，中国甚至在严密的纵向层级控制中嵌入了针对地方官员的政绩考评机制，激励地方官员"谋发展""求政绩"，政治竞争压力进一步加剧了地方财政隐性赤字膨胀。隐性赤字融资的收益是使中国迅速构筑了良好的基础设施（张军、周黎安，2007），破解了制约中长期增长的瓶颈，取得相对于印度等发展中国家更为突出的增长绩效，但也使积蓄了难以忽视的流动性风险。

由于统计资料的限制，国内学界对地方财政隐性赤字的研究文献可谓凤毛麟角，对隐性财政赤字的定义也不尽相同。地方财政隐性赤字的国内相关研究最早可追溯至沈翼（1995），在这篇文章中，作者给出的财政赤字定义是：

财政赤字＝经常收入-（经常支出+债务支出）≡（经常收入-经常支出）-债务支出≡账面赤字+隐性赤字   (2.1)

这个定义说明，地方财政赤字应由显性赤字、隐性赤字两部分构成。显性赤字反映在财政收支账面上，数额等于经常性支出与经常性收入的差额，如果差额为负，则不仅不存在赤字，经常性收支还有盈余。与显性赤字对应，隐性赤字主要靠隐性举债融资弥补，数额等于每年的新增债务支出。

沈翼（1995）指出，财政隐性赤字是在财政收支过程中实际发生，而在财政收支账面上没有反映，或无法体现的财政亏空。财政亏空在不同体制条件下有不同表现，通常有两种：应列预算而未列的部分，和应由财政支出但在预算年度财政难以负担、由其他部门或公民代为支出的部分。这个财政隐性赤字定义是在 20 世纪 90 年代做出的，当时财政隐性赤字主要表现为财政亏空，原因是地方政府征收能力薄弱，没有能力承担全部支出事责，只能将一部分支出责任转嫁给企业或个人，因此这种财力屦弱内生的地方财政隐性赤字可视为一种"被动型"财政赤字。进入 21 世纪后，地方财政隐性赤字转变为地方政府的一种"主动型"赤字，各级政府纷纷组建融资平台公司，绕过预算法约束举债融资搞建设、谋发展，这类隐性赤字并不是体制环境被动引发的，而是地方政府主动举债产生的，但同样没有统计在公开的预算资料中。由此可见，沈翼（1995）界定的地方财政隐性赤字已不适用于分析当前的情形，需要做适应性修正。

接下来需要提及崔光庆（2007）的研究。这篇文章将中国财政赤字分为中央财政赤字和性质类同于地方财政赤字的隐性财政赤字两类，换句话说，所有地方财政赤字均可称为隐性财政赤字，依据是按照 1994 年《预算法》规定，地方政府必须保持财政收支平衡，原则上是不能列赤字的，如果有赤字，必为隐性财政赤字。这项研究将地方财政隐性赤字分为四类：由于社会保障制度转轨和社保资金缺口形成的隐性财政赤字、由地方政府举债融资形成的隐性财政赤字、因金融风险财政化导致的未来政府收支赤字、重大项目和欠发达地区战略性开发的投资失败导致的或有财政收支赤字。由此可见，崔光庆（2007）延续了白海娜（1998）的研究思路，基于中国国情，从或有、隐性债务中选取四种债务类型，作为地方财政隐性赤字的弥补方式。但将地方财政赤字全部定义为隐性赤字并不妥当，前文述及，中央政府以"国债转贷"形式转借给地方政府的债务、财政部代理发行的地方政府债券具有明确权责主体，弥补的是地方财政显性赤字，因此崔光庆的研究混淆了显性和隐性财政赤字。

段海英（2013）认为，财政隐性赤字是由政府隐性收支形成的财政收支差额，其中隐性收入包括未纳入政府统计口径但属于政府可支配的经济资源，如一些未纳入当期公共财政预算的预算外收入及制度外收入；隐性支出是政府必须负担、未纳入当期公共财政预算的各项支出，如国有银行不良贷款、社保基金缺口、政府担保导致的损失等。这个定义同样存在一些问题。如果说"隐性收入"是预算外收入和制度外收入，那并非所有未纳入公共财政预算的收入都是"隐性"的，如官方统计的预算外收入主要指地方政府以收费、基金等渠道收取的收入，预算外支出则投向市政建设、公共教育、环境保护等多个领域，这些数据在历年《中国财政年鉴》和《地方财政统计资料》中均有备案。至于制度外收入，主要指地方政府以国有土地所有者身份，在土地一级市场上出售国有土地使用权获取的土地出让折现收益，各省土地收益总量、结构、类型等数据都可在历年《中国国土资源统计年鉴》查询，因此制度外收入也不能称为纯粹意义上的"隐性"收入。

段海英（2013）认为，"隐性赤字"的形成机理与政府隐性举债有关，但与"隐性债务"的定义又有区别。隐性赤字是一个流量概念，隐性债务是一个存量概念，这是对财政隐性赤字概念比较正确的理解。当财政支出超过财政收入时，地方政府只能通过隐性举债方式弥补赤字，但由于预算内收支必须保持制度平衡，地方政府举债融资主要弥补的是预算外收支和制度外收支赤字。进一步说，"地方政府债务"作为一个存量概念，是截至某一时点地方政府尚待归还的历史累积债务余额；地方财政隐性赤字作为一个流量概念，是在某一时间段内财政支出超过财政收入的差额。出现收支差额就要举债，新增举债在弥补财政赤字的同时，也使地方政府债务余额不断膨胀，因此新增举债同样是一个流量概念。后文将进一步阐述地方财政隐性赤字、地方政府债务余额、地方政府举债融资等概念的逻辑关系。

2.1.2 地方财政隐性赤字的规模估测研究

通过测算地方财政赤字与地方政府债务余额定量关系，理论界尝试了多种方法估计财政隐性赤字规模，比较常见的方法是利用政府债务和财政赤字的动态演化方程进行估算。

Buiter（1985）指出，对政府财政赤字的全面衡量，应从政府掌控的财富数量的变化角度加以定义，即用政府总资产冲销债务存量后的余额核算赤字。尽管经济学家认为这将导致定量程序的复杂化，但这项定义引发了大量后续研究。Eisner（1984）基于同样观点设计了包括财政隐性赤字在内的联邦政府实际赤字规模测算公式：

$$D_C = D - \dot{P}_A A + \dot{P}_B B - \dot{P}(B + M - A) \tag{2.2}$$

其中，D_C 是调整后财政赤字，D 是在财政统计资料中可查的显性财政赤字，A 是不包含黄金储备的联邦政府金融资产，B 是公众持有的付息联邦政府债券，$\dot{P}_A$ 和 $\dot{P}_B$ 分别是联邦资产和债务利息的加权均价变动率，$\dot{P}$ 是通货膨胀率，M 是高能货币或基础货币，$B + M - A$ 是净债务。按照这个定义，测算中央财政赤字不能仅观察政府公布的财政收支差额，还应该考虑价格水平变化导致的政府资产、债务、铸币税等名义价值的变化，政府资产升值、提高铸币税都能降低联邦政府的实际财政赤字。但具体到地方财政隐性赤字，这个定义需要做适应性修正，原因是地方政府没有货币发行权，无法通过铸币税缓释偿债压力。

Kharas 和 Mishra（2002）借鉴上述思路，采用非常规经济统计方法中的货币测量法估算隐性赤字规模。他们发现，常规财政赤字（Conventional Fiscal Deficit）估测程序并不能反映出地方政府财政收支的真实规模，常规赤字估测程序可表述为：

$$D_t^C = r_t B_{t-1} + (G_t - T_t) + (H_t - H_{t-1}) \tag{2.3}$$

其中 D_t^C 是 t 期常规预算赤字，G_t 和 T_t 分别代表政府支出和税收，B_t 是 t 期政府债务存量，H_t 是基础货币。

在 Blejer 和 Cheasty（1991）看来，出于两个原因，常规财政赤字将误测公共部门面临的真实预算约束，进而误判财政收支规模：其一，公式（2.3）采用政府收支流量测算财政赤字，但政府收支流量并不区分公共消费和公共投资，至于哪些支出用于公共消费、哪些用于公共基础设施投资，从流量测度方法中难以有效反映，而经常性赤字和资本性赤字对政府偿债能力的影响差异极大[①]；第二，在很多发展中国家，政府收支流量没有覆盖政府部门的或有负债支出，或有负债虽然没有明确定义在财政收支范围内，但当或有事件发生时，政府需要承担连带偿债责任，因而显性流量赤字低估了地方政府的真实赤字。相对而言，第二类问题是发展中国家运用收支流量测度财政赤字面临的更关键问题，也是量化财政风险、明晰偿债责任时难以克服的技术难题。

鉴于收支流量法的两类缺陷，Kharas 和 Mishra（2002）采用一种替代程序测算"实际预算赤字"（Actuarial Budget Deficit），方法是首先观察政府债务存量的变动额，即：

$$D_t^a = (B_t - B_{t-1}) + (H_t - H_{t-1}) \tag{2.4}$$

其中 D_t^a 是 t 期实际预算赤字（Actuarial Budget Deficit）。理论上说，（2.3）式和（2.4）式测度的财政赤字规模应完全一致，但由于收支流量法存在难以克服的两类缺陷，实际预算赤字一般高于常规预算赤字，两

---

① 这项研究指出，发展中国家和发达国家在经常性赤字和资本性赤字的结构比例方面具有较大差异。发达国家基础设施已相对完备，财政赤字主要表现为经常性收支赤字，即公共部门收入不足以抵补经常性支出形成的周期性赤字；发展中国家基础设施短缺，地方政府要大力拓宽财源，投资于道路、通信、能源、电力等公共基建项目，财政赤字主要表现为资本性赤字。

类赤字的差额定义为隐性财政赤字（Hidden Fiscal Deficit）：

$$D_t^h = D_t^a - D_t^c \tag{2.5}$$

Kharas 和 Mishra（2002）以（2.3）～（2.5）式测算了 32 个国家的常规财政赤字、实际财政赤字、隐性财政赤字，研究对象覆盖了发展中国家和发达国家，对估算中国地方财政隐性赤字具有重要参考价值。这篇文献的测算结果显示，发达国家的隐性财政赤字率（隐性赤字/GDP）一般低于常规财政赤字率（常规赤字/GDP）。例如，芬兰和挪威曾经历过 1992—1993 年金融危机，隐性财政赤字率在 1.0%以上，在发达国家中属于比例较高的；而在 25 个发展中国家样本中，有 16 个国家高于 1.5%，特别是东亚五国（印尼、韩国、马来西亚、菲律宾、泰国）官方公布的预算赤字同实际财政赤字差异极大，隐性赤字普遍高于政府公布的常规预算赤字。这篇工作论文进而分析了发达国家和发展中国家隐性赤字率迥异的原因，指出发达国家隐性赤字率较低，是由于政府举债受到多方监管、举债程序相对透明，举债融资主要弥补财政收入波动导致的周期性赤字，而大部分周期性赤字都已在财政收支表中有效反映。相对而言，发展中国家需要借助隐性融资渠道投资基础设施，大量隐性举债游离于正常的监测程序之外，常规方法难以有效覆盖。Kharas 和 Mishra（2002）的研究还发现，财政隐性赤字与货币危机的相关性极高，在经济脆弱期，发展中国家的地方政府往往以或有负债缓解经济压力，导致财政隐性赤字迅速膨胀。1997 年亚洲金融危机期间，尽管从常规预算赤字角度观察不到东亚国家的政府债务与金融危机之间有什么关联，但事实上这些国家存有大量被处理为预算外项目的隐性财政赤字，财政隐形赤字规模越大的国家在金融危机冲击下遭受的损失越高（Burnside，1998），因此地方财政隐性赤字应被视为危机爆发的重要先兆性指标。

中国作为全球最大的发展中国家，地方财政隐性赤字问题同样突出。我们认为，出于两个原因，以（2.4）～（2.5）式测算中国地方财政隐性赤字要优于以（2.3）式进行的测算：其一，中国官方公布的地方财政收支没有涵盖地方政府实际控制的全部支出，仅在预算收支表中公布了预算内收入和支出。就数据本身而言，收支额是保持平衡的，但地方政府以融资平台为主体举借的各类隐性债务没有反映在预算收支表中，以财政收支流量法测度地方财政赤字，会遗漏这部分隐性赤字；其二，2011

年来中国审计署组织了多次大规模政府性债务审计，对地方政府债务余额进行了截至目前最权威的审计核查，地方政府债务存量数据能够利用审计署公布的数据和相应统计、计量方法予以估测，从而以（2.4）～（2.5）式列示的债务余额变动法测算地方财政隐性赤字已经具备了现实基础。既然财政隐性赤字同财政金融危机高度关联，很有必要探究中国地方财政隐性赤字的规模结构和激励机制，观察财政隐性赤字与地方财政风险演化的内生关联，仅以显性赤字判断中国财政风险程度，提出的政策建议可能具有误导性。

近期，Yang 和 Li（2014）提供了一种有价值的测算思路。他们借鉴了政府可持续举债的理论分析框架：

$$d_t = D_{t-1} / GDP_t + b_t \tag{2.6}$$

其中 d_t 是 t 期债务负担率，即政府债务占 GDP 比重；b_t 是同期财政赤字率，即财政赤字占 GDP 比重。如果国内生产总值以速度 a_t 增长，即 $GDP_t = GDP_{t-1}(1+a_t)$，由于名义 GDP 增长率等于实际 GDP 增长率 g_t 和通货膨胀率 π_t 之和，经过一系列运算后，可得财政赤字率的测算公式为：

$$b_t = \Delta d_t + \left[(g_t + \pi_t)/(1+g_t+\pi_t) \right] \times d_{t-1} \tag{2.7}$$

（2.7）式表明，地方财政隐性赤字率可以通过债务负担率、通货膨胀率及实际 GDP 增长率等指标的定量关系估算出来，如果事前已经通过技术手段测算出历年地方政府债务额，则财政隐性赤字可利用（2.7）式递归测算得出。

前文述及，地方财政显性赤字由国债转贷或财政部代理发行地方债券弥补，可通过《中国财政年鉴》等资料查询；需要估测的是地方政府以弥补财政隐性赤字为目的，举借的各类预算外非常规债务。审计署公布的地方政府债务余额是地方财政隐性赤字逐年累积的结果，若不存在地方财政隐性赤字，也就不可能存有地方政府债务余额。但中国审计署经过数次大规模审计排查，逐步探明地方政府债务余额不但是客观存在的事实，而且规模极其庞大，说明地方财政隐性赤字是逐年膨胀的。只要通过定量技术估测出历年分省地方政府债务存量，便可利用（2.5）式测算出各省地方财政隐性赤字的时序数据。

国内学界涌现出一批估测地方政府债务余额的研究，但目前尚看不到地方财政隐性赤字的估测研究，特别是还没有学者从事分省财政隐性赤字的估算工作，极大迟滞了地方财政风险领域的经验研究进展。针对地方政府债务余额，较具代表性的研究有马拴友（2001）估计的 2.7 万亿元、喻桂华和陈建青（2005）估计的 3.1 万亿元、刘尚希和赵全厚（2002）估计的 5.8 万亿元、财政部科研所（2007）估计的 4 万亿元。时红秀（2007）在刘尚希、赵全厚（2005）的基础上做了进一步估算，发现包括中央政府和地方政府在内的公共债务占 GDP 比重达 77.85%，高于国际公认警戒线。

在研究方法方面，国内文献的估算思路一般是根据白海娜（1998）区分的政府债务类型，逐一测算各类债务规模，数据主要源于媒体资料、学界零散估算结果或某些代表性地区的个案调研，最后统一汇总。估算中采取的抽样推断方式居多，即抽取部分典型地区，对总体进行抽样估计。问题是，不同研究对地方政府债务的统计口径差别较大，相互之间没有可比性；随机抽取样本能在多大程度上推断总体，仍有待商榷。此外，传统研究的共性缺陷是仅估测了截至特定时点的全国总量数据，而没有将数据估测深入到分省层面，导致地方财政风险领域的研究难以深入。

另一些研究尝试基于政府举债和宏观经济的数理关系模型估测地方政府债务余额。欧阳华生、裴育（2006）选取两个调研省份样本，采取简单的最小二乘估计法（OLS），测算地方政府债务和地区经济总量的定量关系，结果发现地方政府债务存量与地区经济规模具有强相关性。作者提供的解释是，尽管受预算法限制，但地方政府可以从国内外金融市场借债筹资，举债融资支撑的公共投资产生即期乘数效应，带动经济总量扩张，这是各级地方政府均有强烈的激励举债谋发展、搞建设的主因。但这篇文献的截面样本只有两个省区，样本量过低，会影响到实证结果的稳健性。另一个缺陷是，实证结果无法反映地方政府的实际偿债能力。尽管高企举债的地区可以观察到经济发展速度也较快，但是否经济发展快的地区财政偿债能力强、财政风险低，这篇文章未能展开深入研究。

杨志安、闫婷（2012）根据 2003 年、2004 年辽宁省政府直接显性债务与可支配财力的比例，推定政府债务率为 150%；通过测算辽宁省历年可用财力，得到债务余额的时序估算值，进而利用协整检验和格兰杰因果检验研究了地方政府举债融资对 GDP、居民储蓄、政府投资等宏观变量的冲击效应。模拟结果发现，地方政府举债融资松弛了预算内收入的硬约束，通过支出乘数效应拉动了辽宁省的经济增长；但政府借债也带动利率升高，形成对民间投资的挤出效应，对长期发展不利。这项研究存在的问题是对地方债务余额的估测程序过于简化，对政府举债挤出效应的判断未必适用于其他地区。此外，尽管地方政府的隐性赤字扩张具有乘数拉动效应，但商业银行贷款利率长期受央行管制，利率浮动空间不大，挤出效应到底多大还有待深入研究。一些文献尝试从地方政府与商业银行的"隐性契约"（Implicit Contract）视角构建理论框架（Guo，2014），可能更适于解释在中国的制度环境下，地方政府举债如何"挤出"了私人投资。

段海英（2013）认为，准确核算地方财政隐性赤字是一个技术上非常棘手的问题，金融机构不良资产、社保基金收支缺口的实际价值都是难以把握的。估算地方财政隐性赤字还面临一个概念问题，例如，社会保障体系的未来支付是否应算做地方财政隐性赤字是有争议的，即便将社保基金缺口算做地方财政隐性赤字，那到底缺口已经达到什么规模是一个见仁见智的问题。在这点上我们认同段海英（2014）的判断，社保基金缺口是社保基金需求同社保基金收入之间的差额，而测算当前城乡居民的社保基金需求在技术上非常复杂，即便得出定量结论，也未必与居民真实偏好一致；更重要的问题是，将金融机构不良资产、社会保障支出需求归为地方政府的专属事责未必合适，由于影响范围的广域化和风险处理的强外溢性，国内外文献一般将这两类赤字视为中央政府的支出责任。

自 1998 年积极财政政策以来，国内外学界对中国地方政府债务风险的判断臧否不一。一些国外观察者过分夸大了中国的地方政府债务风险，甚至提出各种武断质疑，认为地方政府债务可能"引爆"中国经济危机。为摸清底数、平息争议，中国审计署组织大量人力物力，对地方政府债务规模进行了三次大规模审计。审计署基于"有据可依、有账可查"的原则，对地方政府的主动借债逐项审计，审计内容包括了地方政府向企业或个人举借的债务、地方政府搭建融资平台举借的债务、政府间往来借款等。与金融机构不良资产、社会保障基金缺口、粮食企业亏损挂账等"被动债务"不同，审计署统计的债务均为地方政府弥补预算财力缺口、拉动本地经济增长而多头举借的"主动债务"，这些债务直接对人、对账统计，是截至目前我们能够获得的最权威的调查数据。审计署第一次审计结果于 2011 年公布，审计对象包括省、市、县三级政府，审计结果是截至 2010 年底的地方政府债务余额为 10.7 万亿。第二次审计结果于 2013 年 6 月公布，审计对象包括全国 15 个省、3 个直辖市，公布了 2011 年和 2012 年地方政府债务余额的抽样增长率。第三次审计结果于 2013 年 12 月公布，审计对象包括中央、省、市、县、乡五级政府，审计结果是截至 2012 年底各级地方政府债务余额为 15.9 万亿。尽管每次审计对象都不尽相同，不具有直接可比性，但根据多次审计形成的信息链可推断，中国地方政府债务余额增速极快，地方政府具有以预算外举债融资弥补财政隐性赤字的强制度激励。

　　基于 2012 年审计结果我们可以做一下风险初评：从负债率（地方政府债务余额/GDP）指标观察，这项指标连同中央政府负债率加总后尚未超过 60%的国际警戒线，因此我们可以有把握地判断，中国地方财政风险是总体可控的，地方政府举债融资具备中长期可持续的基础。但如果测算债务率（地方政府债务余额/自有可用财力），又必须重视传统举债融资模式隐含的风险，因为这项指标已经在多数省区超过了 100%的国际公认警戒线。这说明，尽管地方财政风险整体可控，但由于中国各地区经济基础和偿债财力相差迥异，风险主要表现在结构和流动性方面。但若继续深入分析地方财政隐性赤字的结构性风险，就必须估算出各省区地方财政隐性赤字的时序演化数据，这项工作尚未有人涉足。如能利用审计署屡次公布的审计数据，结合地方财政隐性赤字的演变规律，估测出各省财政隐性赤字数据，将为地方财政风险领域的研究提供一项重要的"公共物品"，使地方政府隐性赤字的经济效应、激励机制和风险控制的定量研究成为可能。这正是本研究致力于完成的一项首创性工作。

2.2　地方财政隐性赤字的经济影响及风险量化研究

　　在界定地方财政隐性赤字的概念和内涵后，接下来的工作是研究地方财政隐性赤字对经济运行产生了哪些影响。理论界关注的问题是，财政隐性赤字是否有效推进了发展中国家的中长期经济增长？在破除基础设施瓶颈制约的同时，有没有导致不利于内生增长的挤出效应？发展中国家为什么需要通过预算外举债融资弥补隐性财政赤字，借以拉动本地经济增长？假如地方财政隐性赤字有利于中长期增长，具备可持续举债的基础，另一个问题随之凸显：隐性赤字也有成本，蕴含着资产负债期限结构错配内生的流动性风险，应如何根据隐性赤字的风险和收益，确定一个最优举债融资规模，辅以风控机制的构建，防范可能存在的流动性风险冲击？大量文献已经开展了上述领域的研究。

2.2.1 地方财政隐性赤字的经济影响

大量研究发现，发达国家财政赤字的演化是周期性的，作用是弥补财政收入波动同刚性财政支出形成的周期性收支缺口，对经济增长的影响较小，因此财政赤字与经济增长领域的研究文献主要集中在发展中国家。

Adam 和 Bevan（2005）利用世代交叠模型，在内生增长框架中研究了财政赤字的增长效应，财政赤字可以用铸币税、国内举债或国外举债三种方式弥补。研究发现，三类融资方式对经济增长的影响效果不同，当采取差异化融资组合时，总体效应是非线性的。这篇文献用 45 个发展中国家 1970—1999 年数据做实证检验，发现财政赤字率对经济增长的影响存在显著的"门槛效应"（Threshold Effect）：当财政赤字占 GDP 比重低于 1.5% 时，提高赤字率有利于拉动增长；当财政赤字占 GDP 比重高于 1.5% 时，财政赤字将抑制经济增长（Growth Inhibiting）。这说明，发展中国家财政赤字的增长绩效总体上形成了一种倒"U"型的演化规律，1.5% 的财政赤字率是增长绩效由升转降的峰值点。这篇文献还发现，当赤字率高于 1.5% 后，财政赤字对经济增长的不利影响将随负债率的攀升而持续提高，长期赤字扩张累积的负债率越高，财政赤字越不利于经济增长。

另一批文献利用特定发展中国家样本做实证检验，得到不同的研究结论。Ezeabasili 等（2012）利用尼日利亚 1970—2006 年数据做财政赤字率和经济增长率的协整分析及因果关系检验，发现财政赤字对经济增长具有负面影响，赤字率每提高 1 个百分点，将降低经济增长率 0.023 个百分点，当财政赤字源于政府过度消费时，两者的负向联系更显著。 Fatima 等（2011）利用巴基斯坦 1980—2009 年时序数据，在单位根检验的基础上，运用两阶段最小二乘法（2SLS）研究财政赤字率对人均产出的影响，同样得出财政赤字不利于经济增长的结论。他们认为巴基斯坦征税基础薄弱，间接税比重高，税基狭窄，致使多数公民逃避了应承担的纳税义务；在支出方面，国防和偿债支出压力过重，收支错配导致政府不得不高企举债，弥补高额财政赤字，对经济增长形成不利影响。考虑到上述研究都是利用发展中国家的显性赤字率进行的研究，如果将大量未涵盖在预算收支报表内的隐性赤字也考虑在内，则综合赤字率对经济增长的负面影响势必更加严重。然而，Odhiambo 等（2013）利用 1970—2007 年肯尼亚数据做 OLS 回归，发现财政赤字有利于经济增长，他们的解释是，肯尼亚的政府举债坚守"黄金法则"，财政赤字支撑的基础设施、公共教育、医疗卫生等支出都是生产性支出，能够通过凯恩斯乘数效应拉动经济总量扩张，政策建议是肯尼亚应继续加大赤字扩张力度，增强经济内生增长潜力。

有趣的是，上述研究利用发展中国家样本得出的迥异结论，或许能够侧面印证 Adam 和 Bevan（2005）提出的财政赤字率对经济增长的倒"U"型影响路径观点。肯尼亚财政赤字促进经济增长，政府赤字融资支持的公共投资支出具有扩张效应，可能是由于财政赤字率的边际增长绩效尚处倒"U"型路径中的上行区间，对财政赤字率和基础设施存量不高的经济体来说，政府赤字扩张政策是有效的；而尼日利亚和巴基斯坦的财政赤字率偏高，边际增长绩效已跨越最优门槛值，开始步入倒"U"型路径的下行区间。如果这个的判断是合理的，就必须解释清楚，为何发展中国家财政赤字的边际增长绩效在跨越极值点后，终将不利于经济增长？

对于财政赤字的跨越门槛后的负面效应，学界主要从"挤出效应"（Crowding Out Effect）角度提供理论解释。基本观点是，政府发债将提高债券利率，提高私人资本的借贷成本并压缩私人投资，从削减经济内生增长潜力的意义上降低中长期经济增速。Asogwa 和 Chetachukwu（2013）利用肯尼亚数据检验财政赤字与私人投资的格兰杰因果关系，发现肯尼亚财政赤字占 GDP 比重一直在高位运行，2009 年达到 10.4%。高额财政赤字迫使政府不断在金融市场出售政府债券，推高市场利率，压缩私人投资需求，进而降低了肯尼亚的就业率，抑制了中长期经济增长。这个解释同样适用于 Ezeabasili 等（2012）发现的尼日利亚财政赤字的负面增长效应，政策建议是，财政赤字应尽量以"货币创造"（Money Creation）方式弥补，即政府可考虑以铸币税代替举债融资，避免公共投资和私人投资的过度替代。世界银行近期一份研究报告证实，财政赤字率越高的发展中国家，政府举债的挤出效应越显著；而赤字率较低的国家，财政赤字甚至可能与私人投资是互补的，原因是低赤字率国家的公共投资能够改善基础设施和人力资本，为私人投资提供外部性，从而"挤入"而非"挤出"私人投资。这项研究与倒"U"型绩效演化理论不谋而合。

作为发展中的大国，中国地方政府通过投融资平台长期扩张财政隐性赤字，同样的问题会提出，这些预算外财政隐性赤字是否挤出私人投资，削弱了中长期经济增长潜力？如果地方财政隐性赤字挤出了私人投资，国外理论观点是否适用于解释中国发生的现象呢？与很多发展中国家不同，中国没有全面放开资本账户，官方利率受中央银行管制，商业银行仅有有限利率调整权。尽管 2013 年中国放开贷款利率七折下限，允许金融机构根据商业原则自主决定贷款利率，但存款利率仍被管制，商业银行的利率调整空间依然狭隘。这意味着，即便中国地方财政隐性赤字挤出了私人投资，也不能从政府发债提高利率，从而间接增加私人投资成本的角度给予解释，而应构建新的理论框架。

另一个研究热点逐步兴起：既然一些发展中国家的财政赤字率高于门槛值，经济绩效是负的，那为什么发展中国家的地方政府仍然具有巨大的热情推高赤字率？为什么不采取增收减支的紧缩政策，缓解公共投资对私人投资的挤出效应？一种解释是，发展中国家陷入了"高赤字、低增长"的恶性循环。在 Asogwa 和 Chetachukwu（2013）的研究中，财政赤字既是私人投资的格兰杰原因，私人投资反过来也是财政赤字的格兰杰原因，两者互为因果。这说明，一旦私人投资率下降，经济增长率放缓，从而广义税基萎缩、财政收入锐减，到期债务的还本付息压力会迫使尼日利亚政府采取滚动举债（Debt Rollover）的方式应对偿债压力，致使赤字融资率居高不下，债务余额在一种类似"滚雪球"的被动循环中持续膨胀。

Brender 和 Drazen（2008）在一篇颇有影响力的文章中，从"宪政经济学"视角提供了另一种解释，并对"政治周期"理论进行了实证检验。传统政治周期理论认为，在选举制政体中，在职官员为谋求连任的可能性，往往在选举年度扩张赤字、拉动就业，以期赢得更多选民的政治支持，这使宏观经济周期表现出与政治选举周期的高度协同性。然而这种观点并没有在 Brender 和 Drazen（2008）的研究中得到证实。他们发现，在发达经济体，选举年份实施的赤字扩张政策不仅不能赢得选民拥护，反而降低了在职官员的连任概率；进一步研究表明，不仅选举年份的赤字扩张政策对官员连任无益，甚至在官员整个任职期内，如果曾经执行过赤字扩张政策的话，同样会降低其连任概率。这篇文章给出的解释是，选民是中长期理性的，理性选民厌恶财政赤字，意识到政府财政赤字最终要靠增加征税弥补[①]，赤字扩张带来的就业和产出拉动效应不过是一种"财政幻觉"（Fiscal Illusion），从而这篇论文对政治周期理论的核心观点形成了有力挑战。然而，这篇文章对发展中国家样本进行的研究却得出迥然相异的结论。Brender 和 Drazen 发现，在发展中国家，如果地方官员在职期间以赤字政策凸显经济绩效，确实能够提高连任概率；但与发达国家类似，仅在选举年度实施赤字扩张政策对继续连任的影响不大。由此发展中国家的地方官员为谋求连任收益，便有强烈的激励在任职期内推行持续赤字扩张政策，促使债务规模不断膨胀。

周黎安（2008）同样从宪政经济学视角，对中国地方官员举债的政治激励进行了有影响力的研究。他认为，中国地方官员的选拔机制以"任命制"基础，在中央、省、市、县、乡五级行政架构中，上级政府主要以量化经济绩效，如招商引资、财政收入等指标，衡量下级官员的任职业绩。为拉动经济增长，地方官员一般采取"筑巢引凤"（刘剑雄，2009）、"税式支出"（杨志勇，2003）、"土地折价"（陶然等，2009）等策略吸引外资，在激励的地区竞争中谋求政治晋升优势。在财权上移、事权下放

---

① 这篇论文的研究结论同"李嘉图等价定理"相呼应。李嘉图等价定理是说，理性纳税人意识到政府举债不过是一种推迟了的纳税，任何政府举债都体现为未来同等增长的纳税义务，理性个人会将未来增加的纳税额提前储蓄起来，降低等量的现期消费。因此，政府无论采取举债还是纳税方式融资，其实际经济效应是完全等价的。

的纵向财政失衡框架中，预算外融资成为地方官员重要的竞争手段，这一点已得到国内大多数文献的认同；但关于预算外融资如何作用于中国的经济增长，相关文献的研究仍然薄弱，主要掣肘是还没有文献系统估测中国的分省债务和赤字数据，也就无法提供相应的经验证据。

2.2.2 地方财政隐性赤字的风险量化研究

地方财政隐性赤字固然能拉动增长，提高任职官员的晋升概率，但由于隐性赤字没有纳入常规预算监管体系，地方政府往往忽视隐性赤字的潜在风险，多头举债、过头举债，使潜在风险不断深化，一旦触发危机，将对财政、金融乃至宏观经济运行造成严峻冲击。为避免财政赤字风险演化升级，理论界发展出多种量化估测方法，对其进行前期预警和防范，这些方法对设计适用于中国的地方财政隐性赤字风险预警机制具有借鉴价值。

2.2.2.1 预警指标控制法

预警指标控制法是通过甄选财政风险的预警指标，根据风险指标的数值表现判断风险程度、针对高险警区设计防范策略的预警方法。中国的地方财政风险主要由财政隐性赤字诱发，所选择的风险指标应同隐性赤字有关。财政隐性赤字是一个流量概念，赤字相关指标仅能反映短期风险，中长期风险要观察隐性赤字长期积累的债务余额相关指标，因此财政赤字风险应通过流量赤字指标和存量债务指标共同反映。如表 2-1 所示，理论界和实际部门评判财政赤字风险的常见预警指标有规模风险、结构风险、金融风险、违约风险等类型（李萍等，2009），这些风险指标可从不同侧面进一步反映出流动性风险和可持续风险。以下对各风险指标逐一说明。

表 2-1　地方财政赤字风险的常见预警指标

风险指标	类型	量化测度公式
赤字率	规模风险	年度地方财政收支赤字/GDP
负债率	规模风险	地方政府债务余额/当年地方 GDP
债务率	规模风险	地方政府债务余额/当年财政收入
赤字依存度	规模风险	财政赤字/当年（财政支出+债务还本付息额）
资产负债率	规模风险	地方政府债务余额/地方政府资产余额

续表

风险指标	类型	量化测度公式
新增债务比重	结构风险	地方政府债务年度新增债务/地方政府债务余额
中长期债务比重	结构风险	5年期以上债务余额/地方政府债务余额
担保债务比重	结构风险	政府担保债务余额/地方政府债务余额
金融机构贷款资产比	金融风险	地方政府贷款余额/金融机构净资产额
地方政府贷款资产比	金融风险	地方政府贷款余额/地方政府资产余额
偿债率	违约风险	地方政府债务还本付息额/财政收入
贷款损失分担率	违约风险	金融机构承担贷款损失/地方政府贷款损失

资料来源：李萍等（2009）。

1. 规模风险指标

"赤字率"是财政赤字占 GDP 比重，衡量每年经济增长对财政赤字的依赖度。财政赤字率过高，说明政府新增举债融资规模大，经济增长有赖于政府投资推动，相对来说经济内生增长潜力不足，并潜伏着密集偿债期到来时的流动性风险。这个指标的国际公认警戒线是 3%。

"负债率"又称"债务负担率"，反映经济对政府债务的承载能力。赤字率是经济增长对流量赤字的依赖度，负债率则反映经济增长对存量赤字的依赖度。负债率过高，说明赤字扩张累积的政府举债存量规模过大，经济负债压力过重，可能导致举债融资难以长期持续。在《马斯特里赫特条约》中，综合负债率的上限是 60%，其中主权负债率上限是 20%，地方负债率原则上不高于 40%。[①]

政府举债要偿还本息，地方政府需要动用可支配收入偿还到期债务，"债务率"指标反映地方政府动用各类财源偿还到期债务的流动性压力。尽管流量收入未必是地方政府偿债的唯一手段，紧急情况下还可变现政府资产偿债，但政府资产的变现能力取决于资产性质，很多政府资产是不能变现的，因此灵活度较高的财政收入始终是偿债基金的主要来源。这个指标的国际警戒线是 100%，各国有一定浮动。如果指标值高于100%，说明现有财力难以覆盖债务存量，地方政府面临的流动性风险将

---

① 《马斯特里赫特条约》是欧共体国家首脑于 1991 年 12 月在荷兰小城马斯特里赫特达成协议后签订的，主要目标是抑制通货膨胀、维护成员国财政稳定。60%的债务负担率上限，来自当时欧洲各国债务率的大致均值；估计欧共体潜在增长率为 5%后，《马斯特里赫特条约》又规定了一个通用的赤字率上限，即 3%（60%×5%=3%），对其后全球政府举债政策的制定产生了较大影响。

加剧。

"赤字依存度"反映地方政府支出对赤字融资的依赖度,即财政支出有多大比例要依靠赤字融资解决,这部分支出超出了地方政府的经常性收入能力。[①]赤字依存度过高,意味着政府支出过度依赖举债融资维持,地方税基难以支撑政府支出,收支严重错配。债务依存度指标的国际警戒线是 30%,高于警戒线的地方政府将被限制举债融资权。

"资产负债率"是地方财政隐性赤字风险的宽松量化指标,反映地方政府资产存量覆盖债务存量的程度。如果财政赤字能够以公共资本形式转化为优质政府资产,如路网、桥梁、公园等,这种优质资产将提供中长期稳定税基,为地方政府提供偿债基础。其中一些资产甚至具备灵活变现能力,在危机发生时提供流动性。受政府会计核算体系制约,准确核算地方政府资产存量较为困难,目前仅责权发生制国家使用这一指标,警戒线一般设定在 10%。

2. 结构风险指标

地方政府的新增债务弥补流量财政赤字,"新增债务比重"指标反映地方政府的债务增量占债务存量的比例,从边际增量占比的角度反映债务规模的演变趋势。当新增债务比重提高时,说明地方政府在以更趋积极的政策姿态加速赤字扩张,这个比率的国际警戒线一般设定为 10%。

"中长期债务比重"是 5 年期以上地方政府债务占债务总余额比重,反映债务存量的期限结构是否是中长期化的。根据政府举债"黄金法则",政府举债融资应严格限定在路网、通信、能源、电力等公共资本领域。由于公共资本项目建设周期长,项目收益惠及后代,中长期举债有助于使项目成本与后代人享受的收益相匹配,符合代际公平。对比来看,银行借贷偿债期短,发行债券偿债期限长,如以发展方式替换银行贷款,更有利于提高中长期债务比重,缓释地方政府的即期偿债压力,使地方政府合理安排融资进度从事中长期项目建设。

"担保债务比重"是地方政府为下级政府、职能部门和平台公司提供融资担保的举债额度比例,该比值越高,地方政府难以预期的或有负债

---

① 经常性净收入是经常性收支的差额,其中经常性收入包括税收、非税收入、收费、来自中央的转移支付、中央与地方政府之间的收入分成和利息收入等,近似于我国的"一般预算收入"统计口径;经常性支出包括工资、社会福利和社会保障支出等。

越重，需要在偿债资金中预留更多资金，应对或有事件发生时，地方政府因承担连带责任而面临的偿债压力。或者说，这个指标测度的是风险的不确定性和不可控性。

3. 金融风险指标

研究发现，中国地方政府与金融机构存在利益关联，地方财政隐性赤字风险与金融风险是可以相互转化的。当地方政府无力偿付银行欠款时，隐性赤字风险将以银行呆坏账的形式传导到金融领域，使风险转嫁升级，有必要设计金融风险量化指标，观察风险转嫁程度。

"金融机构贷款资产比"是金融机构向地方政府融资平台的贷款余额占金融资产的比重，从债权方视角衡量商业银行受利益机制驱动，向地方政府融资平台的授信程度，警戒线常在20%～40%的区间浮动。

"地方政府贷款资产比"是地方政府申请的银行贷款额同地方政府资产余额比重，反映地方政府动用本地政府资产偿还银行借贷的能力。为规避金融风险，成熟分权国家一般限制金融机构向贷款资产比低于门槛值的地方政府继续放贷，要求金融机构在放贷前充分考量地方政府的偿债信用。如果地方政府资产额不足以覆盖贷款余额，即便有第三方担保，银行也有权不提供贷款。但这项指标发挥效力的前提是商业银行具备经营独立性，能够基于风险权衡自主制定贷款决策。

4. 违约风险指标

违约风险是流动性风险的升级形式，是国外控制地方财政赤字规模时特别关注的风险。一般来说，出现政府违约，即说明地方政府收入无力偿还到期债务已成为既定事实，违约额累积至特定规模，必将触发财政危机。目前国内对违约风险的重视度和研究力度仍然薄弱，常见违约风险指标有偿债率、贷款损失分担率等。

"偿债率"是地方政府收入中需要偿还到期债务本息的比例，反映地方财政收入是否有能力应对到期偿债压力，是衡量违约风险的重要指标。偿债率过高，地方政府势必出现债务违约，需要将偿债压力向外转嫁，或寻求上级政府事后救助。将地方政府的还本付息压力同财政收入直接挂钩，能够清晰核算财政偿债能力，避免地方政府违约后倒逼中央救助，将偿债压力转嫁给中央政府。

"贷款损失分担率"是在地方政府违约事实发生、无法按期清偿贷款的前提下，金融机构承担的贷款损失占全部贷款损失的比重。当地方政府陷入偿债困境后，即便争取到上级政府救助，债权人也难免以银行体系呆坏账的形式承担部分损失。其中金融机构承担的政府坏账比例越大，财政风险转化为金融风险的概率越高，因此这个指标可以反映风险转嫁程度。

以预警指标控制法管控地方财政隐性赤字风险具有操控简便、目标明确的优势，但这种方面难以区别预警指标的重要性，基于分散指标实施的定量控制，很难形成一套完整的预警体系。实际部门监测地方财政隐性赤字风险时，往往仅针对出现问题的指标制定应对策略，但风险指标突破预警阀值的原因是复杂的、非线性化的，指标间可能存在难以观测的隐性关联，使基于单一指标制定的防范策略出现"头痛医头、脚痛医脚"的问题，在抑制住某类风险的同时，又引发了其他类型的风险。这就需要将更完善的方法引入分析框架，使风险量化结果能够反映隐含于单一指标背后的风险互动机制，从而更全面防控隐性风险。

2.2.2.2　风险综合指数法

预警指标控制法程序简单、便于操控，但在预警过程中，由于风险评价层次单一，不区别指标的相对重要性，直接运用指标控制法进行财政隐性赤字风险的定量预警，难免将核心指标与次要指标混同，忽略各种风险因素背后的内生关联。鉴于预警指标控制法暴露的许多弊端，学界开始利用统计学、运筹学和决策理论，将一些代表性预警指标进行量化合成，形成一个线性风险指数，从而实现对风险的横向、纵向比较分析，这套研究思路可称为"风险综合指数法"。与预警指标控制法相比，风险综合指数法的优势是综合判断各类指标反映的风险信息，利用合成后的线性指数评估风险规模、走势，辅助决策者辨明风险成因，有针对性地制定防范预案。以这套方法预警地方财政隐性赤字风险的基本步骤是：

1. 评价风险环境

环境评价可概括为两类：内部环境评价、外部环境评价。内部环境是影响地方财政隐性赤字风险的内因，是风险的内生诱导变量，需要考虑各风险因素的内在关联和互动机制；外部环境是影响地方财政隐性赤字风险的外因，是风险的外生诱导变量，在地方财政隐性赤字风险分析中通常是不可预知和难以控制的因素。环境评价的目的是将预警指标对应于不同的内外部环境[①]，并在指标归类基础上做进一步分层处理。

2. 测算指标分值

以风险综合指数法强化地方财政隐性赤字风险时，综合指数取决于分层指标的选择。设计分层指标体系，需要根据风险的层级关系，将每个层级中最能反映风险的因素挖掘出来，形成一个形象化的"指标树"结构。选取的预警指标尽量无量纲，无量纲指标可以实现预警结果的区域横向对比。确定指标体系后，接下来要测算各指标风险程度，给出一个相对意义上的量化分值。这就需要确定各指标的临界阀值，基于指标实际值所处的临界区间判断风险状态。指标风险临界值的判断有两种方法：

第一，主观判断法，即根据文献资料、国际标准及风险的历史演化趋势确定风险阀值。丛树海（2005）根据既有文献和国际经验，确定了20个财政风险指标的"无警""轻警""中警""重警"临界阀值。陈艳（2005）、马恩涛（2006）将指标划为若干警区，临界阀值上、下限根据国际经验设定，中间阀值用 GARCH 方法测算，体现了定性与定量相结合的研究思路。裴育、欧阳华生（2006）将风险区间划分"无风险""中等风险"和"高风险"三类，临界值根据预警指标的功能和性质判定。许狄龙、何达之（2007）将指标划分为五个警区，包括"无警""轻警""中警""重警""巨警"，临界值上下限参考国际警戒值及理论界的既有研究设定。

第二，统计估测法，即利用统计、计量方法，由预警指标数据内生确定临界阀值，判定过程尽量排除定性判断。王亚芬、梁云芳（2004）采用 GARCH 方法确定预警指标的中间阀值，基本思想是将警区分为四个，上、下限仍然定性判断，其后将指标序列 Y 按上、下限确定的区间生成三个新序列：红灯区序列记为 $Y_1(n_1 = 1,2,\cdots, N_1)$，红绿灯区间的序列记为 $Y_2(n_2 = 1,2,\cdots, N_2)$，绿灯区序列记为 $Y_3(n_2 = 1,2,\cdots, N_3)$。以 N_1、N_2、N_3 分别代表三个序列的样本容量，令：

[①] 较有代表性的研究是丛树海（2005）将财政风险预警指标分成"财政内部风险预警指标"和"财政外部风险预警指标"两类。

$$S_1 = \overline{Y_2} + \frac{\sigma_2}{\sigma_1 + \sigma_2}(\overline{Y_1} - \overline{Y_2}) \qquad (2.8)$$

$$S_3 = \overline{Y_2} + \frac{\sigma_2}{\sigma_3 + \sigma_2}(\overline{Y_3} - \overline{Y_2}) \qquad (2.9)$$

其中 $\overline{Y_1}$、$\overline{Y_2}$、$\overline{Y_3}$ 分别代表序列均值，σ_1、σ_2、σ_3 是序列标准差。

记 $S_2 = (S_1 + S_3)/2$，由此可计算出一个新的临界区间；如果不求平均值，S_1、S_2 也可作为两个新的临界阈值，将指标分成五个区间。由此可见，这种方法一般将序列分为四至五个区间，虽然极大和极小临界值仍需定性判定，但其余阈值都是由数据内生决定的。以 GARCH 方法测算临界阈值的优点是赋值程序客观，以指标各区间的标准差所度量的数据波幅作为交叉权重，即可寻找新的临界阈值。问题是，这种方法的统计意义未必与经济意义相符，随着样本数据和容量的变动，中间阈值也相应变化，量化结果的稳健性不高。此外，极端临界值仍有赖定性判定，判定结果会对中间临界阈值的测算有直接影响。因此，尽管这种方法尽量秉持客观标准，实质仍是一种主、客观相结合的阈值判定方法。

临界阈值确定后，风险综合指数法的下一步工作是指标归一化处理，即根据指标实际值所处的临界区间，将指标实际值转化为[0,1]区间上的标准化分值。归一化处理使指标的横向比较变得更加直观化，也有利于决策者根据分值序列评估风险走势。裴育和龙志军（2007）详细介绍了指标分值的测算方法，即根据指标值在不同预警区间的相对位置，利用下述程序将指标值标准化：

指标量化指数

$$= \frac{|\text{指标实际值} - \text{指标实际值所处预警区间上限}|}{\text{指标实际值所处预警区间上限} - \text{指标实际值所处预警区间下限}}$$
$$\times 100\%$$

$$(2.10)$$

指标分值 = 指标指数 ×（对应分值区间上限 - 对应分值区间下限）
$$+ \text{对应分值区间下限}$$

$$(2.11)$$

这项研究还考虑了当指标值并不处在一个封闭区间的时候，如何求取角点分值，将各种情形下的指标值均转化为标准化分值。

3. 确定指标权重

指标归一化处理完成后，"风险综合指数法"的下一步工作是确定预警指标权重。权重系数反映各预警指标的相对重要性，权重赋值合理与否直接影响评价结果。指标权重的确定方法有客观赋值法、主观评价法两种。客观赋值法是对指标原始数据信息进行统计处理后获取权重，权重取决于指标的互动影响及指标承载的信息量，如熵值法是一种较好的客观赋值方法；主观评价法是由专家对指标权重进行定性判断，经统计处理后确定指标相对权重。[①]

从功能性比较，主客观评价方法各有优劣。客观评价法根据各指标提供的相对信息量或指标间相互关系确定权重，优点是受评价者主观影响小，缺点是需要大样本数据支持稳健的权重判断。主观评价法依赖专家判断，筛选的专家库不同，量化结果往往大相径庭，优势是对数据量要求不高。中国地方财政隐性赤字的监测时间短、数据量少，采用客观评价法条件尚不成熟，有必要将主客观量化程序相融合，共同用于权重判断。目前较流行的分析方法是层次分析法，基本步骤为：

表2-2　层次分析法的定性判断矩阵

C_k	A_1	A_2	……	A_n
A_1	a_{11}	a_{12}	……	a_{1n}
A_2	a_{21}	a_{22}	……	a_{2n}
⋮	⋮	⋮	⋮	⋮
A_n	a_{n1}	a_{n2}	……	a_{nn}

第一步，构造判断矩阵。判断矩阵是专家列出的指标两两间重要性的定性判断矩阵。假定目标决策层为 C_k，指标为 A_1、A_2、$\cdots$、A_n，判断矩阵形式如表2-2所示。其中 a_{ij} 表示在决策层 C_k 中，专家判断的 A_i 对 A_j 的相对重要性，常见取值是1至9及其倒数。矩阵元素具有以下性质：$a_{ij}>0$，$a_{ij}=\dfrac{1}{a_{ji}}$，$a_{ii}=1$。

第二步，计算相对值矩阵，将判断矩阵做行标准化处理，测算公式

---

① 常见的客观评价法主要有变异系数法、相关系数法、赋权法、因子分析法、熵权法等；主观评价法主要有专家会议法、德尔菲法等。

为 $w_{ij}=a_{ij}/\sum a_{ij}$（$j$=1, 2, …, n），相对矩阵形如 $W_{n \times n}$，其中 $\sum w_{ij}=1$（j=1, 2, …, n）。

第三步，计算相对权重 $\omega_i=\sum w_{ij}/\sum\sum w_{ij}$，其中 w_{ij}（i=1, 2, …, n）是相对比重。

第四步，检验一致性，顺序是：求判断矩阵的最大特征根 λ_{max} 及其对应的特征向量矩阵 X=AW/W，其中 $\lambda_{max}=\sum x_i/n$；计算一致性指标 C.I.=（$\lambda_{max}-n$）/（n-1）；计算一致性比例 C.R.=C.I./R.I.，其中 R.I.是平均随机一致性指标，经多次重复随机判断矩阵特征值的计算后，取其算术平均数；如果 C.R.<0.1，通过一致性检验，否则调整判断矩阵，直至通过为止。

层次分析法将专家判断做定量化处理，使指标权重赋值建立在缜密的数理逻辑基础上，但权重赋值结果仍需融入主观因素，专家对指标相对重要性的判断将直接决定量化评估结果。与之相比，熵权法在排除定性判断方面更具优势，是一种完全基于数据本身确定权重的方法，后文将介绍以熵权法度量中国省级政府财政偿债信用的详细流程。

2.2.2.3 非线性预警法

为克服线性预警模型量化财政风险的固有缺陷，学界逐步发展出很多非线性模型预警和控制风险。非线性模型曾广泛应用于金融风险预警，近期逐步引介到财政风险领域。非线性预警方法程序复杂、技术前沿，能够尽量排除风险评估中的定性因素干扰，但实际应用中，必须将非线性方法与地方财政隐性赤字风险的形成机理相结合，否则将影响预警效果。下面介绍几种较流行的非线性风险预警方法。

1. "噪声信号比"法

丛树海（2005）较早提出，应借鉴金融风险预警的 KLR 法，预警和控制中国地方财政风险。应用 KLR 法预警地方财政隐性赤字风险的核心思想是，首先选择一套地方财政隐性赤字风险的预警指标，根据指标本身的数据特征判定预警阈值。如果特定指标突破了预警阈值，就表示该指标发出了一个预警信号；预警信号越多，触发危机的可能性越大。在传统线性预警方法中，指标临界阈值大多难以避免定性因素的干扰；而 KLR 法与线性预警模型相比最大的优势恰在于，预警指标的临界阈值是根据"噪声信号比"最低原则判定的，测算程序完全内生于指标原始数据信息，不需要由专家判断权重。

Kaminsky 等（1998）最早阐述了 KLR 法的预警思路。如果临界阀值是确定的，则特定预警指标只有两种风险判定结果：发出预警信号、未发出预警信号；财政金融危机也有两种可能结果：发生危机、未发生危机，如表 2-3 所示：

表 2-3　噪声信号比法的"信号"与"噪声"

	发生危机	未发生危机
发出预警信号	A	B
未发出预警信号	C	D

资料来源：Kaminsky 等（1998）。

情形 A 表示发出预警信号后 24 个月内发生了危机，情形 D 表示发出预警信号后 24 个月内没有发生危机，这两种情形都正确发出了预警信息，被称为"信号"（Signal）；情形 B 表示发出预警信号后 24 个月内没有发生危机，情形 C 表示没有发出预警信号情况下在未来 24 个月内发生了危机，这两种情形下错误发出了预警信息，被称为"噪声"（Noise）。"噪声号比"（Noise-to-Signal）的计算公式为：

$$\eta = [B/(B+D)]/[A/(A+C)] \tag{2.12}$$

在理想情形下，预警指标全部落入 A、D 两个区域，表示预警指标发出的信号全部正确预示了未来两年内发生的财政金融危机。但现实中很少存在绝对理想的预警指标，研究者只能通过设置预警阀值，使 A 和 D 尽可能高，B 和 C 尽可能低。用 $A/(A+C)$ 表示未来两年内发生危机的前提下，预警指标正确发出信号的条件概率，该比值越大，说明危机预测准确度越高；用 $B/(B+D)$ 表示未来两年内未发生危机的前提下错误发出预警信号的条件概率，该比值越小，说明错误预测危机的概率越低。不难发现，（2.12）式定义的"噪声信号比"是预警阀值（记为 s）的函数，通过最小化目标函数，可确定最优预警阀值：

$$\eta^* = \min_{s \in S} \eta \tag{2.13}$$

其中 S 是预警阀值 s 的取值区间。KLR 法确定的最优预警阀值完全内生于数据信息，避免了风险综合指数法难以克服的定性干扰，换句话说，预警阀值是方法体系中的内生变量，而非风险综合指数法设置的外生变量，这是 KLR 预警方法的显著优势。实际应用 KLR 法时，一般采取遍历法（Traverse Method）程序设定某一步长，在 S 中搜索最优预警阀值，使噪声信号比臻于最小化。这种方法程序简单，目标明确，但要反复做大量排除性实验，找到预警绩效最优的指标，进而以"噪声信号比"的倒数为权重，设计综合预警指标（Kaminsky 等，1998）。

利用这套方法量化预警地方财政隐性赤字风险的难点在于：一方面，尽管中国局部地区赤字风险集中，风险分布区域失衡，但风险整体可控，没有触发过可观察的危机，很难界定预警指标是否正确发出了预警信号；另一方面，地方财政赤字是隐性的，地方政府债务规模难于认定，为预警指标的选择设置了较大难度。受数据所限，大多数国内研究使用的风险指标都是统计资料中公布的显性指标，即中央国债和中央财政赤字指标，但这些指标不能反映地方财政隐性赤字规模，以此判定地方财政风险未必适宜。因此，运用 KLR 法量化预警地方财政隐性赤字风险，需要首先评估地方财政隐性赤字的基础数据，这也正是本研究致力于突破的瓶颈。

2. 灰色系统理论

近期一些文献尝试用灰色系统理论量化财政风险。基本思想是，客观世界的运行系统非常复杂，风险因素之间可能存在着难以认知的非线性关联，导致研究者在认知、分析、预测、决策时难以掌握充分信息。灰色系统理论通过分析指标之间的关联度，厘清各因素间的非线性关系，发掘出最重要的风险因素。在量化地方财政隐性赤字风险时，引入灰色系统理论可辅助决策者判断究竟哪些因素与风险直接相关，哪些仅具有次要影响，从而将隐性赤字风险的核心诱因发掘出来供实际部门分析决策。

胡光辉（2008）介绍了灰色系统理论预警地方财政风险的详细流程，指出关联度测算是预警的关键环节。将母序列和各子序列去量纲后，关联系数可通过下式测算：

$$L_{0i}(k) = \frac{\Delta_{\min} + \Delta_{\max}}{\Delta_{0i}(k) + \rho\Delta_{\max}} \tag{2.14}$$

其中 $\Delta_i(t) = |X_0(t) - X_i(t)|$，是母序列 X_0 同第 i 个子序列在第 t 点处的绝对差。ρ 称为分辨率，一般取值 0.5。关联系数定义为：

$$\eta_i(t) = \frac{\min_i \min_t \{\Delta_i(t)\} + \rho \max_i \max_t \{\Delta_i(t)\}}{\Delta_i(t) + \rho \max_i \max_t \{\Delta_i(t)\}} \qquad (2.15)$$

序列 i 与母序列在各时点的关联系数取决于两级最小差和两级最大差，关联系数越大，t 时点处序列 i 与母序列的相关程度越高，对母序列产生的影响也越大。整体关联度是对各个时点关联系数求均值，即：

$$r_i = \frac{1}{n} \sum_{t-1}^{n} \eta_i(t) \qquad (2.16)$$

灰色系统理论的优势是通过关联系数的测算，评估各指标对地方财政隐性赤字风险的影响程度，剔除掉事实上并不产生显著影响的指标，查明核心风险因素，据以确定主导警源。问题是，在测算关联系数之前，研究者必须首先量化地方财政风险度，即母序列各时点的风险值，而量化财政风险度的工作，胡光辉（2008）仍是通过风险综合指数法测定的。这就是说，同 KLR 信号法一样，尽管灰色系统法在筛选风险指标的预警能力方面优势明显，但仍绕不开线性方法作为理论运用的前提。但如财政风险程度能够准确测定，灰色系统理论将成为极有发展潜力的一类非线性预警方法。

3. 二元递归树法

尽管灰色系统理论应用中有局限，但这套理论揭示出经典危机预警模型普遍存有的缺陷，即预警程序未考虑预警指标之间的相关性。经典危机预警模型遵循的理念，是在分析某个具体指标对危机的影响时，假定其他预警指标是不变的，这相当于是一种理想状态下的"可控试验"。但事实上预警指标之间往往具有强相关性，单一指标的预警效果经常受到其他指标的扰动和影响，忽略这种相关性将导致预警结果的系统性偏误。

Manasse 等（2003）设计了一套"二元递归树"（Binary Recursive Tree）模型，研究主权债务危机的预警控制机制。作为一种非参数预警方法，二元递归树模型避免了 KLR 信号法中预警指标与危机概率复杂的互动关系，非常适合非线性结构估计，且操作简单灵活。图 2-1 绘制了预警流程。

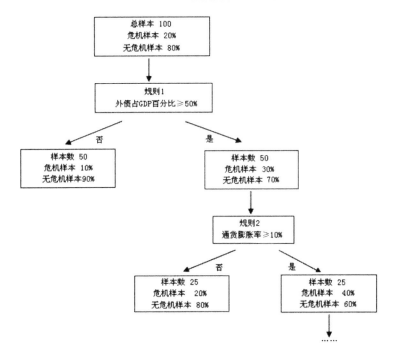

图 2-1　"二元递归树"模型的预警流程

资料来源：Manasse 等（2003）。

　　假设有一个包含 20 个债务危机、80 个无债务危机的样本总体。在所有预警指标中，研究者选取了对主权债务危机影响最大的"外债占GDP 比例"（或称"主权债务负担率"）作为二元递归树结构的第一个节点，警戒值定为 50%。当研究对象通过该节点时，依据是否突破指标警戒线，将全部样本分为两组，样本数分别为 X_{11} 和 X_{12}。假定两组均包含 50 个样本，X_{11} 组中债务危机样本占比是 10%，无债务危机样本占比是 90%。鉴于 X_{11} 组无危机样本率较高，这个样本即成为二元递归树结构中的最终节点，不再继续分组。X_{12} 组债务危机样本占 30%，无债务危机样本占 70%，危机样本高于 X_{11} 组，需要为 X_{12} 组寻找一个新的预警指标，延续既有操作流程。如果选择的次要预警指标是"通货膨胀率"，设定 10% 的警戒线，X_{12} 样本又会依照通货膨胀率警戒线是否突破，继续分为两组：X_{21} 和 X_{22}。其中，第一组危机样本占 20%，无危机样本占 80%；第二组样本危机样本占 40%，无危机样本占 60%，两组样本达到区分度要求，都可视作最终节点。经过两轮筛选后，共得到三个最终

节点 X_{11}、X_{21} 和 X_{22}，其中 X_{21} 和 X_{11} 为不易发生债务危机节点，分别对应外债率小于 50%、外债负担率大于 50% 且通货膨胀率低于 10% 的情形；X_{22} 为易发生债务危机节点，对应外债负担率大于 50% 且通货膨胀率高于 10% 的情形。

"二元递归树"模型的优点是能够对预警指标的重要性进行筛选。利用这套方法预警地方财政隐性赤字风险时，越接近根节点、出现次数越多的指标，往往是越重要的指标，不太重要的影响指标一般不能有效区分高风险和低风险样本。此外，这套模型的判断节点可以准确反映出各预警指标是否突破了预警阀值、是否有良好的预警判别功效，指标阀值可以实现内生化处理。但与其他非线性模型面临的相同问题是，二元递归树预警模型必须确定哪些样本存在危机、哪些相对安全。在 Manasse 等（2003）的文章中，国家主权债务危机定义为：一个国家被标准普尔（Standard & Poor）评为"违约级"①，或接受了 IMF 超过配额一倍的非援助性贷款。但中国地方财政隐性赤字风险是隐匿的，事先界定样本危机程度非常困难，需找到适合的量化方法将地区样本进行风险分组。此外，如果二元递归树层次过多，最终节点样本与危机样本数将过少，导致危机样本占比与对应变量的危机概率差别较大，出现预测偏差。在应用二元递归树模型预警地方财政隐性赤字风险时，必须有效甄别出不同险域的地区样本，谨慎选择阀值，尽量减少指标层次，增强预警效率。

4. VAR 模型

近期，一些研究借鉴金融危机预警模型中经常使用的非线性 VAR 模型，预警和评估中国地方政府的或有债务风险，如李朝鲜等（2008）。基本思想是，或有负债发生与否并不确定，但 VAR 模型通过量化风险事件的发生概率，可以实现对或有债务风险的评估和预测。

根据 Jorion（2001）的定义，VAR 是在正常市场环境下，在一定置信水平和持有期内，特定资产头寸或投资组合面临的最大可能损失。从方法上看，VAR 同样是定性与定量相结合的预警方法，VAR 值不仅取决于风险水平，也取决于管理者的风险偏好（反映在置信水平的设置上）及风险期限。假如某证券投资组合置信水平为 99%、持有期为 1 天，则

① 标准普尔将一个国家评为"违约级"的标准，是该国在债务或利息到期日之前未能偿付本金或约定利息。

VAR 为 120 万美元，意思是该投资组合持有期为 1 天时，在 99% 的概率水平上，可以确保最大损失低于 120 万美元。换句话说，将该投资组合持有 1 天的损失高于 120 万美元的可能性仅 1%，每 100 次交易中大概只有 1 次损失超过 120 万美元。公式表示为：

$$\text{Prob}(\Delta P < \text{VAR}) = \alpha \tag{2.17}$$

其中 Prob 是资产损失低于风险额的概率，ΔP 表示资产在持有期内的损失额，VAR 是在险价值或可能遭受的损失上限，α 是置信水平。测算 VAR 需给定两个条件：一是置信水平（或置信度），反映投资者的风险偏好，风险厌恶型投资者选择较高置信水平，风险偏好型投资者选择较低置信水平；二是持有期，持有期越长，资产组合波动越大。

测算 VAR 的重点环节是指标序列的统计分布或概率密度的选择。考虑一个资产组合：P_0 为初始价值，R 是投资回报率，持有期末资产组合价值为 $P = P_0(1 + R)$。投资回报率 R 的期望和标准差为 μ 和 σ，在置信水平 α 下，资产组合的最低价值为 $P^* = P_0(1 + R^*)$，由此可计算相对资产组合均值（期望回报）的 VAR 为：

$$\text{VAR}_R = \text{E}(P) - P^* = P_0(1 + \mu) - P_0(1 + R^*) = P_0(\mu - R^*) \tag{2.18}$$

这说明，VAR 相当于在一定置信水平下资产组合的最低价值 P^* 或最低回报率 R^*。假如实际资产回报率是一个随机过程，概率密度函数为 $f(p)$，则相对于置信水平 α 的资产组合最低值 p^*，有：

$$\alpha = \int_{p^*}^{+\infty} f(p)\mathrm{d}p \tag{2.19}$$

VAR 模型具有概念明晰、事前计算和预估风险简便的优点，但在应用该方法量化中国地方财政隐性赤字风险时，存在以下问题：一是 VAR 法对数据量要求高，样本越大越有利于精确测算概率密度函数。但中国审计署公布的权威数据非常有限，数据缺失使 VAR 法在财政风险领域的应用受限；二是 VAR 对风险的计算是依据资产组合以往的收益序列预测未来价值波动，假如一些政策性、偶然性事件使资产价格变化割裂了未来同过往的联系，VAR 方法的预测结果可能有较大偏差。地方财政隐性赤字风险受财政、金融、政治、经济等诸多因素冲击，不确定性较大，在一个政府间财政关系框架尚不稳定的体制环境中，以既往事件的发生概率预估未来风险，统计偏差难以避免，必须结合敏感分析、压力测试等定量程序进行稳健的政策研究。将 VAR 模型应与其他风险预警技术相结合，更有利于发挥概率评估在隐性赤字风险管理中的作用。

5. BP 神经网络模型

国内一些研究提出，可以尝试用非线性神经网络模型预警中国地方财政风险，如张明喜、丛树海（2009）及洪源、刘兴琳（2012）等。作为人工智能领域的一个重要分支，神经网络在函数逼近、模式识别、非线性优化、智能控制、数据压缩等领域得到广泛应用，并取得良好效果。这种方法以网络结构形式完成输入空间和输出空间的映射，计算过程没有显式函数，是通过网络结构的不断学习和各层神经元之间权重的不断调整完成的。

在各类神经网络模型中，BP 神经网络是目前应用最广泛的一种神经网络模型，由输入层、输出层、中间隐含层三个神经元层次构成，各层次神经元间形成全交互连接。绝大多数神经网络，如 BP 网络和多层感知器，采用线性函数作为基函数。激活函数的作用是对基函数的输出进行"挤压"，即通过非线性函数将基函数输出变换到指定范围内。神经网络模型的这种特点使它很适合分析非线性数据和含噪声数据，可以从不完整的信息中恢复完整信息，具有自组织和自学习的优点。这些特点使人工神经网络模型可灵活适应财政、金融风险预警，克服多因素、不确定性和非线性等常见的预警难题。

但应用神经网络模型预警地方财政隐性赤字风险也存在一些问题，主要是：网络结构和参数的选择缺少理论支持，仅是尝试性的；人工神经网络模型是"暗箱"操控的，缺乏解释能力或理论基础。由于数据本身不能显示隐含的风险发生机制，即便神经网络模型具有风险预警的泛化能力，但若实现对我国地方财政隐性赤字风险的有效控制，仍必须从理论层面剖析其激励机制和传导路径，设计有针对性的预警指标。只有将神经网络模型与其他非线性方法相结合，融入动量项、共轭梯度法、递推最小二乘法、神经元空间搜索法等方法，才能增强其实践应用价值。

2.2.2.4 偿债缺口估测法

与各种线性和非线性风险预警模型的量化思路不同，郭玉清（2003、2011）提出，应从地方财政管理层面设计适用于中国的地方财政风险量化预警体系和控制策略，主要思想是测算地方政府偿债缺口，从风险源头阻断地方财政隐性赤字风险的传导路径，防止其不断向上传导转嫁，冲击省级和中央财政安全。这套预警方法的基本原理如下。

1. 研究对象

地方财政风险是各种经济社会风险在财政领域的集中体现（郭玉清，2003；丛树海，2005）。随着我国城市化的快速推进，改革逐步进入攻坚阶段，经济社会中的私人风险越来越多地转化为公共风险，地方政府承担的职能领域不断扩大。具体来说，地方财政隐性赤字风险的影响因素有经济、社会、政治、金融等多个层面，经济因素在各类影响因素中居于核心地位。由于纵向失衡的财政分权框架使地方政府的财权事权不匹配，地方财政预算内收入不能满足支出事责，在政绩竞争压力下，地方政府只能诉诸预算外融资渠道完成基建任务，搭建地方政府融资平台进行债权、股权融资，导致地方财政隐性赤字不断扩张和地方政府债务持续膨胀。因此地方财政隐性赤字风险预警的研究对象，应定位为地方政府的隐性财政收支赤字及其累积成的各类政府债务。

2. 监控目标

当地方财政收入不能满足财政支出需求时，受 1994 年《预算法》约束，地方政府只能经由预算外渠道举债融资，形成地方财政隐性赤字。无论预算内还是预算外举债融资，债务都有偿还期限，可用即期偿付能力和潜在偿付能力两项指标测度地方政府的流动性偿债风险。即期偿付能力反映地方政府能否及时、足额偿还到期欠债；潜在偿付能力指在中长期（如五年至十年期间），财政收入能否满足偿债需求。在中长期内地方政府可能因收支错配形成逾期债务，但只要地方政府具有充沛的潜在支付能力，逾期债务规模便是中长期可控的。显然，当地方政府具有较强的即期、潜在偿付能力时，财政隐性赤字风险度较低；否则财政运行风险程度提高，需要采取防控预案规避风险。

郭玉清（2003）认为，有两项指标对量化预警财政隐性赤字风险非常关键：以"逾期债务/地方财政收入"反映即期偿付能力，以"债务余额/地方财政收入"反映潜在偿付能力。选择这两项指标基于三项考虑。

第一，很多文献以负债率指标测度风险，但作为分母的 GDP 是一个国家或地区的流量产出，是地方政府的广义税基，因此负债率指标主要反映中长期可持续举债融资能力，即经济总量能否承载地方政府的累积赤字。但问题是，即便地方政府具有可持续举债融资能力，也不等于债务融资的流动性是安全的，由于地方政府举债大多具有资产负债期限结构错配特征，债务率更能反映地方政府面临的现实偿债压力；再加上GDP 的核算方法不规范，存在数据失真、地方官员虚报产出等问题（周黎安，2008），债务率指标更能真实地反映地方政府隐性融资的流动性风险。

第二，国际经验表明，反映地方政府流动性偿债压力的指标有"还本付息率""偿债率"等，这些指标适用举债程序规范、地方政府拥有独立融资权的情形，是衡量地方政府能否及时偿债和避免违约风险的重要指标。但我国地方政府长期不具有举债融资权，债务存量主要通过预算外渠道隐性积累，致使逾期债务在基层政府凝聚积压，因此以地方政府逾期债务作为流动性监控指标是更现实的选择。

第三，在选择潜在偿付能力指标时，由于地方政府的中长期支付压力是隐性赤字逐年累积的结果，以债务率指标测度中长期流动性更合理。量化地方财政隐性赤字风险程度时，两项指标应赋予不同权重。地方财政隐性赤字的流动性风险首先表现为即期偿付风险，源于地方政府未能清偿应还债务累积的逾期债务额，这项指标应被赋予更高权重。第二项指标反映地方政府的中长期偿债需求，可根据以往年度应还债务转化为逾期债务的比率予以估算。风险阈值借鉴国外成熟分权治理国家的经验，结合中国实际情况判定。

3. 微观基础

为弥补地方财政隐性赤字，地方政府需要寻求多种渠道举债融资，审计查明的举债渠道有：搭建融资平台申请银行借贷、向企业或个人借款、政府间往来借款、政信合作、券商资管、私募合作、BT 代建融资等。这些政府性举债融资从微观视角看，都是依托一些具体项目展开的，项目管理既是地方财政隐性赤字风险管理的微观基础，也是风险管理的最终落脚点。为控制地方财政隐性赤字风险，需要实际部门针对每笔项目，研究哪些需要政府承担直接偿还责任，哪些需要承担间接责任或政府并非偿债主体，从微观项目明晰地方政府的偿债责任和风险程度。审计署 2013 年开展的地方政府债务审计，根据"逐笔对账"原则展开，所公布的债务数据是迄今最权威的数据。管控风险应进一步根据项目的融资来源、资金投向对项目进行分类，根据项目属性，即金额、期限、利率、汇率等，分析不同项目对财政预算资金的偿付要求，确定每类项目的风险程度和区域整体风险度。

4. 技术保障

地方财政隐性赤字的风险监管需要多部门协同合作，以便财税系统掌握各类地方政府举债融资信息。如能实现隐性赤字信息的机构联网共享，将极大降低信息搜寻成本，提高风险监管效率（黄佩华、迪帕克，2003；郭玉清，2011）。现代网络信息技术的发展为地方财政隐性赤字风险的网络化管理提供了技术保障，为风险管理以微观项目为基础提供了平台支持。将信息网络技术运用到财税领域，可以显著提高财税部门工作效率。[①]各级政府可在系统终端录入微观项目数据，在不同层级政府间共享地方政府的赤字和债务信息，使财政部门系统摸清债务底数、动态监控隐性风险的演化趋势。

5. 管理模式

地方财政隐性赤字的风险监管应贯彻分级管理理念，利用上下级政府间信息传递速度快的优势，防范风险扩散蔓延（黄佩华、迪帕克，2003）。各级财政部门通过对隐性赤字率、逾期债务率、综合债务率等指标的测算，能够掌握财政赤字的总量规模以及引致风险的主要因素和环节；在此基础上配套衍生的财政偿债机制，使财政部门能够合理安排偿债准备金，平抑隐性赤字可能出现的剧烈波动及其对财政金融体系可能带来的不稳定冲击。各级财政部门进行风险预警与控制时，可从自身实际情况出发，获取举债融资历史数据，确定适用于本级的风险防范预案；上级政府数据又是从下级政府层层传递而来，这样既能使上级财政随时监控下级部门的风险状况，又能保证数据流的真实划一（郭玉清，2011）。

以上内容搭建了地方财政隐性赤字风险预警的基本框架，致力于从地方政府举债、偿债两个视角，研究地方政府偿债能力不足导致风险转嫁和冲击中央财政安全的流动性风险。缺陷是，用偿债缺口估测法预警控制地方财政隐性赤字风险，需要实际部门掌握各类举债总量、偿还、

---

① 可资参考的案例是，在"金财工程"项目中，网络技术平台的开发极大改善了税务部门征税效率。

期限、利率等情况，配备完善的预警监控软件操作系统，前期投入较高。在准备工作尚未完成之前，以指标控制法管控风险可能是更现实的选择，但若有效控制隐性赤字风险，对各类举债规模进行全面的统计估测将是难以回避的工作，这对提高地方财政透明度、推进预算法制化提出了更高要求。在近期研究中，郭玉清等（2014）建议构建以指标控制为基础的早期预警和以违约控制为基础的危机预警两套预警机制，这两套预警机制对防控隐性赤字风险来说都是不可或缺的。作者也认为，将偿债缺口估测法同业已发展成熟的线性、非线性预警方法相结合，更有利于量化风险状况，监控风险演化，防范隐性风险触发显性危机。

2.3 地方财政隐性赤字风险的监管程序及防控策略研究

量化地方财政隐性赤字风险的目的是控制和化解风险。在构建地方财政风险量化预警机制的基础上，成熟市场经济国家或新兴分权国家政府普遍设置了针对风险的监管制度和防控策略，以期实现对地方财政风险的动态监测、适时防范和有效化解，避免其不断累积扩散到难以控制的局面。尽管很多成熟市场经济国家的财政赤字和政府举债程序是显性化的，与我国地方财政赤字和政府举债长期在隐匿状态下操作差异较大，但总结其他国家财政风险的控制化解策略，可以为构建适用于我国的地方财政隐性赤字风险防控体系，提供更多政策工具。

2.3.1 违约预警

财政风险预警是根据风险管控目标，对风险要素进行识别、分析、汇总、判断的过程，主要功能是显示警兆和查找警源。美国俄亥俄州的财政风险监控体系比较有代表性，该地区设计了一套预警指标，用于控制地方政府的违约债务，针对高违约风险和已经处于危机状态的地方政府制定管控措施（Brixi 和马骏，2003；《中国地方债务管理研究》课题组，2011）。

美国俄亥俄州的财政风险监控体系源于 20 世纪 70 年代经历的数次

地方政府违约事件。美国政府间关系顾问委员会建议各州加强地方财政监控，俄亥俄州随之构建了"地方财政监控计划"。这个计划由审计局负责，规定任意政府的财政状况符合下述三种情况之一，即被列入"预警名单"（李萍等，2009）：

（1）出现两种情况中的任一种：①财政年末普通预算中逾期超过 30 天的应付款减掉年末预算结余后超过该预算年度收入的 1/12；②截至财政年末，普通和专项预算中逾期超过 30 天的应付款，减掉普通和专项预算结余后超过该财政年度可使用收入的 1/12。（2）上个财政年度总赤字减掉所有可被用于弥补赤字的普通和专项预算资金，超过本年度普通基金预算收入总额的 1/12。（3）财政年末地方政府金库所持有的现金和可售证券，减掉已签出的支票和担保余额，其价值少于普通和专项预算的结余额，并且差额超过上个财政年度金库收入的 1/12。

当上述任一情况出现时，俄亥俄州审计局发布书面通告，监视该地区财政运行状况，一直持续到州审计局确定警报解除，才将该地方政府从"预警名单"中清除。假如监控期内财政状况进一步恶化，将从"预警名单"升级至"危机名单"。进入"危机名单"的地方政府符合以下测试程序（李萍等，2009）：

测试 1（债务违约）：地方政府债务违约达 30 天以上；测试 2（工资拖欠）：未能在 30 天内支付雇员的工资（2/3 雇员同意延迟支付工资的情况除外）；测试 3（额外转移支付要求）：要求从其他地方政府向该地方政府进行税收再分配；测试 4（其他支付欠款）：逾期未付达 30 天以上的应付账款，在减去现有现金余额后，超出前一年普通预算或全部预算收入的 1/6；测试 5（赤字规模）：预算总赤字减去可用于减少赤字的预算余额超出前一年收入的 1/6；测试 6（现金短缺）：未承诺支付的现金和可售证券余额大于前一年预算收入的 1/12。

根据财政危机法，陷入"危机状态"的地方政府需要成立"财政计划与监督委员会"，工作目标包括消除财政危机、削减财政赤字、收回投资基金、避免再次出现财政紧急状况等（Ma，2002）。美国俄亥俄州的这套风险预警模式行之有效，对财政危机的处理围绕地方政府违约规模，目标明确、管控有力。俄亥俄州通过成立特定机构，全权监管危机状态的地方政府，指导、督促改善财政状况，消除违约危机的管理模式，有效控制了地方财政风险扩散和蔓延，对稳定基本公共服务供给发挥了重要作用，也为构建适用于我国的地方财政隐性赤字风险预警机制提供了可资参考的制度框架。

2.3.2 规模控制

美国俄亥俄州的债务风险预警指标主要反映地方政府赤字是否导致债务违约以及举借债务是否具有可持续性。郭玉清等（2014）形象地将这种预警机制比喻为控制财政风险的第二道闸门，即"危机预警"（Crisis Warning），一旦违约指标警戒阀值被突破，说明地方政府陷入了债务偿付困境，面临破产或亟待救助的局面。除此以外，成熟分权治理国家还限制地方政府的举债规模，以规模控制方式防范风险，这种预警机制类似于对财政风险设置第一道闸门，即"早期预警"（Early Warning）。早期预警指标被突破，并不必然意味着地方政府会陷入偿债危机，但至少说明地方政府已经处于高风险状态，需要采取一定措施预控风险（财政部财政科学研究所课题组，2009）。

1. "交通信号灯"监控系统

哥伦比亚"交通信号灯"监控系统主要限制资金需求方的举债规模，形成了监管地方财政风险的有效经验，近年备受关注。哥伦比亚政府授权银行监控地方政府贷款，监控指标有二：一是债务利息支出占财政经常性收支盈余比重，这个指标反映短期资金流动性，比值过高，说明地方政府没有足够的财政盈余偿付到期债务利息，流动性趋紧，违约风险加重；二是债务余额占财政经常性收入比重，这个指标反映中长期偿债能力（Ma，2002）。哥伦比亚对每项指标设置两道警戒线，将警戒区间按照交通信号灯系统划分为不同灯区，如表2-4所示。

表2-4　哥伦比亚"交通信号灯"监控系统指标及其风险区间

指标	绿灯区	黄灯区	红灯区
利息支出/经常性盈余（反映流动性）	低于40%	40%至60%	高于60%
债务余额/经常性收入（反映偿债能力）	低于80%	低于80%	高于80%

资料来源：哥伦比亚《358号法律》（1997年）。其中经常性盈余=经常性收入—经常性支出（不包括利息支出）—对下级政府的转移支付。经常性收入主要包括税收、非税收入、收费、来自中央政府的转移支付、中央与地方政府之间的收入分成和利息收入等；经常性支出包括工资、社会福利和社会保障支出等。

在地方政府赤字扩张过程中，只要有一项指标落在红灯区，即视为高危地区，贷款申请必须获得财政部许可，并与金融机构签订业绩合同。在业绩合同中，申请贷款的高危政府必须说明在特定时间表内，必须或将要完成的改革目标，如增税、节支、实现预算盈余、改善债务结构等。若高危地区在限定时间内未完成承诺目标，继续贷款需求将被削减，甚至禁止（张志华等，2008a）。

哥伦比亚的"交通信号灯"监管系统以资金借贷方为主体实施监管职能，赋予商业银行独立性，允许商业银行基于政府贷款项目的市场风险溢价的判断自主制定贷款决策。但中国商业银行独立性较弱，金融机构与地方政府的业务往来受多重因素影响，地方政府可以掌控地方金融机构管理者的人事任命权、用存款权置换贷款权，因此银行决策往往是政策而非市场导向的。如在中国强化债权方为主体的监管模式，还需要增强金融机构经营独立性，破除地方政府与金融机构的隐性契约。

2. 供求限制

与哥伦比亚类似，巴西历史上爆发过三次大规模地方政府债务危机，每次都倒逼中央政府接管债务或事后救助，对中央财政运行造成了严峻冲击。经过多次危机教训之后，巴西为避免地方危机再度冲击中央安全，强化了地方政府借贷的供求双方监管，出台《财政责任法》，做出如下限制性规定（张志华等，2008b）：

（1）不允许地方政府从下级企业和供应商借款；（2）地方政府借款额必须小于或等于资本性预算规模；（3）新增借款不得超过经常性净收入的 18%，偿债成本不得超过经常性净收入的 13%，债务总额必须低于经常性净收入的 200%；（4）借债政府的财政收入超过非利息支出（即保持基础性盈余），曾违约者不允许借款；（5）政府签发的担保余额必须低于经常性净收入的 25%；（6）短期收入预借款不得超过经常性净收入的 8%；（7）在债务展期内，禁止发行新的债券；（8）债券到期时至少偿还债务余额的 5%，如果借款政府的偿债支出小于经常性净收入的 13%，则必须在债券到期时偿还 10% 以上的余额，或者将偿债支出提高到 13% 的经常性净收入。

除资金需求方限制外，同哥伦比亚情形类似，巴西还赋予中央银行监管权，对商业银行实施贷款余额限制，从供给方角度遏制地方政府借贷规模。政策性规定包括（张志华等，2008b）：

（1）授权中央银行以监管者身份控制商业银行对地方政府的贷款，规定银行对地方政府的贷款余额限制在银行净值的45%以内，全国银行体系对政府部门的贷款总额不得超过6亿里奥；（2）所有借款申请必须首先提交给中央银行审查，中央银行收到申请后30天内对地方政府财政状况进行研究，然后将申请和银行建议提交参议院。如果银行分析表明申请借款的地方政府存在违约风险，便有权单方面拒绝转交申请。

巴西对地方政府借贷的供求限制，具有政策时滞短、调控见效快的优点，但通过政府限制性法律而非市场机制防控地方财政危机，可能在解决危机的同时，出现干预过度的问题，过度硬化预算约束会影响基础性公共品的持续供给，引发实体经济下滑（邓淑莲、彭军，2013），同样诱发地方财政风险。由于参议院仍然保留了特例审批权，中央银行的独立审批权限难免受限，而通过借款申请的地方政府反过来增加了对中央政府隐性担保的预期，认为陷入偿债困境后中央政府将实施救助政策，从而引发举债道德风险，助长地方政府的赤字支出冲动（Singh 和 Plekhanov，2005）。如何协调银行和参议院的贷款审批权限，使地方政府借贷实现成本与收益的最优权衡，仍有待进一步研究。

3. 早期预警及财政重建

从全球视野观察，多数分权治理国家不允许政府举债弥补经常性赤字，即举债必须坚持"黄金法则"（Golden Rule）。日本较为特殊，在面临税收收入和财政支出的结构性缺口的时候，允许地方政府发行赤字融资债，弥补结构性赤字，这项制度导致日本的财政赤字和债务规模非常庞大（张志华等，2008c）。

历史上，日本曾饱受地方政府流动性债务危机之苦，总计884个地方政府曾宣布破产。2006年，北海道北部小镇夕张申请破产，630亿日元负债大约是年财政收入的14倍，这次政府破产事件触发了2007年的地方财政风险早期预警及财政重建计划改革（郭玉清，2011）。财政重建计划旨在改善地方财政收支状况、防范地方财政风险，通过早期预警，避免陷入偿债危机的地方政府破产和削减基本公共服务的供给规模。该计划包括三项内容：一是构建更为全面的指标体系，监控地方财政收支状况；二是中央和地方政府共同参与财政重建计划；三是以短期赤字代替地方公债。假如被考察地区的某项早期预警指标突破了警戒阀值，地方政府将被认为存在财政运行风险，需要在中央政府的严格监管下制定财政重组方案，直至将高危指标控制到正常区间。重组过程中，地方政府将被要求采取多项措施增收节支，如降低公共福利支出标准、提高财产类税收征缴力度等，这将进一步恶化危机地区的公共服务竞争力，引发资源外流。

以上典型国家和地区的财政风险预警机制表明，风险管理机构一般采取简单明确的指标控制方式，设置指标警戒线判断地方政府是否处于危机状态，进而采取相应监管措施。从选取的指标看，一般都围绕地方政府是否违约、举债融资是否具备可持续性、财政赤字是否具有周期性，具有较强的针对性，而非泛化涉及财政"收、支、平、管"等险源。当确认地方政府处于危机状态后，中央政府通过框架指导、机构组建等方式介入高危地区的债务重组过程，直至财政运行恢复健康（Wildasin，2004），这对量化评估和动态监管我国地方财政隐性赤字风险具有重要参考价值。

2.3.3 偿债能力约束

构建地方财政隐性赤字风险预警机制的目标是标示警情，约束地方政府理性举债融资，而确保地方政府具备偿债能力的手段则是控制警度。在发展中国家，地方政府一般不设置偿债约束，政府间偿债责任配置不明晰，地方政府普遍存在中央政府的危机救助预期，诱发了过度举债融资的道德风险（Goodspeed，2002）。为限制地方政府过度扩张赤字，防范地方财政风险转嫁升级，多数分权治理国家采取强制措施督促地方政府及时偿债，方法有提供偿债担保、设置偿债准备金、弱化上级政府救助预期、明晰偿债权责等。要求地方政府提供偿债担保是最流行的偿债能力约束制度，南非比较有代表性。

为避免地方政府陷入偿债危机后倒逼中央救助，南非规定市政府必须对其自身及控制的市政机构债务提供偿债抵押，抵押方式包括：提供一项资产或权益的留置权，或抵押、出让该资产或权益，或提供任何其他形式的担保；保证用可获取的资金或从可行的资金来源取得的资金来直接偿还或履行保证的职责；保证给贷款人、投资人或第三方提供押金作为担保；同意使用特定的方式或程序来还款，以保证对贷款人或投资人的还款是特殊的和专用的；将任何类型的收入或权益转到未来收益中作为抵押；保证通过调节、仲裁或其他解决争议的途径来解决出现的任何争议；使一般收入、特定收入及其他收费收入保持在一定数额之上，以保证履行其偿债责任；保证在预算案中对履行其债务责任所需要的还款做出规定，包括本金和利息；同意对市政府在担保债务或担保责任履行完成前所发生的债务做出限制规定；市政府做出的其他安排（李萍等，2009）。

美国要求州及州以下地方政府设立偿债准备金（Insolvency Reserve），数额与每年偿付本息额相等或略高。随着债券余额被分期偿还，偿债准备金规模也滚动缩减，偿债准备金可以滚存设置，资金来源包括债券发行溢价收入、投资项目收益、信用证收益等。为保值增值，偿债准备金只能投资低风险的联邦政府支持债券，投资债券期限不能长于偿债剩余期限。如果州政府和地方政府无法筹集足够资金偿付债务本息，中央不施以"援助之手"，而是宣告地方政府破产。对于破产的地方政府，一般责任债券持有人可上诉至法院拍卖政府或其代理机构的资产以避免损失。收益债券或非担保地方政府债券只能以项目收益弥补，不得动用预算资金，这意味着一旦发生偿付危机，收益债券持有人将承担部分损失。美国联邦政府的不救助承诺（Non-Bailout Commitment）极大抑制了地方政府的赤字扩张冲动，迫使地方政府倚靠税基涵养增强偿债能力，政府间偿债权责非常明晰，逐步被其他国家所采纳（安立伟，2012）。典型有：法国规定地方政府债务只能由地方财政自行偿还，偿债资金源于地方税收、中央转移支付、发行新债偿还旧债等；阿根廷规定当地方政府出现债务危机时，中央政府不得援助省政府，要求地方政府将中央与地方共享收入作为还款担保，只有完全清偿债务后，才能重新获得分享收入。

2.3.4　提高信息透明度

省以下地方政府预算外融资信息的失真、模糊和滞后一直是困扰实际部门的难题。若不能实现地区间财政隐性赤字信息的联网共享，审计部门动辄组织大量人力、物力专项调研，信息成本极高。目前，审计署已组织三次大规模审计，试图掌握地方政府长期赤字扩张的债务存量规模，但类似行动不能形成连续数据流，构建常态化的信息管理机制已势在必行（黄佩华、迪帕克，2003；郭玉清，2011）。为防范地方财政隐性赤字风险，地方政府必须及时搜集、整理、公布隐性赤字信息，解决各层级政府、媒体和公众的信息不对称问题，便于政府和社会机构根据公布的信息对隐性赤字风险程度做出评判，进而设计合理的制度体系约束对地方政府隐性融资行为。这就要求强化地方财政隐性赤字信息的预算透明度，稳定社会公众的心理预期，使举债行为规范化。

第一种做法是将财政赤字信息编入预算，将政府举债纳入政府预算管理（Hemming 和 Petrie，2002）。法国要求地方政府举债、偿还和变更信息必须按预算程序编制报告，执行情况经网络按月逐级报告给中央政府，中央政府通过网络掌握全国举债融资信息。公共预算的网络化管理为提高地方财政管理透明度、防范财政赤字风险打下坚实基础。澳大利亚规定地方政府必须将借款分配及调整情况反映在预算报告中，报告方式遵循财务标准框架，需披露贷款、租赁、抵押、透支等负债款项，并报告存量资产。

第二种做法是构建联网信息系统，为信息透明度提供技术支持。巴西要求地方政府每年向联邦政府汇报财政账户收支情况，作为评估地方财政运行风险的依据。财政赤字信息主要依托与各银行联网的国家信息系统予以披露，财政部负责系统建设维护，任何政府性借贷信息都要登记反映。国家信息系统的透明度极高，任何政府和银行机构均能查阅相关信息。中国目前尚未构建地区间和银行间财政赤字信息的联网系统，信息搜集工作耗时耗力，巴西的技术网络建设经验值得借鉴。

第三种做法是改革财会制度，按责权发生制原则披露赤字信息。澳大利亚要求地方政府不仅披露直接显性债务情况，还要报告担保或有负债；新西兰要求地方政府编制政府预算平衡表、政府综合财务报表、年度偿债计划报告、融资效果报告等，举债项目要报告应付账款、地方政府借款、政府养老基金支付等内容。当前我国欠缺地方隐性赤字资料，地方政府掌控的资产情况尚不明晰，增加了评估地方偿债信用的难度。在编制中国资产负债表方面，以上国家的政策实践具有参考价值。

2.3.5 危机处理

当地方政府的长期赤字扩张累积了大量表外债务，动用自身财源无力偿债，危机局面已然形成时，中央政府一般介入地方政府的债务清偿程序，辅助化解危机，甚至完全接管危机地区政府债务，或协助重组地方政府债务（刘琍琍，2011）。

法国采取激进的行政接管方式。法国规定，当地方政府资不抵债陷入偿债困境并宣布破产后，省级官员直接接管当地政务，原地方政府及其议会解散。行政接管期间，中央政府代偿部分地方政府欠债，新政府重新选举产生后，制定增税计划或其他融资方案，逐步清偿原政府欠款和中央垫付金。由于往届政府的债务转嫁给新组阁政府，现届政府执政能力将面临考验，有能力清偿历史欠账、维持财政收支良性运转的政府将获得稳定执政权。

巴西选择由中央政府辅助重组危机地区的政府债务，规定当地方政府无力偿债时，为保护债权人权益，中央政府可凭借国家信用优势，发行长期债券替地方政府清偿所欠债务，同时要求地方政府按 30 年期重组债务，中央承担长期债券利率和中央债券利率的差额成本（Dillinger，2002）。这种做法实际是用长期债务置换地方政府的短期债券，并给予地方政府充裕的时间改善财政状况和经济绩效，是一种风险缓释的举措。与商业银行的债务展期操作相比，中央政府主导的债务结构重组能避免流动性过剩，遏制财政危机向金融危机转嫁升级，保护债权人权益（郭玉清，2014）。但危机地区能否在未来较长的时间内渡过偿债危机，仍有赖于实施有效的财政、经济恢复计划。

2.4 文献总结

分权治理国家限制政府融资规模、量化举债融资风险、管控地方财政危机的制度安排和策略体系，为构建适用于中国的地方财政隐性赤字风险的量化预警机制、设计控制化解风险的监管策略，提供了很多有参考价值的政策工具。主要政策启示有：

第一，地方政府举债融资必须恪守"黄金法则"，形成优质政府资产。坚守举债黄金法则的意义在于，基础设施是惠及后代的，地方政府以举债融资填补基建缺口，使偿债期限和基础设施的使用年限相匹配，能够让基础设施的当代和后代受益者共同分担成本，符合代际公平。扣除资本项目赤字后，经常性预算应严格保持收支平衡，不列赤字。希腊深陷欧债危机，正是由于产业结构失衡和高福利政策导致财政赤字主要集中在经常项目，举债融资不具备可持续性。但中国地方财政赤字主要支持了公共交通、信息通信、水电煤气等基础设施项目建设，举债融资从中长期观察是可持续的。应注意的是，中国地方财政赤字风险主要源于资产负债期限结构错配和风险分布区域结构失衡，局部流动性风险过于集中，当密集偿债期到来时，局部地区因税基孱弱陷入偿债困境的概率极高，须引起决策者高度重视。

第二，根据地方财政隐性赤字的风险特征，采取差异化预警方案。中国地方政府的举债融资主要源于银行借款，而银行贷款偿债期较短，往往3～5年内便迎来偿债高峰，更容易引发资产负债期限结构错配。中国应借鉴分权治理的成熟经验，采取早期预警、危机预警两套机制监控地方财政隐性赤字风险。地市级以下政府债务规模大、偿债能力弱，宜采用危机预警机制，测算出逾期债务规模及偿债财力基础，遏制风险传导升级，构筑防范风险的危机警戒线。对省级政府，可构建隐性赤字风险的量化指标体系，以非线性方法进行早期预警，针对突破预警阀值的指标设计风控预案，构筑防范风险的早期警戒线。危机预警和早期预警相结合，有助于全面步控隐性赤字风险，保障财政金融安全。

第三，强化信息透明度，开展地方财政偿债信用评级。欠缺地方财政隐性赤字及举债融资的数据资料，是监管地方财政隐性赤字风险、控制潜在危机的最大掣肘。各级政府应摸清债务底数，定期公布赤字规模、还贷计划、债务存量等数据，形成连续数据流，供研究人员设计风控预案。强化隐性赤字的信息透明度，有助于构建地方财政偿债信用评级机制，对地方政府的赤字扩张形成制度约束，降低违约风险。偿债信用评级工作可财政主导、银行实施，未通过评级的地方政府要限制举债规模，制定增收节支计划改善财政收支状况，待评级通过后再行放开举债融资权。资本市场发展成熟后，地方债信评级工作应逐步交由类似穆迪、惠誉、标准普尔的社会信用评级机构接管。市场化评级将进一步弱化政策因素干扰，增强评级的可信度和资本市场的约束力。

第四，明晰政府间偿债权责，降低地方政府举债道德风险和逆向选择。地方政府隐性赤字扩张的主要动机是迎合政绩考评，借预算外赤字拉动经济增长，能够提高地方官员的政治晋升概率，将赤字融资收益充分内部化。隐性赤字居高不下的另一个原因是，赤字风险长期未纳入考评机制，地方官员普遍存有"本级借下级还、地方借中央还"的卸责心理，冀图在任期届满后将遗留的偿债责任推卸给继任官员，不举债或举债力度偏弱的地方官员反而被淘汰出晋升博弈。为弱化地方政府的救助预期和举债冲动，中央政府应逐步从制度层面明晰偿债权责，将隐性风险纳入政绩考评，并通过债务重组、收支调整等策略防控高危地区的赤字风险。

第 3 章 地方财政隐性赤字的规模估测及演化趋势

本章基于权威数据资料，对中国地方财政赤字的分布规律和演化趋势进行经验观察。与以往研究不同的是，本章对地方财政隐性赤字的估测是基于地方政府可持续举债的动态分析框架，根据审计署公布的权威数据，进行的全国和分省视角研究。我们将证明，测算得到的地方财政隐性赤字的演化趋势，可以得到历史证据的支持，这为后续章节渐次展开的地方财政隐性赤字的激励机制和风控策略的研究，提供了坚实的数据基础。

3.1 地方政府债务余额的相关研究

在测算分省财政隐性赤字数据之前，有必要回顾理论界既有的研究成果。根据我们掌握的文献，目前还没有学者开展过地方财政隐性赤字的估测研究，既有文献估测的全部是地方政府债务余额。从研究方法看，既有文献主要基于国内生产总值、政府资产、可用财力等数据判断债务规模，代表性研究包括刘尚希和赵全厚（2002）、财政部科研所（2008）、《中国地方债务管理研究》课题组（2011）等。

表 3-1 刘尚希和赵全厚的估计结果（亿元）

	直接负债		或有负债		总计
显性负债	1. 国债	13836	1. 其他公共部门债券	7324	
	2. 特别国债	2700	2. 间接担保外债	4411	
	3. 欠发工资	250	3. 国债投资配套资金	11500	
	4. 弥补政策性亏损	2400			
	5. 乡镇政府负债	2000			

	直接负债	或有负债	总计
小计	21186	23235	44421
隐性负债	1. 社保基金缺口　37000	1. 国有银行不良资产　24843 2. 国有企业弥补亏损　7531 3. 农村合作基金不良资产　3000	
小计	37000	35374	72374
总计	58186	58609	116785

资料来源：刘尚希和赵全厚（2002）。

3.1.1　刘尚希和赵全厚（2002）的研究

2002 年，刘尚希和赵全厚在白海娜（Hana Polackova，1998）政府债务矩阵的基础上，逐一对应中国政府债务，估算了截至 2000 年底各类政府债务的大致规模，采用的研究方法是统计资料整合及数据匡算。根据本文的描述，地方政府欠发工资数据取自实际部门的"粗略统计"，乡镇政府债务数据源于"中国新闻网"在 2001 年 6 月份的一份调查报告，国有银行不良资产数据来自新加坡《联合早报》和中国长城资产管理公司提供的内部资料。各类债务估测规模如表 3-1 所示。

这份报告在当时引起强烈反响。作者将各类政府债务汇总后，发现债务总规模高达 11.7 万亿，很多地方政府事实上已经处于"资不抵债"的境地。文章特别提到，这份表格包含的债务事项仅是基于现有调查资料的粗略估计，还有很多省略事项未计入最终结果，因此实际债务数额应该比列示出的估测数额更高。此文刊发后，国内涌现出一大批地方财政风险的研究成果，直至积极财政政策淡出后，这一轮研究热潮才逐步消退。

但仔细观察表 3-1 不难发现，刘尚希和赵全厚（2002）的研究既针对中央政府发行的国债，也包含地方政府债务，且中央政府债务所占比例更高。我们将其中归属于（或理论上应该归属于）中央政府的国债、特别国债、公共部门债券、间接担保外债、国有银行不良资产、国有企业弥补亏损等债务类型剔除，剩余地方政府债务规模为 5.63 万亿。尽管社保支出主要由地方政府负担，但在审计署统计的地方政府债务中，社保缺口并未包含在内，将这部分缺口扣除后，地方政府债务规模约 1.93

万亿，其中 60% 源自地方政府为国债项目提供配套举借的债务，其余主要是地方金融机构不良贷款和乡镇政府负债。国债配套资金主要来自地方政府向银行、企业或个人的借款，也有一部分来自预算内拨款和土地出让金，但后者不计入负债。根据刘尚希和赵全厚（2002）的估算，截至 2000 年底，地方政府向银行和社会借款共计 1.15 万亿元，而 2011 年审计署统计的地方政府性债务只涵盖省、市、县三级，不包括乡镇债务。为使债务数据前后可比，将刘尚希和赵全厚（2002）匡算的 0.2 万亿乡镇政府负债剔除后，可得包含省、市、县三级地方政府的债务余额为 1.73 万亿元。

　　将刘尚希与赵全厚（2002）的债务数据整理后，我们发现 2000 年前积累的地方政府债务，主要是地方政府为配合中央国债项目投资举借的。在中国首度运用积极财政政策应对亚洲金融危机冲击期间，中央政府共发行了 2700 亿元特别国债，用于补充工、农、中、建四大国有商业银行资本金，使四大行资产负债率符合《巴塞尔协议》要求。国债注资缓释了银行风险，同时也引导地方政府配合中央国债政策，配套投资于跨区域强外溢性项目。截至 2000 年底，中央国债余额为 1.38 万亿元，而地方政府筹集的国债配套资金达 1.15 万亿，占全部地方政府债务余额的 98.3%。因此，从资金用途观察，在 2000 年以前，地方政府举债融资的自由裁量权并不高，主要功能是配合中央宏观调控目标，实施反周期操作。

　　上述判断可从国土资源交易规模得到进一步印证。根据《中国国土资源统计年鉴》（2001）公布的数据，2000 年全国土地出让面积 4.8 万平方千米，土地出让成交价款 595.6 亿元，仅占地方政府债务余额的 3.44%。这说明在 21 世纪前，地方政府尚未以土地收益为杠杆扩张预算外融资，土地出让收益也不足以为表外融资提供担保支持。在担保机制缺失的前提下，地方政府向银行或社会公众借款，凭借的是政府与市场机构错综复杂的关系纽带，举债程序极不透明，逾期现象时有发生（时红秀，2007）。根据《中国统计年鉴》（2001）提供的数据，2000 年全国国内生产总值为 9.92 万亿元，地方政府负债率（地方政府债务/GDP）仅 17.43%，远低于国际公认警戒线；但当年地方财政包含预算内、外的全口径收入为 1.02 万亿元，综合债务率高达 169.6%，说明地方政府已然面临严峻的流动性偿债压力，这是当时社会各界普遍关注地方财政风险的主因。

3.1.2 财政部科研所（2008）的研究

2008 年，财政部科研所基于国务院发展研究中心的一项调查结果，估测了中国省、市、县、乡四级地方政府负债情况。测算结果表明，截至 2007 年底，中国地方政府债务余额达 4.12 万亿元，相对刘尚希和赵全厚（2002）的估测结果年均递增 19.7%，比同期 GDP 年均增长率高 9.7 个百分点。

与刘尚希和赵全厚（2002）的债务分类不同，财政部科研所（2008）将地方政府债务分成三类：直接债务、担保债务、政策性挂账，这种分类方式同审计署口径基本一致，其中政策性挂账相当于审计署定义的兜底责任债务。根据财科所测算，在西部地区中，陕西省债务余额是 1272 亿元，占 GDP 的 23.2%，其中直接债务 886 亿元，占 69.7%；担保债务 345 亿元，占 27.1%；政策性挂账 40 亿元，占 3.2%。在中部省区中，河南省债务总额为 2171 亿元，占 GDP 的 14.5%，其中直接债务 1805 亿元，占 83%；担保债务 158.2 亿元，占 7.3%；政策性挂账 208 亿元，占 9.6%。在东部省区中，浙江省债务余额占 GDP 比重为 11%。根据东、中、西部代表性省区的债务占比，财科所估计全国直接债务占债务总余额 78.1%，担保和挂账债务分别占 13.7%和 8.2%，表 3-2 是具体估测结果。

表 3-2　2007 年地方政府债务测算结果（单位：亿元）

债务类型	债务规模	占总债务比重(%)
直接债务	32162	78.1
担保债务	5658	13.7
政策性挂账	3339	8.2
合计	41159	100.0

资料来源：财政部科研所（2008）。

《中国统计年鉴》（2008）提供了国内生产总值和财政收入数据，计算可得 2007 年地方政府负债率为 16.5%，综合债务率为 174.6%。其中，直接债务负担率 12.9%，直接债务率 136.4%。从债务率指标观察，21 世纪后，地方政府始终面临沉重的偿债压力，流动性风险并未随积极财政政策淡出而减弱。尽管土地出让收益随城市化进程加速而持续膨胀，但以土地收益为杠杆的表外举债融资规模也随之扩张，使地方政府的偿债压力更加严峻。观察区域布局，可见中、西部地区债务规模较低，但地方政府债务余额占 GDP 比重偏高。其中，西部债务总额为 11103 亿元，占全国债务总额的 27%；中部债务总额为 11501 亿元，占全国债务总额的 28%，中、西部地区共占全国债务总额 54%。

相比刘尚希和赵全厚（2002）的研究，财科所提供的大区域数据使我们能够对财政风险的区域布局做初步判断：东部地区财力雄厚，经济总量能够承载大规模政府负债，财政风险度较低；中、西部地区的经济规模不足以支撑债务总量，尽管债务绝对规模低于东部，但面临更严峻的流动性风险，经济落后地区甚至可能因资不抵债陷入流动性危机，需要上级政府给予事后救助。从债务的行政层次观察，由于中央政府增加了公教人员工资发放的专项支付并免除了农业税，县乡债务比重下滑，省市债务比重提升，特别是地市级政府债务增速加快。以陕西省为例，2007 年省级债务占 27%，地市级占 44%，县级和乡镇级占 29%，"纺锤"型债务层级结构非常明显。

财科所（2008）对地方政府债务余额的估算建立在典型地区的实地调研基础之上，尽管以样本数据拟合总体难免存在一些统计偏差，但相对刘尚希和赵全厚（2002）的估算来说，数据来源更加可靠，统计口径更加贴近中国现实，特别是所提供的区域估算数据，能为地方财政风险研究释放更细化的分析视角。

3.1.3 "中国地方债务管理研究" 课题组（2011）的研究

中央财经大学 "中国地方债务管理研究" 课题组（2011）归纳了理论界既有的地方政府债务估测结果，对地方债发展演化趋势进行了历史观测。在这项研究中，大部分数据直接采用既有估测成果，但也有一些数据存在争议。争议较大的数据是在新积极财政政策实施期间，银监会披露 2009 年地方政府融资平台的债务规模为 7.38 万亿元，课题组据此推测 2009 年地方政府债务余额达 14.2 万亿。但审计署组织的 2011 年全国地方政府性债务审计显示，截至 2010 年底，全国地方政府融资平台的债务余额仅 4.97 万亿元，由于审计署调查基本覆盖了所有地市县，课题组基于银监会数据进行的测算，有高估债务规模之嫌。

此外，"中国地方债务管理研究" 课题组（2011）也估算了 2008 年中国地方政府债务规模，依据是财政部科研所推测的 4 万亿地方政府债务规模。将国家审计署 2010 年公布的地方融资平台债务占比倒推至 2008 年后，课题组认为 2008 年地方政府债务余额大约是 8 万亿元。但问题是，地方政府融资平台债务的井喷式增长集中发生在 2009 年。当年中央人民银行和银行业监督管理委员会联合发布《关于进一步加强信贷结构调整指导意见》，支持有条件的地区组建投融资平台，拓宽中央国债项目的配套融资渠道，这项宽松的信贷政策激发各级地方政府组建融资平台，多渠道举债融资。鉴于融资平台债务飙涨可能引发的风险，国务院于 2010 年 6 月出台《关于加强地方融资平台公司管理有关问题的通知》，对平台债务清理整顿，各地融资规模迅速下降。由此课题组对 2008 年债务数据的估测可能偏高，简单以 2010 年融资平台债务占比推测 2008 年的债务存量也未必合适。

课题组引用的另一份流传较广的数据资料是美国西北大学史宗翰教授（2010）根据各类地方文件和评级机构数据，对 2009 年地方政府债务的估测。史教授的估计结果为 11.4 万亿，估测结果包含了省、市、县、乡四级地方政府债务。按照北京福胜德经济咨询有限公司 2011 年 6 月公布的一份抽样调查报告（余斌、魏加宁，2012），2010 年我国乡镇政府债务平均值为 1983 万元，以 2010 年全国 40906 个乡镇区划进行匡算，2010 年底乡镇债务余额为 8100 亿元。如果乡镇政府负债余额按匀速增长，从刘尚希和赵全厚（2002）估算的 2000 亿元起始，2009 年乡镇债务余额大约为 7490 亿元。将乡镇政府债务从史教授的估测结果中扣除，可得 2009 年底全国省、市、县三级政府债务规模为 10.65 万亿元，同审计署公布数据相比，这个结果同样高估了同期地方政府债务余额。

3.2 基于全国总量数据的风险测评

在数据估测的基础上，学界对中国地方财政风险的基本状况及演化趋势进行了评判。早期观点认为，地方政府债务规模偏高、偿债压力巨大，亟须以严厉的预算约束制度管控风险。近期另一些有影响力的研究提出不同意见，认为尽管地方财政隐性风险不容忽视，但地方政府债务风险总体可控，政府资产负债表仍属健康（李扬、张晓静，2015）。上述研究为我们设计同中国经验相容的风险管控策略，提供了重要的理论基础。

3.2.1　早期财政风险判断

刘尚希和赵全厚（2002）认为，判断地方财政风险不能仅观察债务本身，还要结合政府拥有的资产存量和财政收入进行综合考量。他们根据政府资产性质的差异，将总资产划分为经营性资产和非经营性资产两类，其中非经营性资产包括行政事业单位、境外派出机构和基本建设单位的存量资产，其余为经营性资产，分布于工业、商业、交通、农业及金融服务业等行业。作者认为，非经营性资产是履行政府职能不可欠缺的部分，很难变现化解财政风险，应从总资产中剔除①；经营性资产中的金融资产是维系金融体系运转的基础，很难进行有实质意义的退出调整，也应予以排除。经两项扣除后，能够防范流动性风险的政府资产只限于非金融类经营性资产。按可变现资产存量计算，作者判断，2000 年中国政府的资产负债率是 132%，纳入或有负债后，综合资产负债率提高到 199%，很多地方政府已然处于"资不抵债"的境地。

表 3-3　2010 年中国主权资产负债表（单位：万亿元）

资产		负债和政府净值	
政府在中央银行的存款	2.4	中央财政国内债务	6.7
储备资产	19.7	主权外债	2.3
国土资源性资产	44.3	非融资平台公司的地方政府债务	5.8
行政事业单位的国有资产	7.8	地方政府融资平台债务	9.0
非金融企业国有资产	59.1	非金融国有企业债务	35.6
金融行业的国有资产	8.2	政策性银行金融债	5.2
		银行不良资产	0.4
		处置银行不良资产形成的或有负债	4.2
全国社保基金国有资产	0.8	养老金隐性债务	3.5
资产合计	142.3	负债合计	72.7
		政府净值	69.6

资料来源：李扬等（2012）。

---

① 这种提法目前正受到挑战。如果地方政府以豪华办公楼、超标公车等形式积累非经营性资产，这些资产在触发地方财政危机时是可以变现偿债的。根据国外经验，政府偿债不能影响到基本公共服务的供给，但超标政府资产不属于基本公共服务范畴，完全可以变现清偿历史债务。

3.2.2 近期风险判断及争议

2012 年，中国社科院李扬教授带领的研究团队编制了中国国家资产负债表，对中国政府的主权负债和资产进行了详尽估算，数据来源包括公开年鉴统计资料、官方审计数据及作者的估算。表 3-3 是李扬教授的测算结果。作者认为，将政府拥有的资源类资产、国有企业资产、储备性资产加总，2010 年中国政府主权资产高达 142.3 万亿元；将各类中央政府债务、地方融资平台债务、银行和养老金隐性债务加总，政府负债总计 72.7 亿元。这说明，中国政府拥有的主权资产在覆盖各类政府性债务后，尚存 69.6 亿元的净资产盈余，足以应对地方财政风险。但作者也指出，单纯用总资产覆盖总负债，可能低估政府面临的流动性风险。主要理由是，国有资源性资产的变现非常特殊，中国不允许出售资源所有权，只能转让开发使用权。一旦触发偿债危机，政府变现国有资源的偿债资金将仅限于使用权转让的流量收益。因此，当涉及政府资产能否覆盖政府债务问题时，更现实的考虑是将 44.3 万亿元存量资产的估价转换为可变现流量收入，如以土地出让收入替换土地存量资产可能是更合理的选择，毕竟国有资源本身是难予变现的。

马骏等（2012）认为，自然资源仅能为政府未来维持出让土地和采矿权收入提供条件，无论是否纳入资产负债表，都不会改变政府的财政收入汲取能力，也难以影响政府的现期偿债能力。假如将 40 多万亿元的自然资源估算价值剔除出资产负债表，财政收入和偿债能力不会因此降低；反之将自然资源估算价值纳入资产负债表，财政收入和偿债能力也并不会快速提升，因此判断财政风险状况时，最好将自然资源类资产的评估价值剔除。

按照刘尚希和赵全厚（2002）的建议，政府履行职责和保持金融体系稳定的行政性和金融性资产也应予以扣除，按照这种观点，一旦发生债务危机，政府实际能动用的主权资产为 84.8 万亿元。此外主权资产还有一个应予考虑的漏出项，即非金融国有企业资产的变现能力。由于国有企业不仅承担经济职能，还承担企业办社会职能，一旦国企倒闭、资产变现，大量国企人员安置和国企债务清偿将成为地方政府的沉重负担，加大地方政府或有负债风险。在主权资产负债表中，非金融企业国有资产是 59.1 万亿，其中能变现多大比例，还有待深入研究和商榷。按乐观估计可变现其中的 80%，则全部可变现主权政府资产为 73 万亿元，即从控制流动性风险的视角看，我国政府主权资产负债率应为 95.3%。尽管这个比率比刘尚希和赵全厚（2002）的估计低了将近一半，但风险程度仍然不容忽视。

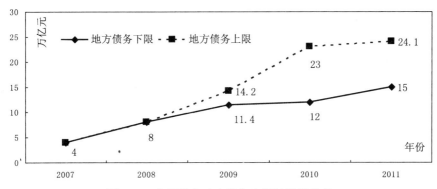

图 3-1　中国地方政府债务余额的演进趋势

资料来源：《中国地方债务管理研究》课题组（2011）。

《中国地方债务管理研究》课题组（2011）根据相关结果的估算数据，图 3-1 表示了 2007 年以来地方政府债务规模的发展演化情况。作者发现，按比较悲观的上限估测结果，地方政府债务加上中央政府发行的 6 万亿国债、4000 亿美元外债，同比 6.85 万亿中央财政收入和 3.26 万亿地方财政收入，中国债务规模占 10.11 万亿财政收入和 33.73 万亿国内生产总值比重分别为 230% 和 70%，已经远超国际公认债务安全警戒线，也高于负债率警戒线 60%。课题组进而指出，美国 2010 年政府负债率突破 13 万亿美元，占国内生产总值 90%，如果负债率超过 150% 以上，宏观经济将面临通货膨胀危险。尽管中国政府负债率好于素以高杠杆率著称的美国，但负债率风险也不容忽视；特别是政府债务率极高，地方政府面临的偿债压力很重。如果作为偿债资金主要来源的土地出让收益大幅下滑，流动性危机将难以避免。

对此，李扬教授等（2012）持保留意见，认为《马斯特里赫特条约》中的政府负债率警戒线并不适用于所有国家。对发展国家来说，经济增长仍主要靠投资拉动，假如硬性降低杠杆率和基础设施投资力度，增长速度将难以维系；反过来讲，只要经济维持高增长态势，即便负债率超过《马斯特里赫特条约》设定的警戒线，政府举债依然具备中长期可持续性，政府可用未来不断扩张的税基，偿还以往年度基础设施举借的债务，并最终化解风险。

马骏等（2012）认为，地方政府负债确实能够拉动发展中国家的经济增长，杠杆推动的经济绩效也有助于增强政府偿债能力，化解短期隐性债务风险；但问题是，经济增长的决定因素是复杂的。改革开放后，长达30余年的持续高增长得益于制度、人口、环境等多方面红利，制度和要素红利释放殆尽后，宏观经济开始面临诸多不确定因素的冲击：外需受国际危机冲击下滑、就业面临人口老龄化导致的劳动力短缺、增长方式面临从投资驱动向效率驱动转型的紧迫压力，这些因素对经济能否维持高增长构成挑战。当有利因素成为趋紧约束时，经济增长率不能再被视为与政府举债无关的外生变量，而是会逐步内生于政府的举债方式和效率，割裂两者之间联系的分析可能无法形成正确判断。依赖政府杠杆扩张能否取得中长期增长绩效，也需要深入分析。如果政府举债的边际效应随负债率上升而大幅衰减，继续用举债融资拉动增长的"加力"方式应对周期，将增大财政经济运行风险。

按照宏观经济学一般原理的解释，随政府举债规模不断攀升，社会公众可购买公债的公共储蓄减少，为进一步举债融资，利率将上涨。不断上涨的利率挤出私人投资，引发公共投资对私人投资的替代。在政府投资过程中，公共资本的边际效益趋降，全社会物质资本配置效率将在公、私部门的逆向重组中逐步弱化，最终减缓增长速度。但中国情况与主流经济学阐释存在明显差异。中国的商业银行存贷款利率没有完全市场化，受到中央银行管控，商业银行仅具有有限利率微调权。为支持国企融资，商业银行利率被管制在较低水平，官方利率同民间利率存在高利差。利率控制有利于压低地方融资平台的融资成本，避免地方政府偿债压力过高，倒逼各种非正规渠道融资和擅权收费。但地方政府融资大多投向周期长、见效慢的非盈利项目，很难短期内筹集偿债资金清偿贷款。银行呆坏账的累积存压，决定商业银行为规避风险，将不得不放缓贷款，拖累投资规模和经济增速。最严重的后果是政府迫使银行吸收大部分坏账，银行通过股市再融资，导致股市崩盘；或者是银行被迫增强流动性，使"债务货币化"，引发通货膨胀，这两种方式都会降低 GDP

增速（马骏等，2012）。

上述分析表明，尽管中国国情与主流经济学阐释的情形有差异，但政府举债与 GDP 增速的内生互动机制是类似的。在风险总体可控的前提下，无论从哪个视角分析，都不能忽视地方财政隐性赤字长期积蓄的潜在风险，需要正视和厘清风险的演化规律，主动采取防范措施加以应对。

3.3 地方财政隐性赤字的规模估测及演进趋势

揆诸文献，我们发现相关研究对地方政府债务规模的估测结果差异极大，原因是各项研究依据的统计资料和应用的统计方法大相径庭，而零散资料的权威性大多不高。在审计署系统摸底全国地方政府性债务规模之前，理论界根据个别地区的抽样调查结果匡算总体数据，拟合偏差较大，各项研究的抽样样本也不一致，影响了估测结果的可信度。

我们认为，合理估测中国地方政府债务余额和地方财政隐性赤字的演化趋势，应在整合现有资料的基础上，利用发展成熟的统计、计量方法和最具权威性的数据资料展开研究。地方政府债务余额的估算，是测算地方财政隐性赤字时序数据的基础。通过观察地方财政隐性赤字的历史演进，我们便能判断地方政府如何扩张隐性赤字、蕴含风险程度多高，进而设计有针对性的风险防控策略。

3.3.1 为什么审计署公布的数据更加权威？

迄今，为估算地方财政隐性赤字的时序数据，我们能掌握的最权威资料是审计署组织的三次大规模政府性债务审计结果。审计署数据的权威性，体现在审计程序的规范性和审计对象的覆盖度。以下是三次审计的组织情况。

第一次大规模债务审计是在 2011 年。审计署组织全国审计机关 4.13 万名审计人员，按照"见账、见人、见物；逐笔、逐项审核"的原则，对全国 31 个省（自治区、直辖市）、5 个计划单列市及所属市（地、州、盟、区）、县（市、区、旗）地方政府的政府性债务余额进行了审计。[①]
此次审计覆盖了 25590 个政府机构、6576 个融资平台、42603 个经费补助事业单位、2420 个公用事业单位、9038 个其他单位、373805 个项目，共计 1873683 笔债务；审计重点是政府负有直接偿还责任的债务，但也涵盖了地方政府负有担保责任的或有债务以及可能承担道义救助责任的隐性债务。为确保数据真实、可靠，审计署对每一笔债务都核实取证，征求地方政府意见后确定债务具体数额。

　　第二次大规模债务审计是在 2012 年 11 月至 2013 年 2 月。审计署对全国 15 个省、3 个直辖市及所属 15 个省会城市本级、3 个市辖区、共计 36 个地方政府本级的政府性债务规模进行审计。延续第一次审计口径，地方政府性债务划分为政府负有直接偿还责任的债务、政府负有担保责任的债务、政府可能承担一定救助责任的债务三类，涉及 903 个政府部门和机构、223 个融资平台公司、1249 个经费补助事业单位、83 个公用事业单位、273 个其他单位、22240 个项目，共计 75559 笔债务，均进行了详细审计。

　　第三次地方政府性债务审计覆盖面最广，调查的政府层级首次延伸到乡镇。在 2013 年 8、9 月间，审计署组织全国审计机关 5.44 万名审计人员，对中央、31 个省（自治区、直辖市）和 5 个计划单列市、391 个市（地、州、盟、区）、2778 个县（市、区、旗）、33091 个乡（镇）的政府性债务进行了全覆盖审计，审计内容包括政府负有偿还责任的债务及债务人出现偿还困难时，政府需履行担保责任和救助责任的债务。此次审计涉及 62215 个政府部门和机构、7170 个融资平台公司、68621 个经费补助事业单位、2235 个公用事业单位和 14219 个其他单位，共审计了 730065 个项目、2454635 笔债务。对每笔债务，审计人员都核实取证，审计结果分别征求了相关部门、单位和地方政府的意见。

　　鉴于这三次大规模审计，是迄今能够获取的权威性最高的数据资料，下文对地方政府债务余额和地方财政隐性赤字的规模估算，主要基于这三次审计结果，结合利用掌握的其他公开数据资料展开[②]。

3.3.2 全国地方政府债务余额的估算

根据审计署调查结果，2010 年全国地方政府性债务共计 107174.91 亿元。其中，政府负有偿还责任的债务 67109.51 亿元，占 62.62%；政府负有担保责任的或有债务 23369.74 亿元，占 21.80%；政府可能承担一定救助责任的其他相关债务 16695.66 亿元，占 15.58%。我们掌握的另一份重要资料是，审计署"总第 35 号"审计公告公布了地方政府债务余额的历年增长率。

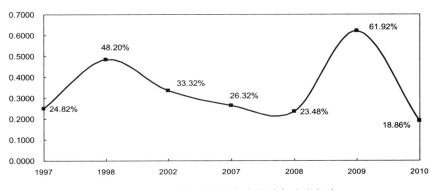

图 3-2 中国地方政府债务余额的年度增长率

资料来源:中华人民共和国国家审计署 2011 年第 35 号审计结果公告,其中 2002 年增长率为 1998 年至 2002 年年均增长率,2007 年增长率为 2002 年至 2007 年年均增长率。

如图 3-2 所示，1997 年以来，地方政府债务规模增速较快，在两度积极财政政策期间，1998 年和 2009 年的地方政府债务余额分别比上年增长 48.20% 和 61.92%，是整个样本期内债务增速最快的两个年份。整体观察，地方政府债务的演化趋势同中央政府的宏观调控取向是保持一致的。在 2010 年，中央政府为防止债务增速失控，出台政策限制了地方融资平台的举债规模，债务余额增速回调至 18.86%，相对 2009 年下降了 43.06 个百分点。但审计署第 35 号公告并没有详示各年债务增长率，有两个时段（1998—2002 年、2002—2007 年）公布的是债务年均增长率。我们猜测，这种情况可能是由于审计署以往年份也对地方政府债务进行过摸底统计，但这项工作并未持续进行，从而只能公布审计间隔期内的平均增长率。①我们根据审计署公布的 2010 年审计结果和年度债务增长率数据，将全国地方政府债务余额回溯至 1996 年，其中增长率缺失的年份按平均增长率测算。

接下来估算 2010 年之后的地方政府债务余额。比较开看，审计署组织的第三次地方政府债务审计是迄今规模最大、覆盖范围最广的一次债务审计。这次审计详细公布了截至 2012 年底和 2013 年 6 月底中国省、市、县、乡四级政府的债务余额，其中 2012 年底三类地方政府债务余额共 158858.32 亿元，2013 年 6 月底共 178908.66 亿元。由于这次地方政府债务审计涵盖了四级地方政府债务，而 2011 年的债务审计仅包括三级地方政府债务，因此各次债务审计不具有可比性。为得到前后可比的时间序列数据，需要将 2012 年底乡镇政府债务扣除，但审计署仅报告了截至 2013 年 6 月底的乡镇政府债务余额为 3647.29 亿元。如果乡镇政府债务以地方政府总债务余额的增长率增长，则利用 2012 年底、2013 年 6 月底的债务余额数据，可以推测 2012 年底乡镇政府债务余额为 3238.54 亿元，这个数据低于余斌、魏加宁（2012）估计的 8100 亿元。由于余斌和魏加宁（2012）的估算结果是基于北京福胜德经济咨询有限公司 2011 年 6 月的一份抽样调查报告，而审计署公布的数据是基于覆盖率极其广泛的逐笔债务审计，因此我们认为审计署数据更加可信。扣除乡镇政府债务后，可得 2012 年底包含省、市、县三级地方政府的债务余额为 155619.78 亿元。

比较棘手的问题是如何估算 2011 年不含乡镇政府层级的地方政府债务余额。在审计署组织的三次地方政府债务审计中，均没有公布 2011 年地方政府债务余额，需要利用能够掌握的数据资料进行估算。目前我们能掌握的 2011 年债务信息仅出现在审计署组织的第二次地方政府债务余额审计中，这次审计主要面向省市政府本级，但审计报告的数据前后矛盾。这份报告提到，"截至 2012 年底，36 个地方政府本级政府性债务余额 38475.81 亿元，比 2010 年增加 4409.81 亿元，增长 12.94%"，但后文又指出，"2010 年及以前年度举借 20748.79 亿元，占 53.93%；2011 年举借 6307.40 亿元，占 16.39%；2012 年举借 11419.62 亿元，占 29.68%"。按照后文提供的数据，2012 年 36 个地方政府本级的债务余额应该至少

---

① 在 1998 至 2007 年间，审计署大概在 1998、2002、2007 年进行过债务余额审计，而对于 2002 年前后未开展审计工作的年份，仅公布了年均增长率。

比 2010 年底增长 85.43%，而远不止报告中列示的 12.94%。我们更信任后文公布的年度增长数据，理由是，2012 年地方政府债务余额增幅应该高于 2011 年。这是由于 2010 年国务院清理整顿各级地方政府融资平台的债务，限制融资平台举债规模，这项紧缩政策使 2011 年地方政府债务增长率大幅下滑，债务增速明显回落。但在 2012 年，尽管宏观经济形势仍然趋紧，中央禁令并未松动，地方政府却通过 BT、信托、融资租赁等影子银行渠道，实现了更为隐蔽的举债融资扩张，这是 2012 年债务迅速膨胀的主因。基于上述考虑，我们利用前文估算的 2012 年三级地方政府债务余额相对 2010 年地方政府债务余额的增长额 48445.38 亿元，以及审计署调查的 36 省市本级地方政府债务 2011 年、2012 年增长额数据，通过插值法（Interpolation Method）进行 2011 年底全国三级地方政府债务余额的估算，测算结果为 124408.04 亿元。

　　完成全国省、市、县三级地方政府债务余额的估算后，接下来需要估算地方政府的最后一个层级，即乡镇政府债务的时间序列数据。我们目前拥有的数据包括 2012 年乡镇政府债务估算数据 3647.29 亿元，以及 1996—2012 年全国三级地方政府债务余额数据。如果三级政府债务余额增长率适用于乡镇政府债务，即乡镇政府债务以省市县三级政府债务相同的增长率增长，可得 1996—2012 年的乡镇政府债务余额序列。这种估算方法相当于将 2012 年乡镇政府债务占其余三级政府债务比重设成恒定，同样适用于其他样本年份[①]，由于乡镇债务占全部地方政府债务余额比重低于 2%，即便乡镇债务的实际占比存在一定波动，也不会对最终结果形成实质性影响。

　　至于 2013 年地方政府性债务余额，在《国务院关于 2013 年度中央预算执行和其他财政收支的审计报告》中，审计署公布的数据是自 2013 年 6 月底至 2014 年 3 月底，债务余额抽样增长了 3.79%。如果债务余额在此期间保持匀速增长，利用截至 2013 年 6 月底的审计数据，可推算出截至 2013 年底，四级政府性债务总余额为 183429.09 亿元，其中乡镇政府债务按全国地方政府债务总余额的演化趋势推算为 0.374 亿元。

　　估算结果表明，在考察的 18 年样本期间，中国地方政府债务余额增

[①] 用 X 代表乡镇地方政府债务，用 Y 代表省市县地方政府债务，当两者比例固定时，形如 $X = aY$，很容易得出具有相同增长率的两个变量的比率是恒定的。

长非常迅速，从 1996 年的 0.259 万亿元跃升至 2013 年的 18.343 万亿元，年均递增 30.63%，是名义 GDP 9.8%的年均增速的 3.12 倍。我们在图 3-3 中绘制了全国地方政府债务总余额的演化趋势线，其最优拟合线是一条指数曲线。如果以债务余额的自然对数值 $\mathrm{Ln}(DEBT)_t$ 做因变量，以自然年度的序数值序列 t 做自变量进行最小二乘回归（OLS），则可得到如下回归结果：

$$\mathrm{Ln}(DEBT)_t = \underset{(0.036)}{-1.527} + \underset{(0.003)}{0.258t} \quad adj-R^2 = 0.9969 \qquad (3.1)$$

其中回归系数下方括号内的数据是标准误差。由于调整后可决系数达 0.9969，且回归系数全部在 1%水平上显著，因此该指数型回归极好拟合了地方政府债务余额的整体演变趋势。在图 3-3 中，我们用浅灰色曲线绘制出地方政府债务余额的指数型拟合线，这条线可具体表述为 $DEBT_t = e^{-1.527+0.258t}$，由图形可见这条拟合线同我们的估算值曲线近乎重合。随着考察年份的后移，债务增长速度越来越快 $\partial DEBT_t / \partial t = 0.258 \times (e^{-1.527+0.258t}) > 0$，显示出随着中国城市化推进的加速，地方政府越来越依赖债务融资拉动增长和凸显政绩的政策倾向。由于地方政府债务尚未迎来密集偿债期，在考察样本期间，债务累积速度极大高于债务偿还速度，这是债务余额快速增长的主因。事实上，后文会提到，即便密集偿债期到来，地方政府可用于偿债的准备基金也并不充裕，到期债务将以逾期债务的形式继续积压在基层地方政府，从这个角度说，地方债的时序增长曲线远未到达从增长到降低的倒"U"型拐点。

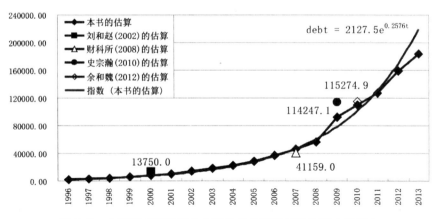

图 3-3　中国地方政府债务余额的各类估算结果比较（亿元）

　　图 3-3 列示的债务余额估算数据表明，中国地方政府债务余额的增长具有显著的政策周期性特征，即地方债的增长率会配合中央调控取向的波动而随之升降，从而地方债将放大中央调控政策的干预效应和整个经济体的杠杆率。例如，在 1998 年、2009 年两度以扩张性财政政策应对金融危机冲击期间，地方债余额分别增长了 48% 和 62%，体现出地方政府配合中央国债投资项目的实施，纷纷扩张隐性举债规模拉动增长和凸显政绩的积极性。而在金融危机过后，随着宏观扩张性财政政策的逐步淡出，政策姿态总体上由积极转为中性，地方政府债务余额增长率也随之逐步下滑。但即便中央政府出台严厉的制度禁令，如 2010 年国务院清理整顿融资平台债务，大多数省份的融资平台均被限制继续举债融资的权利，2011 年的地方政府债务余额仍然达到 16%。整体来看，2011 年是历年地方债增速最低的年份，但仍与当年的名义 GDP 增长率基本持平，说明地方政府的扩张性偏好在政绩压力和财政压力的驱使下并不容易根除，地方政府迫切需要以扩大杠杆率的方式迎合城市化内生的基建投资需求，但过快扩大的杠杆率也正使经济运行伴生着越来越难以忽视的隐性风险。

　　我们非常感兴趣的问题是，根据审计署数据分析得出的债务演化趋势线，能够从学界既往的研究中得到印证吗？图 3-3 搜集并列举了一些代表性文献的估算结果。刘尚希和赵全厚（2002）估算了截至 2000 年底中国各级政府的债务余额，其中不仅包括直接显性债务，也包括白海娜（Hana Brixi，1998）定义的其他或有和隐性债务类型。为使估算口径同审计署一致，我们从中剔除国债、政策性亏损、社保基金缺口、银行不良资产等债务，剩余包含在审计署统计口径中的地方债类型有欠发工资、乡镇政府负债和国债投资配套资金三项，共计 13750.0 亿元。这个结果高于本文估算的 8052.94 亿元，原因可能是刘尚希和赵全厚（2002）这篇文献引用新闻媒体估计的乡镇政府债务数据过高，国债投资配套资金也未必全部源于地方借债，其中有一部分是地方留存或结转的财力。第二篇文献引用率较高，是财政部科研所课题组（2009）基于"直接债务""担保债务""政策性挂账"口径，对 2007 年地方政府性债务余额的抽样统计。根据对中国东、中、西部遴选省份的债务调查及债务规模同经济发展的数量关系，财科所估计 2007 年底地方政府性债务余额为 41159.0

亿元。这个结果略低于本文估算的 46036.8 亿元，应该是抽样误差所致。第三篇文献社会反响较大，是美国西北大学史宗瀚教授（Victor Shih，2010）利用收集的"政银合作协议"估算的地方政府债务规模。政银合作协议是银行与地方政府签订的授信协议，即政策性银行或商业银行计划给地方政府隶属企业提供的贷款额。根据史教授的测算，截至 2009 年底，中国地方政府债务的"保守"余额为 114247.1 亿元，这个结果显著高于本文估算的 92045.5 亿元。我们认为，史教授的估算至少有两个问题：其一，地方政府对银行授信额度的提取不会一次告罄，为保证市政建设资金链的连续性，经常会分期提取，因此作者也认为仅靠政银协议难以估计地方政府"某个时点"上的债务规模；其二，银行可能有动机虚报政府授信额，以便未来贷款出问题的时候推卸责任。综上，史宗瀚教授的测算有高估之嫌。第四篇文献是余斌和魏加宁（2012）的一项估算。在省、市、县级债务余额方面，作者同样引用了审计署 104 号公告中的数据，但为纳入乡镇政府债务，作者采用了北京福盛德经济咨询有限公司的一项粗略估算，这个结果同审计署公布的乡镇政府债务出入较大。不过，由于乡镇政府债务占债务总余额比重极低，反映在图 3-3 中，作者的估算结果同本书极其趋近。

撷诸代表性文献，尽管同本书的统计口径、测算方法、数据来源存在差异，但其测算结果紧密围绕在本书估算的趋势线周围，说明根据审计署公布数据估算的地方政府性债务余额，能够较好反映出地方政府债务存量的发展演化。同时也说明，这样一条债务演化趋势线，是一个可以用历史证据检验的稳健结果。

3.3.3 基于全国总量数据的风险初评

社会各界非常关心的问题是，地方财政隐性赤字长期累积的政府债务到底有没有风险？如果有风险，风险主要表现在哪些方面？已经累积到了什么程度？

表 3-4　地方财政风险指标的测算（万亿元）

年份	地方政府债务余额	国内生产总值	地方财政收入	预算外财政收入	土地出让金	全口径财政收入	负债率	债务率（a）	债务率（b）
1999	0.638	8.970	0.559	0.339	0.051	0.949	0.071	0.673	0.416
2000	0.805	9.920	0.641	0.383	0.060	1.084	0.081	0.743	0.452
2001	1.074	10.960	0.780	0.430	0.130	1.340	0.098	0.801	0.489
2002	1.431	12.030	0.852	0.448	0.242	1.542	0.119	0.928	0.555
2003	1.808	13.580	0.985	0.457	0.542	1.984	0.133	0.911	0.570
2004	2.284	15.980	1.189	0.470	0.641	2.300	0.143	0.993	0.609
2005	2.879	18.490	1.510	0.554	0.588	2.652	0.156	1.085	0.668
2006	3.644	21.630	1.830	0.641	0.807	3.278	0.168	1.112	0.685
2007	4.603	26.580	2.357	0.682	1.221	4.260	0.173	1.080	0.654
2008	5.684	31.400	2.865	0.662	1.025	4.552	0.181	1.249	0.727
2009	9.204	34.090	3.260	0.641	1.718	5.619	0.270	1.638	0.999
2010	10.940	40.120	4.061	0.579	2.746	7.386	0.273	1.481	0.940
2011	12.700	47.310	5.250		3.213	8.463	0.268	1.501	0.934
2012	15.886	51.950	6.110		2.690	8.800	0.306	1.805	1.102

资料来源：审计署总第 35 号公告、《中国国土资源统计年鉴》（2000—2013）及《中国统计年鉴》（2012）。其中预算外财政收入为全国预算外收入中划分地方的部分，土地出让金为各省土地出让金加总。

在表 3-4 中，我们列出 1999—2012 年地方政府债务余额、地方财政收入、全国财政收入、全国 GDP 等时序数据，从全国总量视角对财政风险做初步经验观察。测算结果表明，自中国 1999 年首次实施积极财政政策以来，地方政府负债率（地方政府债务余额/GDP）从 7.1% 稳步提高到 2012 年的 30.67%，年均递增 1.54 个百分点。这项指标表明，中国地方政府的隐性赤字融资通过促进市政基础设施投资，有效拉动了 GDP 的高增长，经济总量能够承载债务存量，因此断然以隐性赤字蕴含风险，便全盘否定传统隐性赤字存在的历史合理性的偏激观点是值得商榷的。进一步测算结果表明，截至 2012 年，中国中央政府债务余额是 7.76 万亿元，其中内债 7.68 万亿元、外债 0.08 万亿元，将中央财政债务余额与地方政府债务余额合并，2012 年中国政府的综合债务负担率是 45.5%，这项估计结果涵盖了中央、省、市、县、乡全部五级政府债务，是非常权威的测算。因此从负债率角度观察，中国各级政府债务余额占 GDP 比重尚低于《马斯特里赫特条约》设定的 60%的国际警戒线，隐性风险是总体可控的。对于社科院李扬教授等（2012）率先做出的这项判断，我们非常赞同并持有充分信心。另一个重要判断是，在各类政府债务中，中国主权债务占 GDP 比重极低，国家掌握有 3.2 万亿美元外汇储备，完全能够覆盖外债余额，发生类似希腊、冰岛等欧洲主权债务危机的概率微乎其微。外债风险微弱、内债风险可控，这是从负债率指标可以得到的判断；进一步说，负债率指标主要反映政府举债的可持续性，这意味着，如果经济增长率可以在 6%～7%左右的水平上长期维系，中国地方政府仍然具备扩张举债的政策空间。

既然财政风险整体可控，据此能否对地方政府的隐性赤字持乐观的，甚至完全肯定的态度呢？理论研究表明，地方政府举债融资蕴含着两类主要风险。第一类是可持续性风险，即地方政府举债融资没有遵循黄金法则，债务融资主要贴补了经常性赤字，而没有发挥涵养税基、培植税源的作用，不具备中长期视角的可持续性。根据负债率指标的测算，中国尚不存在这类风险。第二类是流动性风险，即地方政府债务融资的资产负债期限结构错配，导致偿债期到来时，地方政府没有足够的可用财力偿还到期债务，陷入流动性困境。流动性风险的常见量化指标是"债务率"（地方政府债务余额/可用财力）。接下来分析，地方政府究竟有没有可用于偿债的充裕财力？

债务率（a）＝地方政府债务余额 /（地方财政收入+预算外收入+土地出让金）   （3.2）

债务率（b）＝地方政府债务余额 /（全国财政收入+预算外收入+土地出让金）   （3.3）

如果不考虑存量资产的变现能力，仅从流量收入计算，中国地方政府的可支配收入并不限于预算内税收、非税收入，还有其他未计入预算报表的"表外收入"，这部分收入主要是各种类型的政府性收费和基金。规费形式的表外收入指收费和罚没收入，随着预算外收入逐步被纳入预算内管理，地方政府掌控的这部分收入呈持续下降趋势。自收支两条线改革以来，这部分收入逐步同预算内收入中的"非税收入"统计口径合并，统一纳入预算管理，自 2011 年起彻底取消。基金形式的表外收入指地方政府的土地出让金，在扣除土地开发成本并计提专项支出后，大约 34.3% 的土地出让金收益可以补充基金收入，归地方政府自主支配。为全面反映地方政府的收入汲取能力，我们将规费性收入、租金性收入全部计入地方政府的可支配收入，以地方政府债务余额同全口径收入相比，计算更能反映实际偿债能力的全口径债务率。在表 3-4 中，我们计算了两种债务率（地方政府债务余额/可用财力），其中债务率（a）是地方政府债务余额占地方可用财力比重，债务率（b）是地方政府债务余额占全国可用财力比重。严格来讲，第二类债务率会低估风险程度，原因是全国财政收入中的中央财政收入提供的是全国性公共品，当地方政府出现流动性困境时，中央政府即便提供事后救助，也不太可能压缩国防、司法、支农等敏感性公共品的支出，但为全面反映地方政府举债融资蕴含的流动性风险，我们同样列出这个相对谨慎指标的计算结果。

表 3-4 中债务率指标的测算结果，使我们有理由认为地方财政隐性赤字不仅存在风险，而且风险程度是不容忽视的，甚至不排除个别地区已经触发了流动性危机。计算结果表明，如果将地方政府实际掌控的收入全部计算在内，2005 年开始债务率突破了 100% 的国际警戒线标准，并持续上涨至 2008 年的 180.5%。需引起警惕的是，尽管 2011 年与 2010 年相比债务率有所下降，体现出中央政府调控地方债务增速的政策意图，但政策限制对债务率上涨的遏制并未维持太久，2012 年重新反弹。原因有两方面：一是 2012 年开始地方政府开始采取 BT、融资租赁等影子银行方式举债，融资方式创新使政府举债更难监控，地方债恢复了原有的上涨趋势；二是 2012 年土地出让金大幅下滑，比 2011 年下降了 16%，原因是房地产业陷入低迷，市场观望心理浓厚，削减了地方政府的土地批租收益。即便将全国财政收入纳入分母，债务率（b）的测算结果表明，在 2012 年，这个更加谨慎的量化指标也突破了 100%。

图 3-4 绘制了两类债务率的演进趋势，可见两条曲线除位置高低不同外，总体形状是极其相似的。在 2009 年，两条趋势线均出现了一个结构突变点，反映新积极财政政策的扩张效应放大了财政杠杆率；在 2012 年，两条曲线又都形成"翘尾"，说明债务率的增长趋势恢复到了新积极财政政策的水平。紧接着的问题是，在债务率快速增长的背后，究竟隐含着什么样的杠杆扩张机制，使地方政府能够得到债权人的过度授信？

进一步分析，地方政府举债融资受到哪些因素的驱动，又主要发挥了哪些功能和影响呢？这就需要我们进一步测算地方财政隐性赤字，从收支流量角度揭示地方政府扩张举债的深层次诱因。

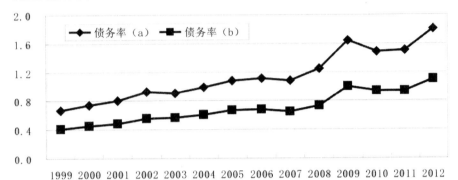

图 3-4 两类地方政府债务率的演进趋势比较

3.3.4 地方财政隐性赤字的规模估测及演进趋势

理论界已经对地方财政赤字和政府债务余额的关系以及政府举债可持续性条件进行了大量研究，财政赤字的演化规律通常可用下式表述（Chalk 和 Hemming，2000）[①]：

$$B_{t+1}^{Local} - B_t^{Local} = r_{t+1}B_t^{Local} + D_{t+1}^{Hidden} \tag{3.4}$$

其中下标 t 代表离散时期，B_t^{Local} 是截至 t 期末的地方政府债务余额；D_t^{Hidden} 是 t 期内发生的财政隐性赤字，即地方财政隐性支出超过隐性收入的数额[②]；r_t 是利率。重新组织（3.4）式，可得：

$$B_t^{Local} = (1+r_{t+1})^{-1}B_{t+1}^{Local} - (1+r_{t+1})^{-1}D_{t+1}^{Hidden} \tag{3.5}$$

即我们可以用 $t+1$ 期末的债务余额及地方财政隐性赤字来测度 t 期末的地方政府债务余额。注意由（3.5）式可继续推导出 B_{t+1}^{Local} 的测算公式为：

---

① 考虑中央政府债务余额同中央财政赤字的关系，由于中央政府可以通过发行货币，或者更学术一点，通过"征收铸币税"的方式缓释偿债压力，（3.4）式中还应减去基础货币存量的变动额，形如 $B_{t+1}^{Central} - B_t^{Central} = r_{t+1}B_t^{Central} + D_{t+1}^{Central} - (M_t - M_{t-1})$。但地方政府不具备发行货币的权力，无法通过铸币税途径降低偿债责任，因此地方政府债务余额同地方财政隐性赤字的关系如（3.4）式所示。

② 应注意的是，地方财政隐性赤字也可能是负值，这种情形反映地方财政隐性收入高于地方财政隐性支出，从而形成了财政盈余。与财政赤字不同，财政盈余将降低地方政府债务余额，但由于我们测算的地方政府债务余额一直处在上涨的快车道，显然从全国总量视角观察，在 2012 年前地方政府并未留存过财政盈余。

$$B_{t+1}^{Local} = (1+r_{t+2})^{-1} B_{t+2}^{Local} - (1+r_{t+2})^{-1} D_{t+2}^{Hidden} \tag{3.6}$$

用（3.6）式替代（3.5）式中的 B_{t+1}^{Local}，从而得到：

$$B_t^{Local} = [(1+r_{t+1})(1+r_{t+2})]^{-1} B_{t+2}^{Local} - (1+r_{t+1})^{-1} D_{t+1}^{Hidden} - \\ [(1+r_{t+1})(1+r_{t+2})]^{-1} D_{t+2}^{Hidden} \tag{3.7}$$

自然，我们也可以继续用 B_{t+2}^{Local} 的测算公式替代（3.7）式中的 B_{t+2}^{Local}，经过 $j-1$ 次迭代后，可得 t 期末地方政府债务余额为：

$$B_t^{Local} = \prod_{i=1}^{j} (1+r_{t+i})^{-1} B_{t+j}^{Local} - \\ \sum_{i=1}^{j} \left[\prod_{n=1}^{i} (1+r_{t+n})^{-1} D_{t+n}^{Hidden} \right] \tag{3.8}$$

在（3.8）式中，我们将 t 期和 $t+j$ 期末的地方政府债务余额，通过折现计算联系在一起，将各类指标全部折现到 t 期后，可见两者间的差额是期间各年度发生的财政隐性赤字的折现值之和。假如政府举债满足"非庞氏"约束条件（No-Ponzi Restriction），即地方政府不会以举新债偿旧债的方式制造"庞氏骗局"的话，政府举债应满足如下横截性条件（Transversality Condition）：

$$\lim_{j \to \infty} \prod_{i=1}^{j} (1+r_{t+i})^{-1} B_{t+j}^{Local} \leqslant 0 \tag{3.9}$$

事实上，横截性条件必然以等式成立，因为市场主体不可能永远借债给政府。这意味着，如果政府的举债行为是可持续的，从长期视角来看就必须满足如下形式的现值预算约束条件（Burnside，2005）：

$$B_t^{Local} = -\sum_{i=1}^{\infty} \left[\prod_{n=1}^{i} (1+r_{t+n})^{-1} D_{t+n}^{Hidden} \right] \tag{3.10}$$

（3.10）式表明，如果地方政府执行可持续的举债政策，则地方政府目前已经累积的债务余额必须要依赖未来的财政盈余予以偿还。地方政府不可能永远执行赤字扩张，因为从长期来看这将损害理性的市场主体的福利而导致无法继续举债。但在本节中，我们暂且不讨论当前的政府隐性赤字扩张政策是否具备可持续，而是利用这个理论框架估计地方政府的既有隐性赤字规模。重新组织（3.4）式可得：

$$D_{t+1}^{Hidden} = B_{t+1}^{Local} - (1+r_{t+1}) B_t^{Local} \tag{3.11}$$

（3.11）式表明，地方财政隐性赤字从数量上来说，等于当期末的地方政府债务余额扣除上期末地方政府债务余额同利率加成项的乘积。即在测算地方财政隐性赤字时，必须将上期地方政府债务形成的利息予以扣除，尽管债务利息同样导致债务余额扩张，但这并不是形成财政隐性赤字的原因。如果我们按照（3.5）～（3.8）式同样的迭代方法将地方政府债务余额向前追溯，可得：

$$B_t^{Local} = \prod_{i=1}^{t}(1+r_i)B_0^{Local} + \sum_{i=0}^{t}\left[\prod_{n=1}^{t-i}(1+r_n)D_i^{Hidden}\right] \quad （3.12）$$

（3.12）式表明，截至 t 期末的地方政府债务余额可用基期地方政府债务余额及其后各年财政隐性赤字的利率加成项来测算，是地方政府隐性赤字逐年累积的结果。如果我们将基期地方政府债务余额设为 0，表示基期年地方政府尚未举债[①]，则：

$$B_t^{Local} = \sum_{i=0}^{t}\left[\prod_{n=1}^{t-i}(1+r_n)D_i^{Hidden}\right] \quad （3.13）$$

这个计算结果更清晰展示了地方政府债务余额同地方财政隐性赤字的存量和流量的关系，即前者是后者逐年累积叠加的结果，后者是前者规模持续膨胀的原因。既然已经用理论公式印证了两者之间的内在关联，我们就可以利用（3.11）式对中国地方财政隐性赤字的时序序列进行估算，以便揭示其动态演变规律。

为估算地方财政隐性赤字，需要具备的基础数据包括地方政府债务余额、地方政府偿债利率。债务余额方面，前文已估算出 1996—2013 年时序数据；利率方面，金融体系利率种类繁杂，需要从中找到最契合的贷款利率。我们选择金融机构人民币贷款 5 年以上基准利率，理由一是金融机构人民币贷款基准利率是中国人民银行为境内金融机构贷款设定的政策指导性利率，金融机构执行的实际利率可以围绕基准利率浮动，但浮动范围有限，因此基准利率可视为金融机构向地方政府贷款时实际执行的均值利率，浮动范围的受控性决定标准差不会太高，是一个较为理想的无偏拟合指标；其二，地方政府的隐性举债主要是依托地方政府融资平台申请银行举债，贷款主要投向市政基础设施，贷款期限一般超

---

① 基期年份可以追溯到地方政府尚未举债的年份，在基期之后，地方政府开始隐性举债，借以弥补地方财政隐性赤字，随着地方财政隐性赤字逐年累积，地方政府债务存量不断攀升。因此如果审计查明截至某一时点存在地方政府债务余额，必然是由于之前存在较长时期的隐性赤字累积过程。

过 5 年，5 年以上贷款基准利率更能反映地方政府的举债融资模式。

我们从中国人民银行官网（www.pbc.gov.cn）查到历年金融机构人民币贷款基准利率，但基准利率往往在一年内变动数次，如 2008 年中央人民银行进行了 4 次基准利率调整。我们以利率间隔期作为权重，以线性加权法测算出年均利率；如果某年份内未调整利率，则按之前最后一次调整后利率水平测算。各年地方财政隐性赤字的测算结果在图 3-5 中列示。由于测算财政隐性赤字需要计算地方政府债务余额的差分值，估算数据的基期年份缩短成 1997 年。为方便比较，图 3-5 也绘制了地方政府债务余额和年均利率的柱状演化趋势。

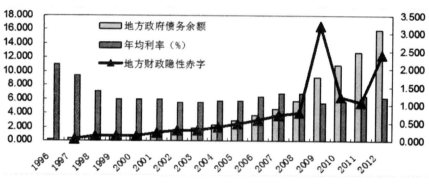

图 3-5　中国地方财政隐性赤字的估算结果及其演进趋势（万亿元）

资料来源：中国人民银行官网（www.pbc.gov.cn）、历年《中国国土资源统计年鉴》及笔者的估算。

图 3-5 显示，在 2009 年前，地方财政隐性赤字的增长极其平滑，从 1997 年的 400 亿元增至 2008 年的 7700 亿元，年均递增 30.5%，这个增速同地方政府债务余额年均 29.7% 的年均增速基本持平。如果作为流量财政隐性赤字的增速同存量政府债务余额的增速基本等同，至少说明两点：第一，1997 年之前地方政府赤字扩张累积的债务规模极小，地方政府尚不具备太多的隐性融资渠道；第二，1997 年后地方财政隐性赤字增速极快，带动了存量债务的增长，特别是进入 21 世纪后隐性赤字扩张速度明显加快。在 2009 年，地方财政隐性赤字形成一个极不寻常的飙升点，增至 3.21 万亿元。前文述及，这是由于 2009 年中国人民银行颁布了宽松的信贷政策，鼓励各地组建投融资平台，配合中央 4 万亿投资计划执行逆周期操作。在中央政策支持下，商业银行放款了地方政府融资平台

的资信审查力度，融资方扩张偏好和贷款方过度授信共同导致了财政杠杆率飙升。

　　2010 年，鉴于隐性赤字扩张速度过快，很多地方融资平台并无相应利润流偿还到期债务，国务院要求清理整顿地方政府融资平台债务，禁止了大多数融资平台的继续融资权，地方财政隐性赤字迅速回调至 2009 年以前的增长率。尽管 2011 年仍惯性下降，但 2012 年地方财政隐性赤字恢复上扬，地方政府采取了其他隐蔽的融资渠道规避国务院出台的紧缩政策，成功提升了财政杠杆率。根据审计署报告，在国发〔2010〕19 号文件下发后，地方政府采取 BT、信托、融资租赁等影子银行渠道扩张赤字；也有一些地方政府向非金融机构和个人借款，比较常见的方式是向本地国有企业借款，将政府债务转嫁给企业承担。这些融资方式非常隐蔽，成为传统银行借款的有效替代融资渠道，但也使隐性赤字风险继续扩张。测算结果表明，2012 年地方财政隐性赤字仅低于 2009 年，是近十余年来赤字增长幅度次高的年份。有趣的是，不管政策环境是量化宽松还是相机紧缩的，一旦中央政府加强监管，地方财政隐性赤字便迅速回落至 2008 年之前的稳态趋势①。这说明，在地方政府严格"对上负责"的单一制政体中，为遏制地方政府举债融资冲动，中央政府主导的规则约束可能比单纯的分权治理更加有效。

　　对地方政府而言，无论银行贷款，还是发行企业债，这些赤字融资方式只有具备稳定可预期的偿债基础，银行或金融机构才能认可地方政府的借贷申请并愿意提供贷款。在预算内方面，地方政府的财力基础显然不足以提供足够的偿债资源。在"财权上移、事权下放"的纵向失衡框架中，预算内财力迎合预算内事责尚且捉襟见肘，更难以划拨出一块专用财力防控风险和清偿债务。很多基层政府的预算内财力仅够维持政权运转、社区治安、基础教育等基本公共服务，因此对金融机构或投资方来说，地方政府预算内财力拮据是一种"公共知识"（Common Knowledge），即便金融机构同地方政府存在隐性契约和政治互联，也很难以预算内财力作偿债担保向地方融资平台发放贷款。

_____

　　① 经测算，在国务院 2010 年发布《关于加强地方政府融资平台公司管理有关问题的通知》（国发〔2010〕年第 19 号文件）、审计署 2013 年开展地方政府性债务规模的大规模审计后，2011 年、2013 年地方财政隐性赤字迅速回落到 1997—2008 年的常态趋势。这说明，中央政府强化监管的政策"高压"，对遏制地方政府的隐性融资偏好是非常有效的。

　　在预算内财力不足以担保举债的前提下，地方政府最具偿债能力的财源便成为土地要素衍生的租费收入。在城市化快速推进中，要素和产业不断集聚，随着资本、人口持续涌向城市，城市土地稀缺性增强，土地价格在产业竞争中快速上涨。由于地方政府对土地出让收益的自由裁量权极高，借助城市化的快速推进和人口集聚引发的土地价格上涨趋势，各级地方政府均积极推动农地征收、城市拆迁，以"招、拍、挂"形式出让土地，填补基建投资缺口。刘守英等（2012）研究发现，土地融资收益中两部分支出是地方政府难以规避的：第一，弥补土地出让成本，土地出让成本包括补偿性成本和开发性成本，补偿性成本包括拆迁补偿费、失地农民补助、企业职工安置费等，开发性成本是土地开发前期需要支付的费用，如土地勘测、评估、平整、公告、评标等，这部分成本占全部土地出让收益的 55.4%；第二，计提专项基金，在扣除必要的土地出让成本后，剩余的"土地出让纯收益"还要按中央规定补充一些专项基金，以迎合地方政府在分权委任制框架中的另外一些支出责任，如农业土地开发、城镇廉租房保障、农村基础设施建设、农田水利建设、教育发展等，数据表明，这部分开支占土地出让纯收益的 23.1%。因此地方政府仅剩余 34.3%的土地出让金收益可供自由支配，最大程度上也仅能将全部土地出让金的 34.3%用于偿还债务。

　　为迎合"无资金支持的预算任务"（Unfunded Budgetary Responsibility），地方政府要将可支配土地出让收益中的一定比例投入农业开发、教育、社保等领域，剩余资金无力满足城市化内生的基建投资缺口。由此地方政府必须寻找新的财源，为城市化和基建投资提供资金支持，可依赖的新财源就是土地批租收益杠杆扩张的地方政府举债。倚靠隐性举债，地方政府能够继续扩张可支配财力，形成"土地收储和挂牌出让→获取土地批租收益→借土地收益提供借债担保→依托融资平台公司隐性举债→将债务融资投向市政设施→推动城市土地资产升值→土地收储和挂牌出让"的杠杆循环机制。在这套杠杆融资模式中，土地出让金成为重要的潜变量，左右着地方政府的举债融资能力和赤字扩张规模。保持政策环境不变，如果地方政府土地收益下降，连带影响是偿债信用能力也随之下降，进而降低从银行和公众获取的杠杆融资规模，这是地方政府大力涵养土地财源的重要制度诱因。

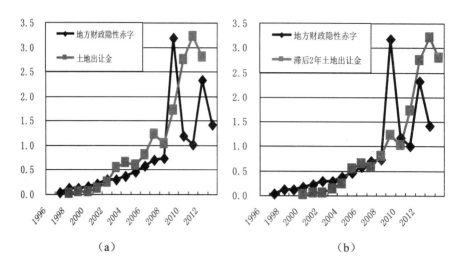

（a）   （b）

图 3-6   地方财政隐性赤字与土地出让金的演化趋势比较

接下来我们观察为什么土地批租收益成为了地方财政隐性赤字的
"潜变量"，以及在地方政府扩张隐性赤字的背后，土地批租收益究竟发
挥着哪些影响。图 3-6（a）和图 3-6（b）分别绘制了 1996—2012 年间
全国地方财政隐性赤字和土地出让金的演化趋势，其中深色线是地方财
政隐性赤字，浅色线是土地出让金。在图 3-6（a）中，两条趋势线保持
同期，结果我们发现在 2004 年前，土地出让金略低于地方财政隐性赤字，
原因是在此期间中国城市化尚处在平稳发展期，地方政府举债模式分散
化，土地出让金对地方财政隐性赤字的影响并不强烈。但在 2004 年后，
伴随城市化的快速推进，土地出让金进入快速膨胀期，成为地方政府倚
重的预算外财源。各级政府大量组建融资平台申请银行贷款或发行企业
债，需要地方政府以土地批租收益做担保，土地批租收益对财政隐性赤
字的杠杆效应显著攀升。整体来看，土地出让金和财政隐性赤字曲线紧
密交织，犬牙交错，演化趋势具有内在的发展规律。

土地出让金和财政隐性赤字演化规律可在图 3-6（b）中得以更充分
体现。在这幅图中，我们将土地出让金滞后两年，同当期地方财政隐性
赤字做对比，这相当于将图 3-6（a）中的土地出让金曲线右移两年。结
果发现，地方财政隐性赤字同滞后两年的土地出让金高度趋同。在 2009
年之前，地方财政隐性赤字同滞后两年土地出让金非常逼近，绝对差额

低于 0.24 万亿元；2009 年，在量化宽松政策支持下，各地举债规模快速扩张，隐性赤字比 2007 年土地出让金骤然高出 1.99 万亿元；2010 年相机紧缩政策出台后，隐性赤字比 2008 年土地出让金仅略高 0.19 万亿元，回退到 2009 年之前的震荡趋同状态。2011 年地方财政隐性赤字相对 2009 年土地出让金大幅下滑，应归因于 2010 年紧缩政策的惯性影响；但在 2012 年，地方财政隐性赤字明显反弹，缩小了同 2010 年土地出让金的总量差距，原因是仍然面临贷款约束的地方政府融资平台，创新出 BT、信托、融资租赁等更隐性的融资手段规避了中央政府监管，继续以土地出让金为杠杆扩张赤字。由这两条演化趋势线做一个简单预判，2013 年地方财政隐性赤字将在审计署债务审计的政策影响下恢复"去杠杆化"趋势，2014 年因 2012 年土地出让金下滑触及拐点，自 2015 年起，中央政府放开了地方政府的债券融资权，以土地收益为杠杆的传统模式将逐步退出，转为总额控制下的规范债券融资模式。这意味着，土地批租收益对地方财政隐性赤字的杠杆效应，并不具有中长期视角的可持续性，而是一种依托地方政府融资平台、具有鲜明历史阶段特征的融资扩张效应。

在我们看来，土地批租收益对地方财政隐性赤字的滞后牵引，反映的特征事实是，作为债权方的商业银行是通过观察地方政府既往的举债融资表现决定授信力度的。这很好理解。研究表明，地方政府融资平台向商业银行申请贷款时，所提供的担保文书仅能反映以往年度的财力状况，其资料整理、报告撰稿、会议研讨等均有政策时滞，提供的详细财力数据大概滞后两年，因此商业银行主要根据滞后两年的地方政府土地融资规模，决定对融资平台的贷款规模。观察杠杆率演化的潜在趋势，我们发现地方财政隐性赤字同滞后两年的土地出让金大致持平，即潜在杠杆率维持在 1.0 左右。但实际杠杆率受到政策环境的显著影响，宏观政策收紧时，实际杠杆率略低于 1.0；宏观政策一旦放宽，实际杠杆率便又会突破 1.0，凸显出地方政府强烈的扩张偏好。

进一步分析，即便实际杠杆率维持在 1.0 的水平，商业银行仍有对地方政府过度授信之嫌，道理在于，当决定土地批租收益投向时，至少有两个支出环节是地方政府难以规避的：一是弥补土地出让成本，二是计提专项基金。尽管历史欠债是分批到期的，地方政府可以"用空间换时间"，以土地收益流迎合分散到期的偿债压力，但非正规举债大多期限短、利率高，当密集偿债期到来时，可供地方政府偿债的土地出让金并不足以覆盖到期债务。因此从流动性视角观察，金融体系对地方政府的授信额度超出了其实际偿债能力。我们可以基于总量杠杆扩张规律，进一步估测分省政府债务余额和财政隐性赤字，为后续展开的省级偿债信用评级、早期和高危风险预警，提供更详实的数据支撑。

3.3.5　分省财政隐性赤字的规模估测及演进趋势

在估算全国地方政府债务规模和地方财政隐性赤字估算的基础上，我们进一步估算分省财政隐性赤字规模。首先观察各省区政府债务的分布情况，研究债务风险的区域分布规律。根据审计署报告，截至 2010 年底，东部 11 个省（直辖市）和 5 个计划单列市政府性债务余额 53208.39 亿元，占 49.65%；中部 8 个省政府性债务余额为 24716.35 亿元，占 23.06%；西部 12 个省（自治区、直辖市）政府性债务余额 29250.17 亿元，占 27.29%。表 3-5 列示了东、中、西部地区包含的省、自治区和直辖市的债务余额。问题在于，我们在万德资讯中仅能查询到部分省区的地方政府性债务余额，将近一半省区并未公布债务余额调查结果。已公布债务余额的 15 个省（市、自治区）包括：东部地区中的北京、辽宁、浙江、山东、广东、海南；中部地区中的山西、吉林、安徽、河南、湖北、湖南；西部地区中的重庆、甘肃、宁夏、新疆、内蒙古、广西，尚有 13 个省区债务数据缺失，需要进行估算。

本书采取如下程序估算 2010 年分省债务余额：第一，将所有省区根据其所在东、中、西三大区域进行分组，每组中均有已公布地方政府债务余额的省区和未公布地方政府债务余额的省区。其中东部 11 个省区包括北京、天津、河北、辽宁、上海、江苏、浙江、福建、山东、广东、海南；中部 8 省区包括山西、吉林、黑龙江、安徽、江西、河南、湖北、湖南；西部 12 省区包括重庆、四川、贵州、云南、西藏、山西、甘肃、青海、宁夏、新疆、内蒙古、广西。第二，将审计署公布的各大区域地方政府债务余额总额扣除已公布结果省区的债务总额后，得到其余未公布地方政府债务余额的省区债务总额，其中东部地区除 5 个未公布省份外还包括了 5 个计划单列市。第三，由于自 2003 年开始全国土地出让金与地方政府债务余额的比值稳定在 20%～30% 之间，我们以 2003—2005年各未公布债务余额省份（及计划单列市）的土地出让金均值比重作为区域结构分配权重，将所在区域的剩余债务余额总量按相应比例进行各省市间的分配。这样测算的理由是，自 2003 年以来，我国地方政府加快以土地出让收益为担保进行债务融资的步伐，土地出让金越高的地区，意味着偿债能力越强，也就越有能力向银行借贷或发行企业债进行融资。此外，我国银行业存贷利率受中央银行管制、各地自主决定利率浮动的政策空间相对有限的制度安排也使土地出让金成为影响一个省区债务融资量的主要因素。因此，我们以土地出让金作为基准参照系测算各地区政府债务余额。最终得出的 31 省政府债务余额的估算结果如表 3-5 所示。

表 3-5　2010 年各省政府性债务余额（单位：亿元）

东部	地方政府债务余额	中部	地方政府债务余额	西部	地方政府债务余额
北京	3745.45	山西	2452.37	重庆	2159.00
天津	3007.60*	吉林	3033.00	四川	5013.16*
河北	5079.04*	黑龙江	2152.29*	贵州	3313.72*
辽宁	3921.60	安徽	3014.00	云南	3341.88*
上海	6144.62*	江西	2341.99*	西藏	2413.89*
江苏	9567.01*	河南	2915.74	陕西	3421.69*
浙江	5877.78	湖北	4520.18	甘肃	1414.90
福建	2657.22*	湖南	4286.78	青海	589.36*
山东	4752.19			宁夏	622.11
广东	7502.96			新疆	1362.63
海南	952.92			内蒙古	2841.70
				广西	2756.13
总计	53208.39	总计	24716.38	总计	29250.17
平均	4837.13	平均	3089.55	平均	2437.51

资料来源：万德资讯。标注"*"的数据是作者的估算结果。

测算结果表明，东、中、西部地方政府债务余额呈阶梯状递减趋势，东部地区省均债务余额 4837.13 亿元，中部地区省均债务余额 3089.55亿元，西部地区省均债务余额 2437.51 亿元，单就省份负债的绝对规模而论，东部地区风险程度最高，中西部地区依次递减。但债务绝对数量并不反映真实风险水平。如果一个地区经济发展水平高，财政收入和偿债能力强，即便累积债务的绝对规模较高，也能确保债务及时清偿，不会形成流动性风险；反之，经济落后地区如果罔顾税基规模和清偿能力，一味扩张赤字拉动增长，即便累积的债务绝对数额不大，也可能因税基支撑孱弱陷入偿债困境（郭玉清，2011）。

根据审计署公布的债负数据，我们测算了 2012 年中国各省区负债率（a）和债务率（b）的区域分布，其中债务率以地方政府债务余额占省份全部可用财力测算①。测算结果显示，各省区负债率大多没有超过国际警戒线 0.6，说明中国地方政府举债具有中长期视角的可持续性，大多数省区仍然具备赤字扩张空间；但债务率角度观察，大多数省区债务余额占可用财力比重高于 100%的警戒线标准，说明中国地方财政隐性赤字风险主要表现在流动性方面，这个分析结论同前文是一致的。

另外一个风险点是，无论从负债率还是债务率指标观察，东、中、西部地区的财政风险度都是依次升高的。这说明地方财政隐性赤字风险表现出严重的区域分布不均，尽管中西部地区举债绝对数量低于东部，但受经济发展水平和财政收入能力所限，财政风险度反而更高。正如审计署报告所提及的，逾期债务率较高的市县主要集中在中西部落后地区，东部省区负债率集中于 0.25 左右，债务率集中于 2.30 左右，这些数据均表明，流动性风险的地域分布严重不均，呈现出典型的区域分布失衡特征，中西部地区有更强的激励扩张杠杆举债，一些债务率高达 4.0 以上的省份，如吉林、湖北、云南、甘肃等，基层市县可能面临严峻的偿债困境。债务绝对规模从东到西递减、相对规模从东到西递增的特征事实表明，应对地方财政风险，一方面要遏制落后地区的杠杆融资冲动，规范财政收支行为，降低隐性赤字规模；另一方面，仍要保持经济的适度增长。只要经济增长率得以维系，中长期税基便能得到有效涵养，使债务风险被不断扩张的经济总量稀释和化解。

整体观察，地方政府债务的流动性风险主要表现在两方面：即"资产负债期限结构错配"和"地理区位分布结构失衡"（Guo，2014；Xu and Zhang，2014）。事实上第二类结构风险是内生于第一类结构风险的，当

---

① 我们测算的"全部可用财力"，包括了地方政府能够自由支配的税收收入、非税收入、预算外规费收入、地方基金性收入、国有资产经营收入等"税、费、租、利"形式的财力。

密集偿债期到来时，资产流动性不足同偿债资金匮乏的矛盾会在落后省区率先凸显，甚至不排除触发局部地区的偿债危机。

郭玉清等（2014）介绍了分省债务余额的估算程序。通过万德资讯（Wind），可查询 340 家在资本市场（含上交所、深交所和全国银行间债券市场）公开发债（含企业/公司债、中票、短期融资券）的地方融资公司债务数据，但各省省、市、县级融资公司数不一致，不能用抽样额简单比较。可选择的处理方法是，以省级、市级、县级的资产负债额为权重计算加权债务均值，假如某省共有 n_1 家省级融资公司，n_2 家市级融资公司，n_3 家县级融资公司，省级融资公司的负债和资产额分别为 PL 和 PA，市级融资公司的负债和资产额分别为 XL 和 XA，县级融资公司的负债和资产额分别为 ZL 和 ZA，则政府性债务的样本加权均值测算公式为：

$$Debt = \frac{\sum_{i=1}^{n_1} PL_i + \sum_{i=1}^{n_2}\left[L_i \times \frac{(\sum XA_i)/n_2}{(\sum PA_i)/n_1}\right] + \sum_{i=1}^{n_3}\left[ZL_i \times \frac{(\sum ZA_i)/n_3}{(\sum PA_i)/n_1}\right]}{n_1 + n_2 + n_3}$$

利用这种方法可测算出 2003—2012 年各省政府性债务的可比增长率，结合 2010 年各省债务余额的查询和测算结果，即得 2003—2012 年分省债务余额。假如各省债务余额加总后与全国相应年份的总量数据不一致，则按各省债务比率进行等比例调整，但结果显示，全国分省数据测算结果加总后与全国总量数据误差极小，体现出估算方法的稳健性。最后，按上述程序估算的分省数据仅包含省、市、县三级，我们将 2012 年审计署公布的乡镇政府债务余额结合上述方法估算的政府债务增长率，测算历年分省乡镇政府债务，并以各省市乡镇政府数目占比为权重测算出历年各省的乡镇政府债务额，并与上述测算结果加总，从而得出省、市、县、乡四级地方政府债务额。估算出各省地方政府债务余额后，即可根据债务可持续性分析框架测算分省财政隐性赤字的样本期面板数据。

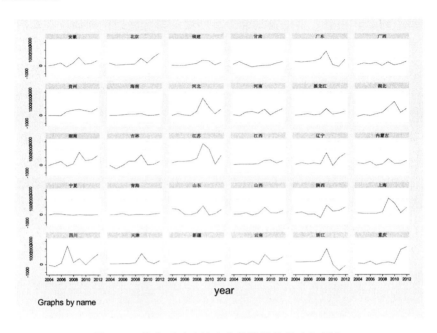

图3-7　分省财政隐性赤字的演进趋势（亿元）

在图3-7中将各省财政隐性赤字加总后，测算的全国总赤字同图3-5列示的全国财政隐性赤字完全相等，由此经过分省政府债务余额的估算程序，我们将全国财政隐性赤字的估算进一步延伸到了分省层面，使研究视角更加细化。图3-8进一步绘制了各省年均地方财政隐性赤字，每个省份的年均财政隐性赤字是样本期内财政隐性赤字的算术均值，年均赤字越高，说明12年间响应省份的总体举债扩张力度越大。利用这个指标，我们可以进一步观察隐性赤字扩张幅度的区域分布。

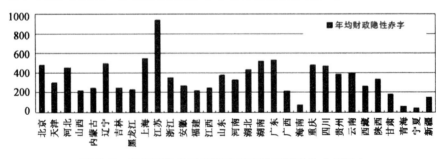

图3-8　各省区年均财政隐性赤字的区域对比（亿元）

测算结果表明，同地方政府债务余额的区域布局一致，年均财政隐性赤字规模同样表现出东高西低的格局，像江苏、广东等债务余额较高的省份，同时也是样本期内隐性赤字扩张力度最大的省份。尽管大多数中西部省区的年均隐性赤字低于东部省区，但正如前面的分析，隐性赤字的规模布局并不反映风险布局，测算分省隐性赤字率（地方财政隐性赤字/GDP），会发现西部地区的隐性赤字风险仍然高于东部。为拉动增长，西部地区实施了高于东、中部省区的赤字扩张力度，原因可能是落后地区更要以公共投资弥补民间投资缺口，从而以公共基础设施建设发挥的需求拉动效应凸显增长绩效，但这种高投资、高举债的增长模式也可能导致更严重的挤出效应，形成公共投资对民间投资的过度替代，削弱中长期增长的内生潜力。

　　除区域对比外，我们也观察了分省财政隐性赤字的演进规律。我们发现，在样本期内一些财政隐性赤字的观测值是负的，负赤字集中出现在 2004—2008 年，即两次积极财政政策的间隔期内。1998 年积极财政政策淡出后，很多省份有意识地收缩了公共投资，试图在经济平稳期通过增收节支政策消化部分历史欠债，数据表现是很多省份的财政隐性赤字是负的，债务余额的上涨主要源于利息支出[①]。但这种情况在 2009 年骤然转向，受中国人民银行和银监会联合出台的量化宽松政策的激励，各省纷纷组建投融资平台，所有省区的财政隐性赤字全部转为正值，并且大多在这一年达到了历史峰值。通过竞争性举债融资，地方政府迅速筹集了发展资金，支持市政基础设施项目，稳定了危机冲击期间的大国经济增速（Guo，2014）。但如果政府融资挤出了更富投资效率的民间投资，从中长期视角来看，短期需求拉动效应可能会拖累中长期增长的内生基础，大量研究政府举债门限效应的经验文献已经证实了这一点（Kumar 和 Woo，2010）。

　　鉴于 2009 年赤字增速过快，累积风险过高，2010 年国务院审时度势出台紧缩政策，要求各地清理整顿融资平台债务。这项政策有力遏制了地方政府的隐性赤字扩张，一些省区很快恢复为负财政赤字。但 2012 年，各地发展出 BT、信托、融资租赁等影子银行融资渠道，赤字扩张迅速反弹，除浙江外，其余各省的隐性赤字恢复成正值，凸显出地方政

---

　　① 对债务增量进行统计分解的意义在于，若不进行利息支出和隐性赤字的分解，很难判断地方政府债务余额的增长是源于新增举债融资，还是源于债务余额的利息支出流。

府动用各种渠道对抗中央紧缩政策的意图。由于 2013 年实施了大规模政府性债务审计、2015 年新预算法正式启动，我们判断，自 2015 年起，大多数省区将恢复负赤字，债务增长将主要源于历史欠债的利息支出。鉴于规范的地方政府债券融资模式在 2015 年正式实施，地方政府新发行债务中的大部分比例将用于历史欠账偿还，我们判断，中国财政赤字的增长趋势将形成从扩张到企稳的新常态，地方政府举债融资也相应由土地收益为杠杆的传统模式，向更加规范的市场信用融资模式转变，从而使融资过程更加透明化可持续。为在模式转变过程中设计更有效的风险监管制度，有必要探明传统举债融资模式的激励机制，研究可能的风险传导转嫁路径。在下一章，我们将对此展开系统分析。

3.3.6 基于分省演化数据的风险初评

基于分省估算数据，我们尝试从"负债率"（政府性债务余额/GDP）和"债务率"（政府性债务余额/可用财力）这两个引发争议观点的视角，测评地方政府长期隐性举债积蓄的潜在风险。社会各界非常关心的一个问题是，若决策者在给定时限内，将负债率调整到国际警戒线以下，各省将面临多大的偿债压力？还有多少杠杆扩张空间？按照 Burnside（2005）扩展的债务可持续性分析框架，将（3.11）式变形后得：

$$defr_{i,t+1} + \left[\left(1+r_{t+1}\right) / \left(1+Gy_{i,t+1}\right) \right] \times debtr_{it} = debtr_{i,t+1} \tag{3.14}$$

其中 $defr_{i,t+1}$ 是隐性赤字率，即 $Def_{i,t+1}^{Hidden} / GDP_{i,t+1}^{nominal}$ ；$debtr_{i,t+1}$ 是负债率，即 $Debt_{i,t+1}^{Local} / GDP_{i,t+1}^{nominal}$ ；$Gy_{i,t+1}$ 是经济增长率，即 $\left(GDP_{i,t+1}^{nominal} - GDP_{it}^{nominal}\right) / \left(GDP_{it}^{nominal}\right)$ 。基于（3.14）式，我们做两个偿债压力测试：一是如果决策者维持当前的政府负债率，使 $debtr_{i,t+1} = debtr_{it} = debtr_{i}^{*}$ ，或削减当前的政府负债率水平，则维持性赤字率应满足（3.15）式；二是如果各省在未来 τ 年内将政府负债率调整至不超过警戒线 RI^{debtr} ，则扩张性赤字率应满足（3.16）式。

$$defr_{i,t+1} \leqslant \left[\left(Gy_{i,t+1} - r_{t+1}\right) / \left(1+Gy_{i,t+1}\right) \right] \times debtr_{i}^{*} \tag{3.15}$$

$$defr_{i,t+1} \leqslant \left(RI^{debtr} - debtr_{it}\right) / \tau + debtr_{it} \times \left[1 - \left(1+r_{t+1}\right) / \left(1+Gy_{i,t+1}\right) \right] \tag{3.16}$$

（3.15）式表明，地方政府能否在实施赤字扩张政策的同时不提高负债率，取决于经济增长率是否高于债务利息率。高增长率能够稀释流量赤字，使负债率保持或低于当前水平；然而一旦增长率下滑到名义利率以下，负债率就将被动攀升，使地方政府面临逐步增加的风险管控压力。（3.16）式是在债务警戒线构筑的"天花板"之内，测算以后年度地方政府拥有的财政调整空间。触及乃至超出警戒线的省区调整空间将非常狭隘，甚至不得不实施严厉的去杠杆政策，以预算盈余补充偿债准备金，避免债务融资不可持续。

接下来我们用一个数值实验评测各省区面临的偿债压力。由于西藏获得中央特殊政策支持，同其他省份不具有可比性，我们仍将西藏剔除。自 2014 年起，我们将债务利率设为央行调整后的金融机构 5 年以上贷款基准利率 6.15%，负债率警戒线采用国际公认警戒线 60%，财政调整时限 τ 设为 5，即最晚到 2018 年各省区负债率均调整到不高于 60% 的水平[①]。鉴于中国经济将由高速增长转为中高速增长的"新常态"，我们将各省名义增长率在 2013 年的基础上调减 1 个百分点。通过设定以上参数，我们测算出 2014—2018 年各省维持性和扩张性赤字率上限，结果在表 3-6 中列示。首先观察维持性赤字率上限。测算结果表明，中西部省区的维持性赤字率上限值普遍高于东部省区，这是由于（3.15）式表明，维持性赤字率上限正相关于当前的负债率水平，而中西部省区的当前负债率大多高于东部。在中西部省区中，贵州省负债率最高[②]，维持性赤字率上限也排在首位。在另一个极端，内蒙古、黑龙江、山西三省的维持性赤字率上限为负值，是由于这三个省区的经济增长率低于债务利息率，从而若维持当前的负债率水平不变，这三个省区必须调整财政收支，实现预算盈余。需说明的是，债务维持性压力大并不等于继续举债融资的扩张空间小，仍以内蒙古、黑龙江、山西这三个排名靠后的省份为例，截至 2013 年底，三省负债率均低于 30%，距离负债率"天花板"仍有明显距离。

[①] 需说明的是，我们将财政调整时限拉长到 10 年和 15 年，扩张性赤字率上限的省际排名依然没有发生明显变化；但当调整时限拉长后，扩张性赤字率上限微弱提升，意味着地方政府可以更从容地执行债务调整。

[②] 根据我们的测算，2013 年贵州政府性债务的负债率已经高达 76.3%，是所有省区中唯一高于国际警戒线的省份。

表 3-6　　中国分省财政隐性赤字风控压力的数值测评

排名	1	2	3	4	5	6	7	8	9	10	11	12	13	14	15
省份	贵州	云南	重庆	甘肃	青海	陕西	天津	海南	新疆	湖南	湖北	江西	四川	广西	北京
维持性赤字率上限	0.070	0.037	0.026	0.022	0.022	0.017	0.016	0.016	0.015	0.014	0.013	0.012	0.012	0.011	0.011
排名	16	17	18	19	20	21	22	23	24	25	26	27	28	29	30
省份	宁夏	安徽	吉林	辽宁	江苏	福建	广东	浙江	山东	河南	上海	河北	内蒙古	黑龙江	山西
维持性赤字率上限	0.011	0.010	0.008	0.008	0.008	0.007	0.004	0.004	0.004	0.004	0.004	0.001	0.000	-0.003	-0.006
排名	1	2	3	4	5	6	7	8	9	10	11	12	13	14	15
省份	山东	福建	广东	河南	浙江	安徽	江西	江苏	新疆	湖北	广西	天津	河北	辽宁	四川
扩张性赤字率上限	0.095	0.090	0.089	0.088	0.083	0.077	0.073	0.072	0.070	0.070	0.069	0.065	0.065	0.063	0.063
排名	16	17	18	19	20	21	22	23	24	25	26	27	28	29	30
省份	内蒙古	湖南	黑龙江	宁夏	陕西	吉林	山西	北京	海南	云南	青海	甘肃	上海	贵州	重庆
扩张性赤字率上限	0.063	0.061	0.060	0.058	0.057	0.056	0.049	0.045	0.044	0.041	0.037	0.036	0.032	0.031	0.022

　　那么到底各省还有多少举债扩张空间？在表 3-6 中，我们同样给出了扩张性赤字率上限的测算结果。我们发现，省份债举债扩张空间同维持性压力相反，东部省区明显高于中西部省区。根据测算结果，东、中部省区的扩张性赤字率上限高于国际警戒线 3%，只要将赤字率控制在警戒线之内，东部和中部省区的负债率在 5 年后就不会超过 60%。直辖市的赤字扩张空间较小，是由于地方政府债务融资主要投向轨道交通、管道敷设、垃圾清运等城市"属地化"公共品，从而直辖市对债务融资的经济职能依赖度更高，历史累积的负债率规模和风险控制压力也较大。值得注意的是贵州。贵州省的维持性和扩张性赤字排名分处两个极端，为在 5 年后实现将负债率控制到 60%以下的目标，贵州需在经济增长率不低于 15.8%的前提下，严格将赤字率控制在 3%以下；一旦增长率放缓到 10%以下，贵州省财政将不得不执行严厉的"增收节支"紧缩政策，以预算盈余遏制债务规模扩张。这样的分析过程也适用于其他省份，即扩张性赤字率上限是一个内生于经济增长率的结果，当经济增速低于预

测增速时，赤字扩张空间也要随之继续收紧。

地方政府性债务风险的区域结构失衡，不仅反映在负债率指标测算的"偿债压力"方面，更突出体现于"债务率"这个衡量"偿债能力"的指标。我们将 2012 年各省公共财政预算收入、政府性基金收入、国有资本经营收入加总，计算地方政府的综合可用财力①，进而计算各省全口径债务率，结果发现除个别西部省区排位靠前外，债务率从东到西依次攀高的地域分布格局依然稳健；如果在"可用财力"中扣除中央对各省的财政补助资金，所有西部省区的债务率都远超国际警戒线 100%，且显著高于其他省区，这种区域累退性分布格局自 2001 年以来是极其稳定的。这说明落后省区的本级自有财力并不足以覆盖到期债务，在偿债能力和偿债压力的激烈冲突中，需要多方扩宽融资渠道、填补收支缺口，甚或将偿债责任向外转嫁。我们判断，流动性困境可能在一些经济落后的中西部市、县级政府率先凸显，从而对省以下财政转移支付制度设计形成冲击和考验。

---

① 在综合可用财力中，各省政府性基金收入根据《地方财政统计资料》和财政部国库司编撰的《财政统计摘要》（2012），将 2002—2011 年基金收入做移动平滑处理，将估算数据做等比结构调整，使总量数据等同于《中国财政年鉴》（2013）提供的全国地方政府性基金收入。国有资本经营收入数额较小，按各省区地方国有企业资产总额占全国国企资产总额占比，结合《中国财政年鉴》（2013）提供的全国国有资本经营收入数据估算分省数据。

第4章 地方财政隐性赤字的激励机制及风险传导路径

地方财政隐性赤字是新兴分权国家在提供基础设施过程中，为弥补预算表内收支缺口形成的一种制度现象，中国也不例外。对中国来说，地方财政隐性赤字风险就像是"成长的烦恼"，这种烦恼并不是中国特有的，而是发展中国家经历的共性问题。在快速城市化过程中，地方政府多种渠道表外举债融资，长期实施隐性赤字扩张政策，特别是在国际金融危机冲击期间，地方政府组建了大量融资平台，以赤字融资稳定大国经济增速，但也累积了不容忽视的流动性风险。为构建适用于中国的地方财政隐性赤字的风险预警控制体系，必须系统分析地方财政隐性赤字的激励机制，研究隐性赤字的风险传导路径，进而设计防范预案量化管控潜在风险。

4.1 地方财政隐性赤字的激励机制

一般来说，竞争联邦制国家政府间财税制度稳定，地方政府的财政赤字主要源于短期收支波动失衡。由于经常性收支赤字和盈余往往周期性交替变化，波动失衡主要由短期举债弥补，财政赤字规模受法律约束。作为发展中的大国，中国地方政府的财政隐性赤字主要源于快速城市化内生的基建投资需求。在"搞建设""谋发展"的压力下，地方政府诉诸隐性融资渠道拓宽财源，有效解决了基建融资瓶颈，维系了危机冲击期间的大国经济增速。同其他发展中国家类似，地方财政隐性赤字表现出典型的发展阶段特征，是一系列经济、政治、财政、金融制度协同激励的结果。本章对地方财政隐性赤字的各类激励因素进行理论剖析，厘清地方财政隐性赤字的制度诱因。

4.1.1　经济激励

在经济影响因素中，中国经济发展的阶段特征形成了地方财政隐性赤字的外部环境，其中最重要的特征事实是中国作为发展中的大国，所经历的极为罕见的快速城市化。城市化促进了中国经济的高增长，经济高增长稳定了地方政府的偿债能力预期和举债扩张偏好，激励地方政府不断扩张表外赤字，推动债务规模持续膨胀。

4.1.1.1　城市化

1992 年，邓小平同志南行讲话巩固了经济市场化改革路线，中国的城市化进入了"以多元化替代单一化、以集中开发替代分散开发"的新阶段。尽管 1998 年遭遇亚洲金融危机冲击，中国经济增速一度回落，但中国政府迅速启动反周期调节政策，以国债融资拉动内需、支持基础设施建设，城市化从平稳推进过渡为加速增长。图 4-1 中绘制了城镇人口、农村人口、城乡人口比例的变化趋势，不难发现，在 21 世纪的前十年，中国城镇人口从 4.59 亿攀升到 2010 年的 6.69 亿，农村人口从 8.08 亿削减为 2010 年的 6.71 亿，城乡人口结构形成了替代演化趋势。这一现象的主因是农业人口持续向城镇流动，使城乡人口比例从 2000 年的 56.8%提高到 2010 年的 99.7%，增长趋势近乎平滑。2011 年，城镇人口首度超越农村人口，城市化率突破了 50%，除取得城市户籍的人口外，还有大量没有计入城市人口统计的农村务工人员（俗称"农民工"）陆续涌入城市寻找就业机会。对于一个拥有 14 亿人口的发展中大国来说，在 10 余年间城市化率提高 1 倍，意味着每年近 1200 万人从农村迁居到城市，从经济史学视角观察，城市化如此快速推进是极其罕见的（Naughton，2007）。

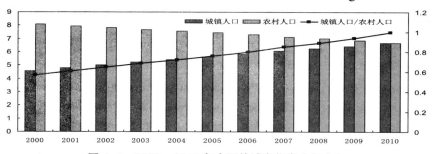

图 4-1　2000—2010 年中国的城市化率（亿人）

资料来源：《中国统计年鉴》（2011）。

　　城市人口激增引发严重的基础设施"拥挤"问题，需要地方政府提供更完善的基础设施和公共服务，城市规模越大，市政设施对城市发展的瓶颈制约越显著。在新兴市场经济国家，基础设施的支出责任一般由较低层级的地方政府承担，低层级地方政府更了解当地居民需求，供给的基础设施更能与公众偏好相匹配（林毅夫，2012）。为解决拥挤性问题，地方政府需要将大量资金投向道路、桥梁、水利、能源等基础设施项目，为产业发展提供协调和外部性。中国同样将市政设施的供给责任委任给地方政府，但地方政府普遍欠缺基建资金，如何拓宽融资渠道、填补资金缺口，始终是各级政府面临的难题。分区域看，东部经济实力强，财力雄厚，地方政府可以划拨较多资金从事市政建设；而中西部发展落后，很多基层政府的预算收入维持机关运转（即俗称的"保运转""保吃饭"）尚不充裕，基建项目资金更加捉襟见肘。

　　财力约束逼迫地方政府拓宽预算外财源和隐性融资渠道，为基建项目提供资金支持。在正税之外，地方政府可以支配的表外收入包括"费""租""债"等类型。其中，规费形式的预算外收入自 2011 年起全部并入"非税收入"口径，支出投向需按正常预算程序规范管理，"收支两条线"改革极大压缩了地方政府的自由裁量权。为抵补这部分损失的财力支配权，地方政府转而依赖"租""债"等表外财源。"租"是土地使用权出让收益，即地方政府让渡国有土地使用权获取的土地租金折现收入；"债"是以国有土地出让收益做担保，由地方政府融资平台申请的银行贷款、企业债、中央代发地方债等收入，是有偿性收入。此外，地方政府还以股权方式融资，即依托融资平台，以参股、控股等方式吸纳社会资金介入公共项目，进行公私合营（PPP），但相对其他两类表外融资方式来说，股权融资规模一直较低。继续深入分析，地方政府"租"金形式表外收入有两种获取渠道：一是在城市周边，经过变更农业用地权属、补偿失地农民、土地收储平整、土地建设规划等步骤，将"生地"变成"熟地"后出让；二是在城市范围内，通过拆迁安置、变更容积率、功能改造等方式，整合旧城区划土地统一出让。"农地征用"和"旧城改造"使城市空间不断扩容，无论观察城镇人口还是城市面积，城市化都表现出迅速推进的趋势。如图 4-2 所示，自 2004 起，地方政府每年的征地面积维持在 1200～1600 平方千米，导致城市建成区面积稳步扩张，2010 年达 4.01

万平方千米，城市扩容同人口增长基本同步。2006 年，《国民经济和社会发展第十一个五年规划纲要》要求严守"18 亿亩耕地红线"不可逾越，但在拓宽表外财源的激励下，城市扩容一直没有得到有效遏制。

前文述及，租金收入补偿征地拆迁成本后，剩余部分并不足以迎合城市化内生的基建投资缺口。为缓解预算约束，地方政府发展出另一种财源拓宽渠道：以土地出让收益为担保，依托融资平台公司申请银行贷款或发行城投债，即以土地租让收入为杠杆撬动债务融资，继续扩张可用财力支持向市政基础设施建设。与土地出让金不同，地方政府举债融资的自由裁量权更高，而且偿债成本可向后推延，不必像土地融资方式，需要前期垫付征地拆迁成本。举债融资使地方政府的支出规模高于税、费、租、利等综合可用财力，形成规模不断膨胀的地方财政隐性赤字，强化了地方政府搞建设、谋发展的积极性。

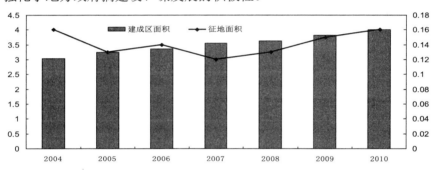

图 4-2   全国城市建成区面积及征地面积（单位：万平方千米）

资料来源：《中国统计年鉴》（2005—2011）。

举债融资渠道的表外拓宽，使地方政府面临的预算约束变成了事实上的预算软约束（Soft Budget Constraint）。在竞争示范效应作用下，各级政府普遍以土地出让收益为杠杆，多方举债渠道，将债务融资优先投向市政设施项目，从而使中国短期内拥有了良好的基础设施。因此从负债率角度观察，中国地方政府举债融资遵循了举债"黄金法则"，是具备中长期可持续性的。但问题是，即便地方政府的债融资是隐性的，也是有偿的，需要在未来年度偿还债务本息，而地方政府可依赖的主要偿债资金是土地出让收益。在扣除必要的补偿成本和计提其他部门基金后，剩余三分之一左右的土地出让收益对很多基层政府而言仅够维持利息支出，一旦偿债密集期到来，地方政府将迅速面临偿债资金窘迫的困境，以土地收益为核心的杠杆融资模式势必难以存续。此外，随着农业用地征用为国有土地，土地权属的变化立即显性化级差地租，创造出巨大的土地增值空间。征地农民没有讨价还价权，失地后又有就业和社保方面的隐忧，潜伏收入差距扩大和征地拆迁冲突的社会隐患。如何在城市化推进中，在突破基建瓶颈的同时缓和矛盾冲突，促建和谐社会，将长期考验地方政府的执政能力。

4.1.1.2 财政收入超常增长

改革开放后，作为发展中的大国，中国经历了长达 30 年 9.8% 的高速经济增长，被誉为"中国奇迹"（China's Miracle）。2010 年，中国一跃成为全球第二大经济体，这一增长奇迹的背后，有着人口红利、市场导向、贸易开放、投资驱动等多重实体面诱因（Naughton，2007）。在 30 年改革历程中，中国政府在亚洲金融危机和国际金融危机冲击期间，两度以积极财政政策"扩内需、调结构、促消费、保增长"，宏观经济始终未出现大幅波动。在后危机时代，发达经济体依然低迷，欧债危机国家普遍被下调主权信用评级，而中国仍能维持 7% 以上的经济增速，可谓成就斐然。

经济高增长的直接效应是稳定了地方政府赤字扩张的低风险预期。就经济承载力而言，隐性赤字风险的测度指标有赤字率（财政赤字/GDP）、负债率（政府债务余额/GDP）等。只要宏观经济维持高速增长，上述风险指标就不会逾越国际警戒线，赤字流量和债务存量能够被快速扩容的经济总量所稀释，从而使举债融资具备理论上的可持续性。但在经济高增长的惯性预期下，地方政府往往忽视隐性赤字蕴含的风险，过度偏好将举债融资投向市政设施建设，拉动本地经济增长，进而期望以经济高增长缓解偿债压力，形成"高赤字—高增长—高赤字"的循环扩张。在经济高速增长期，财政收入的超常增长进一步强化了地方政府的扩张偏好，预期经济增长能够涵养稳定财源，使地方政府汲取足够的可用财力偿还存量债务。即便遇到流动性困境，也可通过债务重组缓释偿债压力，用未来税基贡献的财政收入偿还现期欠债。

我们围绕财政收入中的最稳定的收入来源——税收收入展开研究。进入 21 世纪后，中国宏观税负进入快车道，税收增速保持高于 GDP 增速。测算近十年间的宏观税负弹性（税收增长率/GDP 增长率），我们发现这个弹性指标始终在 1.1 至 2.3 之间徘徊，仅 2009 年降至 0.6，2010 年迅速反弹至 1.5，体现出极强的增收韧性。税收高弹性使宏观税负从 2000 年的 10.9% 持续提高到 2010 年的 18.2%，年均递增 0.8 个百分点。以下分别从征收能力和征管效率的视角，剖析财政收入超常增长的源泉，研究财政收入的超快增长如何影响了地方政府的偿债预期。

一是分析财政征收能力。征收能力由名义税率和理论税基决定，但最终取决于经济基本面和税制特征。在经济基本面因素中，城镇激增人口对电力、通信、道路、港口等基础设施和商用、民用楼宇建设形成了巨量需求（曹广忠等，2007），推动中国房地产业的发展经历了 21 世纪初期阶段的"黄金十年"。房地产业贡献了持续增长的营业税、耕地占用税、城市维护建设税、契税等财产、流转类税收，建筑和房地产业存在的营业税重复征税问题进一步放大了税收增速（吕冰洋、郭庆旺，2011）。以房地产为核心的增收模式具有快速涵养财源积极效应，但也带来房价畸高、土地寻租等问题，并不是一种中长期可持续的增收模式。财政收入超常增长的另一个实体面诱因是产业结构的税制特征。分税制改革前，中央与地方政府实行财政包干，企业利润留存地方，地方政府具有扶持本地乡镇企业发展的内源动力，这是各省区结构趋同、地方保护、市场分割等现象的制度根源。分税制改革后，企业所得税划为共享税，地方政府办企业的热情迅速消退，转而促进本地产业结构向高端制造业和服务业升级，特别是促进制造业垂直专业化及房地产、金融、物流、中介等服务业的发展，这些产业这有助于涵养增值税、营业税等地方主体税种（周飞舟，2012）。在 2010 年，营业税占地方总税收比重高达 33.6%，成为增长最快的地方税种，主要是由房地业贡献的。此外，人口红利是财政收入超常增长的另一个重要诱因。改革开放后，中国劳动力融入全球产业链，与其他发展中国家相比，中国劳动力具有良好的教育背景和代际传承的技术禀赋，严厉的计划生育政策缓解了就业人口的抚养压力（巴里·诺顿，2011）。由于劳动密集型产业获得源源不断的优质劳动力供应（姜磊、郭玉清，2012），优质要素和低成本相结合，使中国的劳动密集型产业在国际市场形成了长期竞争优势，贡献了稳步增长的企业所得税。与企业所得税相比，非熟练劳动力工资增长缓慢，高收入群体监管机制缺失，导致个人所得税长期局囿在低边际税率，2010 年个税征收额仅占企业所得税的 37.7%。但随着人口老龄化的逼近和"刘易斯拐点"（Lewis Turning Point）的到来，中国劳动要素成本将在产业转型中上涨，个税在地方税系中的地位和贡献将逐步凸显。

　　二是审视财政征管效率。提高征管效率有利于降低偷漏税，使实际税基逼近理论税基。在征管效率的决定要素中，税务信息化发挥了重要作用。2003 年组建并快速推广的"全国增值税发票监控网"，对百万元、十万元和部分万元版增值税专用发票进行了全面监控，全国超 40 万户一般纳税人配备了防伪税控开票子系统，缴税额占增值税总量 80% 以上，有效填补了征税漏洞。在完善税务信息化管理水平的同时，税务机关工作人员的整体素质相应提高，以国家机关公务员考试（俗称"国考"）录用政府工作人员的制度安排，使国地税系统大学以上学历职工比重从 2003 年的 77.3% 增至 2010 年的 91.1%，政府部门吸引越来越多的高素质人才就业①。此外，征税努力程度也影响税收征管效率。1994 年分税制改革强化了中央收入集权，但支出责任仍主要由地方政府承担。在分税框架尚不稳定的体系中，地方政府有强烈的征收诉求，以确保收入上缴中央后，留存足够财力应对刚性支出任务。由此地方政府普遍面临着足额乃至超额完成征税任务的强烈激励，要通过各种渠道确保税收及时、足额入库，经验证据是在各省财政预算报表中，预算收入的决算数一般高于预算数 5 至 10 个百分点。以 2009 年为例，尽管宏观经济遭受国际金融危机冲击，税收占 GDP 比重大幅下滑，但全国仅 8 个省份的预算收入决算数低于预算数，其余省份均超额完成征收任务，四川省甚至超出预算 10.6 个百分点。

　　以上分析表明，中国经济及财政收入的高增长，既是财政隐性赤字扩张的"果"，同时也是财政隐性赤字扩张的"因"，具有因果反馈效应（Causal Feedback Effect）。一方面，财政隐性赤字能够缓解基础融资瓶颈，带动房地产相关行业发展，为地方政府涵养营业税、财产税、制造业增值税等稳定税基，加之地方政府以税务信息化改进了税收征管效率，经济发展长期享受人口红利、剩余劳动力转移、国际产业链输送等利好因

---

　　① 尽管高素质人才到政府部门任职提高了行政信息化管理和政府部门的运作效率，但这一现象也遭到很多经济学家的批评，理由是政府部门吸引过多高素质人才，并不利于全社会的知识创新和技术进步，从经济增长视角观察是一种人才浪费。

素，这些诱因共同决定了中国近十余年的经济及财政收入的高增长。另一方面，经济及财政收入高增长，反过来稳定了地方政府隐性扩张的低风险预期，诱发地方政府进一步的表外融资冲动。地方政府大力推动房地产升值，获取土地出让收益和杠杆举债融资，因此 21 世纪前十年成为地方政府债务余额增速最快的时期。但必须认识到，房地产业的结构同质化倾向蕴含着资产泡沫风险，根据新兴分权国家的政策实践，地方政府往往在经济繁荣期高估抵押的土地收益权（刘琍琍，2011），形成"顺周期的杠杆扩张倾向"；而一旦经济受外部因素冲击陷入萧条，房地产业首当其冲巨幅震荡，进而迁延到其他产业，使地方政府收入锐减，威胁地方政府的偿债能力并冲击财政经济运行安全[①]。因此，缓解地方政府的赤字扩张冲动，应赋予地方政府稳定税基，避免地方政府将政策重心放在房地产业为核心的土地融资方面，而地方政府稳定税基的获取要求将土地要素贡献的财政收入从"租"转为"税"，这可视为房产税开征的重要理论依据。

4.1.2　政治激励

中国是一个经济高度分权、政治高度集权的发展中大国，很多研究从政治威权视角解释了地方政府的隐性赤字扩张偏好。核心观点是，政治组织模式的"任命制"（Appointment System）而非"选举制"（Electoral System），决定了地方官员主要对上而非对下负责，任职绩效由中央政府根据一些量化指标评定，如经济增长率、财税收入规模、招商引资额等。官员晋升考评机制激励地方政府强化融资竞争，以隐性赤字凸显政绩和提高晋升概率，形成了一种极具特色的政治激励模式。

4.1.2.1　政治晋升激励

中国是全球最大的"单一制"政体，地方政府并非享有主权的行政实体，主要以中央政府代理人的角色执行分管职能。中央政府通过"自上而下"的人事制度，决定地方官员的晋升和调动，这与联邦制国家通

---

　　① 一个可参考的案例是，日本在 20 世纪 80 年代经历了高速增长，大量投机性资本涌入股票和土地交易市场，促使日本地价持续飙升，东京二十三区地价甚至超过美国国土总价。以不断升值的土地作抵押，日本银行大量提供贷款，推动泡沫经济在 1989 年达到顶峰，各项经济指标空前高涨。随后，由于资产价格没有得到实体产业支撑，宏观经济迅速走向低迷，许多政府和机构投机者因过度负债陷入破产境地，地价日跌幅超过 46%，房地产泡沫彻底破灭。此后日本经济陷入"迷失的二十年"，至今未能实现复苏。

过公众投票选举地方官员的组织模式有本质区别。这是我们理解中国式政治激励必须牢记的制度前提。

在任命制组织形态中,中央政府要设计一套可横向参校的量化指标,择优提拔政绩突出的官员。以"发展才是硬道理"为指导思想,GDP 增长率成为最重要的考核指标(张军、周黎安,2007;周黎安,2008)。为在激烈的政治晋升博弈中赢得竞争优势,地方官员在"预算内"和"预算外"采取了两套相互分野但又互相兼容的竞争策略。其一,在预算内,通过隐性税收优惠①、改善公共服务、低价划拨土地等方式招商引资,倚靠流入资本带动产业结构升级,贡献流通环节税负和不断增长的企业所得税;其二,在预算外,将政策着力点转向非流动土地要素,依托快速城市化进程,对商住用地征收裁量权较高的土地批租收益,进而以土地收益为杠杆,扩张债务融资,继续投向市政设施,营造良好的竞争环境。这样一种预算内降低资本税负、预算外扩张土地融资的竞争模式,既能满足地方官员的政绩竞争偏好,又能拓宽可支配预算规模、强化财力支配权,在竞争示范效应下迅速得到各级官员的效仿和普及。

但必须认识到,以 GDP 为核心的政绩考评机制在有效拉动增长的同时,也潜伏着制度导向风险。这种激励模式的内在缺陷是,地方官员的晋升概率仅取决于上级政府对其任职期内经济绩效的认定,而官员任期是有限的,地方官员必须在 5 年左右的任期内,诉诸各种迅速凸显政绩的策略,同时忽略短期策略可能造成的长期后果。例如,基建投资和招商引资是短期内最能凸显政绩的政策,只要能招商引资,即使中央三令五申,要求地方政府不得随意减免税,地方官员仍出台各种隐性优惠政策,变相减免外资企业税收;只要能填补基建投资缺口,尽管中央禁止地方政府搞赤字预算,地方官员仍通过土地融资迂回抬高地价,支持轨道交通、能源、电力、通信等市政项目建设,快速凸显政绩和拉动增长。因此,仅就经济绩效而言,晋升考评机制无疑是效率极高的激励制度,问题在于,传统地方官员政绩评价体系过分强调了经济绩效,忽视了风险溢价,激励地方政府过度扩张隐性赤字。隐性赤字需要以举债融资弥

---

① 1994 年分税制改革限制了地方政府的税种选择权、税率减免权,将这两项权利上收至中央。地方政府为吸引外资,往往通过隐性的税式支出方式降低外资企业的实际税负,采取的方式有财政奖励、税收返还、土地折价等,这使地方政府税收竞争更加隐蔽化和难以监控。

补，举债规模越大，越有利于在有限任期内凸显政绩，赢取政治晋升优势；而那些谨慎决策、权衡风险的地方官员，市政投资力度偏弱，必然在政绩竞争中居于劣势，甚至被一票否决，淘汰出政治晋升竞赛。郭玉清等（2014）发现这是一种典型的"逆向选择"（Adverse Selection）机制，会产生类似"劣币驱逐良币"的效果，即坚守预算平衡或赤字扩张偏弱的地方官员退出竞争，留下来继续参与晋升博弈的都是扩张偏好强烈、政绩表现突出的官员。在这样一种晋升博弈中，地方官员不仅将隐性赤字的经济绩效转化为自身的政治晋升收益，还无须承担赤字扩张成本，即债务清偿责任。一般来说，银行贷款的还款期在 3～5 年之间，而地方官员任期一般也不超过 5 年。当密集偿债期到来时，举债官员往往已经晋升或交流至外地，偿债责任可以"甩包袱"给继任官员，利用偿债期限和任职期限错配推卸责任。后果是，继任官员不得不继续依赖土地批租、赤字扩张和举债融资偿还上届政府遗留旧债，导致债务规模的被动惯性膨胀。也有一些官员将偿债责任推卸给下级政府或企事业单位，形成所谓"本级借下级还、政府借企业还"的制度乱象，模糊了债务权责边界。

既然地方财政隐性赤字的政治激励植根于收益与风险高度非对称的官员政绩考评体系，解决方案就应是在政绩考评体系中引入新的量化指标，将地方官员举债融资风险作为新的考核标准，纳入政绩权衡。一些研究建议将公众幸福感、环境监测指数、教育公平、保障房建设等民生指标引入政绩考评，在政绩考评中融入民意反馈（Public Opinion Feedback），这当然能够遏制地方官员的投资冲动，使其任职目标更能迎合公众利益诉求。除此以外，我们认为更有必要将融资风险溢价纳入官员考评，对造成赤字高风险甚至触发赤字危机的官员问责、追责。在强调政绩的同时遏制风险，更有利于约束地方官员的赤字扩张冲动，使地方政府在良性有序的竞争氛围中履行支出责任。2014 年 10 月，在国务院下发的《关于加强地方政府性债务管理的意见》（国发〔2014〕43 号）中，上述建议已经成为了具体制度。

4.1.2.2 代理人机会主义

地方财政隐性赤字是由预算外举债融资弥补的赤字形式。既然是在"预算外"，收、支过程脱离了正常的预算监管程序，地方政府难免将部分隐性融资投向公益性项目之外的领域，迎合自利性偏好。地方政府的这种自利性诉求，在制度经济学中被称为"代理人机会主义"（Opportunism of Agent）。

如果将财政收支过程纳入预算，代理人机会主义的实施空间将非常狭隘，原因是：其一，从征收程序看，预算收入以正税为主，课税对象、税基、税率稳定可预期，预算内非税收入需全额上缴国库或纳入财政专户，实行"收支两条线"管理[①]；其二，从支出程序看，预算支出有严格的细目，各部门人员经费、办公经费、设备购置经费账目明确，另有人大、审计、监察等部门监管预算执行情况，擅权脱离预算程序的支出项目，负责人将承担极高的政治风险。预算外支出程序则不同，无论土地收益还是杠杆举债，均长期欠缺健全的财经法律对收支过程予以制度约束，而是赋予地方官员高度收支裁量权，由地方官员自主决定资金投向。如果将中央政府和社会公众视为委托人，将地方官员视为代理人，两类问题会降低委托代理视角下的决策效率：一是政治代理人可能囿于知识问题，被动决策失误；二是政府代理人可能利用委托人和代理人的信息不对称，主动采取自利性支出策略（Buchanan 等，1980）。特别是当外部监督机制缺失时，更难保证代理人不会以隐性举债谋求私利。

由此在晋升激励以外，地方财政隐性赤字便具有了政治经济学视角的第二个理由：隐性赤字不仅能凸显政绩，还能在一定程度上迎合地方官员的机会主义动机，在同上级政府的政策博弈中执行符合自身偏好的策略。以土地出让金为例，作为一类特殊的财产性收入，土地批租收益基本划归地方政府支配。征地成本和批租价格之间巨大的剪刀差诱致了地方官员的土地寻租行为，我们观察到大量贪腐案件孽生于地方政府"经营土地"中的行政垄断特权。进一步地，土地收益为杠杆的举债融资在拓宽基建融资渠道的同时，也使地方官员获得了更宽泛的资金决策权。由于欠缺外部监督机制，这部分资金很容易擅权挪用到其他领域，甚至迎合在职消费、政治声誉等自利需求，用于建造豪华办公楼、出境考察、公车购置等[②]，背离举债融资的黄金法则约束。

---

① 根据官方的解释，政府"非税收入"是在税收以外，由国家机关、事业单位、具有行政管理职能的社会团体和其他组织，依法凭借国有资产、政府投入、国家赋予的垄断职能、政府信誉等，收取、提取、筹集的财政性资金。

② 根据审计署总第174号审计公告，截至2012年底，地方政府违规修建"楼堂馆所"的举债融资规模达到41.36亿元。这类违规支出在审计署的其他审计报告中，也有不同程度的提及。

一项针对市县级政府的研究发现（袁飞等，2008），在财政集权过程中，地方政府获得多大规模的转移支付，同财政供养人口和地方政府的配套资金融资能力密切相关。原因是，上级政府划拨的专项转移支付需要地方政府提供一定比例的配套资金，由此上级政府可以利用杠杆效应实现其调控意图，地方政府只有更多在预算外融资，才能获取更高的转移支付份额。在一些基层政府，预算外融资被用于财政供养人员甚至预算超编人员的福利发放，而超编预算本身就是代理人机会主义的表现。我们发现，在正常编制外容纳超编员，为地方官员提供了人事设租（Rent Setting）和寻租（Rent Seeking）的空间。地方官员之间往往形成政治网络内生的人事配置隐性契约（Implicit Contract），即通过安排其他部门官员的利益相关人员在本单位就职，换取其他部门官员安排自身利益相关人员在外单位就职的机会，以掌握的公权力增进交易双方的私利[1]。通过楼堂馆所建造、人事契约交易、隐性福利发放等方式，地方官员可以培育起良好的"政治声誉"（Political Reputation），赢得继续升迁的政治资本，这是政府编制屡控不减的制度根源。预算超编导致部门重叠、机构臃肿、效率低下，为供养超预算编制人员，地方政府必须脱离规范的监管程序，更多寻求预算外隐性财源，使财政隐性赤字持续膨胀。

在预算内，代理人机会主义同样是有迹可循的。在分税制改革后，地方财政支出形成了一种典型的结构演化特征：经济性支出与社会性支出的结构替代，即基本建设支出比重提升，文教科卫支出比重下降，体现出地方政府对经济性和社会性支出"倚重倚轻"的策略倾向（傅勇、张晏，2007）。一般解释是，地方官员存在政绩竞争，在晋升博弈激励下，地方官员普遍压缩社会性支出，将更多财政资源转向能快速凸现政绩的经济性支出。我们继续对比研究行政管理支出和预算外规费性支出的演化趋势，观察地方政府的支出结构是否有自利性倾向。我们以三类预算内支出占总支出比重观察预算内支出结构演化，另以预算外规费性支出占总支出比重观察地方政府对预算外支出的依赖程度[2]。鉴于2007年财

---

[1] 这种行为类似于在代议制民主政体中，一些官员通过政治交换或"投桃报李"的方式寻求同盟者，换取对方对其他政治交易的支持。从福利经济学视角观察，交易双方实现了资源配置的双边帕累托改进，却侵蚀了社会公众福祉。

[2] 应注意的是，此处预算外支出仅包括官方统计的预算外支出，即以基金、规费形式为主的预算外支出，土地使用权出让收益形成的支出并未包括在内。

政收支分类改革调整了预算支出科目，使前后数据不可比，我们以模型（4.1）和（4.2）对 2007—2010 年三类预算内支出数据进行估算[①]，图 4-3（a）至 4-3（d）分别绘制了各省区基本建设、文教科卫、行政管理、预算外支出比重的核密度曲线[②]。

$$Ln(es_{it} / def_{it}) = \mu Ln(exp_{it} / def_{it}) + \eta U_{it} + p_i + y_t + \varepsilon_{it} \qquad (4.1)$$

$$def_{it} = \hat{Y}_{it} / [\hat{Y}_{i,1980} \times \prod_{s \in [1981,t]} (\delta_{is} / 100)] \qquad (4.2)$$

核密度线的演化趋势表明，在 1994 年分税制改革前，地方基建支出比重下降，财政支出由经济建设为重心逐步过渡到向支持各项改革和提供公共服务倾斜；文教科卫比重的核密度线右移趋势明显，社会性支出比重得以提升。分税制改革后，晋升博弈机制导致省际竞争加剧，经济增长成为地方政府决策的首要目标。各地增加了基建支出比重，压缩了文教科卫支出比重，经济性与社会性支出呈现出学界分析的替代趋势。进一步观察，图 4-3（d）中预算外规费性支出比重的核密度线表明，预算外支出在"收支两条线"改革的制度约束下，被逐步纳入预算内，预算外支出比重持续降低，自 2011 年起，预算外规费性支出全部告罄，地方政府转而涵养土地财源，以土地收益及杠杆举债抵补损失的财力支配权。因此地方政府支出结构的替代趋势实际有二：一是经济性和社会性支出的结构替代；二是规费性和租金性支出的结构替代，但第二个结构替代趋势还没有文献做深入研究。

---

① 由于 1998 年我国首度实施积极财政政策，估算样本期间为应对国际金融危机实施新积极财政政策，相比其他时段而言，这两个子样本期的支出结构更加接近，因此我们以 1998—2006 年数据为基础进行估算。在（4.1）~（4.2）式中，es_{it} 代表地方政府支出项目，包括基本建设、文教科卫、行政管理等类型；exp_{it} 是总预算支出；def_{it} 是 GDP 平减指数，μ 是分项实际支出对实际总支出的弹性；U_{it} 是一组影响支出规模的控制变量，包括实际 GDP 自然对数、实际财政收入自然对数及财政收支分权；p_i 是省区效应，y_t 是时间效应，ε_{it} 是随机误差项。$\hat{Y}_{it}$ 是 i 省区 t 年名义 GDP，δ_{is} 是 i 省区按"上年=100"口径度量的地区生产总值指数，通过联乘期初名义值和各年地区生产总值指数，便能得到各省 1980—2010 年按 1980 年不变价格计算的实际 GDP，def_{it} 即各年名义 GDP 与实际 GDP 比值。

② 核密度曲线通过给远离被估计点的观测值以较小的权重实现曲线的平滑性，其中核函数采用 Epanechnikov 函数，带宽设置为基于数据的自动带宽。由于西藏自治区数据严重不全，在样本中将其剔除，重庆市并入四川省统一考虑，因此本书共包含 29 个内地省、自治区和直辖市样本。受统计资料的限制，涉及分省预算外收支的指标都是从 1987 年开始测度的。

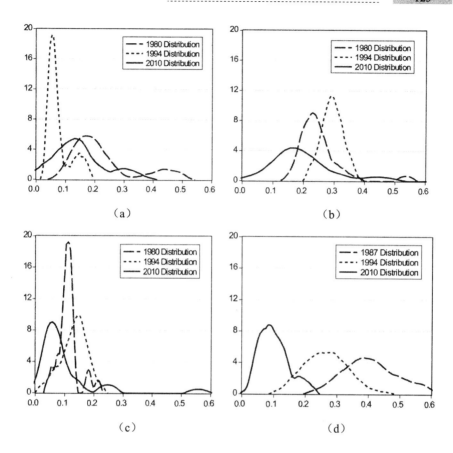

图 4-3　中国各省区分类支出比重的演化趋势

数据来源：《新中国五十年统计资料汇编》、历年《中国财政统计年鉴》。

我们关注的是图 4-3（c）中，行政管理支出比重的演化趋势。行政管理和文教科卫同属经常性支出，如果地方政府更偏好经济性支出，那是否行政管理和文教科卫支出比重被同步压缩呢？演化趋势表明，财政"分灶吃饭"后，地方政府的行政管理支出比重有所提高，说明地方政府通过"韬光养晦""藏税于地"等手段支持本地乡镇企业发展，获得了更多可支配财力维持机关运转，这自然也成为"政府办企业"的动力之一。分税制改革后，行政管理密度线左移，地方政府竞争确实削减了管理性支出比重。但在图 4-3（c）中，不同年份的三条行政管理支出线高度接近，近乎重叠，说明行政管理支出比重下降的幅度非常微弱。行政管理支出由"人员经费"和"办公经费"组成，这两类支出长期形成了"基数加增长"的刚性机制；特别是办公经费支出，其中包含招待、出行、交流等自利性支出项目，即便面临严峻的省际竞争压力，这部分支出的财力基础也未被触及和动摇。由此我们判断，尽管同属经常性支出，但地方政府对"行政管理"和"文教科卫"支出的态度是"有保有压"的，压缩社会性支出的力度显著强于管理性支出，代理人机会主义是这一现象的重要诱因。

以上研究表明，代理人机会主义体现于预算内刚性支出、预算外赤字扩张，隐含着在职消费、政治声誉等多重自利性动机。既然作为委托方的辖区公众难以通过投票权和退出机制约束地方政府决策，遏制自利性动机便主要倚靠中央政府自上而下展开的财经纪律监察。"十八大"后，中央政府出台一系列纪律约束，限制公款消费、惩处腐败官员、厉行勤俭持政，成效显著。未来可继续组建信息化平台，强化地方官员自利性支出的"可稽查性"（Accountability），使地方政府举债融资从"加力"向"增效"方向转变。

4.1.2.3 中央政府隐性担保

地方财政隐性赤字不仅受代理人的竞争压力和自利偏好驱动，从委托方视角看，还有必要研究中央政府提供的"隐性担保"（Implicit Guarantee）。如果说政绩考评机制导致了地方政府之间的"兄弟竞争"，中央政府对地方政府举债风险的隐性担保和救助承诺，就类似于在央地财政关系中植入了"父爱主义"（Paternalism），是地方财政隐性赤字的重要制度激励。

Ter-Minassian（1997）研究发现，中央政府控制地方政府借贷融资的管理模式大体分为四种，这四种管理模式在不同的制度环境下发挥的效果不同，很难断定哪一种是最优的。换句话说，这四种管理模式在不同制度环境下都有可能成为最优模式。

第一种管理模式是"市场纪律"（Marker Discipline）。在这种模式中，中央政府不对地方政府的借贷规模设限，地方政府可自主决定借贷多少、向谁借贷以及借贷资金的具体投向，但中央政府承诺不对陷入危机的地方政府提供任何事后救助（Bailout）。为树立偿债信用、获得可持续贷款，这种情形下的地方政府举债趋于谨慎，财政规模主要源于收支波动，典型国家如加拿大、瑞士、美国采取了这种完全市场化的管理模式。但 Lane

（1993）指出，完全交由资本市场控制地方政府借贷，需要满足四项苛刻的制度条件：其一，金融市场是开放而自由的，不存在针对金融体系的政策干预，地方政府不享有贷款特权；其二，借贷方资产负债状况和偿债能力信息是共同知识，在潜在的债权方中共享；其三，对于地方政府的违约事件，中央政府没有过提供救助的先例；其四，地方政府借贷对瞬息万变的市场信号反应灵敏。显然，大多数新兴分权国家并不具备发展成熟的金融市场，也不太可能以这种模式约束地方政府借贷。

第二种管理模式是"行政约束"（Administrative Constrains）。在这种模型中，中央政府直接控制地方政府借贷，控制方式有限制地方政府债务规模（立陶宛）、禁止地方政府境外举债（墨西哥）、监管地方政府借贷程序（印度、玻利维亚）、中央政府集中举债后转贷地方（拉脱维亚、印度尼西亚）等。行政约束模式在管制借贷的同时，保留了财政调整的灵活性，中央政府可视宏观经济形势的变化调整控制力度。然而这种情形下的地方政府退化为中央政府的派出机构，一旦中央政府允许地方政府扩张赤字，便相当于对其举债行为提供了隐性担保，当地方政府陷入偿债困境时，中央政府将提供事后救助。这种模式的另一个缺陷是，地方举债融资项目的非完美信息（Imperfect Information），使中央和地方政府存在信息不对称。即便地方政府的初衷是选择有效率的举债项目，但中央政府最终要将审批项目成本控制在折中水平，效率因素未必是中央政府的唯一考量。地方政府认为项目一旦通过便受到中央政府的隐性担保，从而罔顾举债项目的质量和风险，仅提交审批通过概率更高的项目，使举债融资陷入低效循环。

第三种管理模式是"规则控制"（Rule-based Controls）。在这种模式中，中央政府设立明确的财政规则控制地方政府借贷，中央和地方政府都必须遵守宪法或法律规章的约束，从而财政政策的执行是稳定可预期的。控制规则包括预算赤字限制（澳大利亚、西班牙）、预算赤字操作程序（挪威）、偿债能力指标（西班牙、日本、巴西、韩国）、支出总量限制（比利时、德国）等。规则控制模式的优点是简单、透明、易操作、制度稳定，缺陷是中央政府必须在规则的遵从度（Compliance）和政策的灵活性（Flexibility）之间进行权衡。覆盖面过宽的财政规则会降低宏观经济遭受冲击时财政调整的灵活性，过于灵活的财政规则又促使地方政府规避规则，松懈财政纪律。另一个问题是，如果财政规则仅针对地方政府的预算收支行为设立，而对准政府机构或组织没有约束力的话，地方政府将通过准政府机构扩张表外赤字，积累大量难以观测的隐性债务①。

第四种管理模式是"合作协议"（Cooperative Arrangement）。在这种模式中，中央政府同地方政府通过协商程序控制借贷规模，地方政府可以参与宏观政策制定过程，并为赤字扩张的经济后果负责。在协商程序中，中央和地方政府为全国总赤字设限，赤字限制具体到每个省，由双方参考地方政府的总体融资需求商定。合作协议模式结合了其他三种借贷监管模式的优点，通过构建政府间协商机制，中央政府能够实现宏观政策的协调一致，并保留足够的政策灵活性。此外，这种模式使地方政府更清楚预算赤字的宏观政策涵义，使中央政府不必为地方融资决策提供担保承诺。但合作协议模式的混合特征也有缺陷，如果执行不力，中央政府的行政权威极易削弱，地方政府可能为争取赤字融资权，同中央政府长期讨价还价，增加政治协商成本，协商失败的情况下甚至会干扰政策协调。

接下来思考，中国更接近上述哪种模式，以及什么原因使中国选择了这样的管理模式？首先，中国的国情特征，决定中央政府不会采取第一或第四种借贷管理模式。"市场纪律"模式将借贷控制权完全赋予资本市场，由金融机构根据市场风险溢价（Risk Premium）决定信贷资源配置，这种模式的资源配置效率极高，但要求资本市场发育成熟、价格信号调节灵敏，中国尚不具备这些制度要件，也没有必要执行完全硬化的预算约束。"合作协议"模式通过中央与地方政府的协商程序分配借贷权，能够降低委托方和代理方的信息不对称，避免地方政府各自为政，但作为拥有 31 个省级行政区、地区间差异巨大的发展中大国，中央与各省逐一协商谈判将面临高昂的讨价还价成本，影响决策执行效率，协商过程很难避免个别地区的"钳制"问题和不同区域间固有的矛盾冲突②。排除第一和第四种模式后，中国政府间借贷管理模式更接近"行政约束"，

---

① 1982 年，澳大利亚中央政府放松了对准政府机构的融资约束，致使在随后两年中，地方公共企业的债务存量增长近 3 倍。债务风险的快速累积，迫使澳大利亚中央政府不得不在 1984 年取消了这一政策。

② 无论国债转贷还是中央代发地方政府债券，中央政府都没有采取同地方政府逐一谈判的方式决定各省债券代发规模，而是由中央政府考虑区域平衡因素后，直接决定各省的债券融资额，带有典型的"行政约束"模式特征。

兼具"规则控制"模式的某些特征。作为发展中的大国，经济增长是政府长期面临的紧迫任务。中央政府放开地方政府举债融资权，可以增强地方政府发展经济的主动性；但过度分权又会引发"藏税于地"问题，侵蚀中央政府税基，影响中央政府的调控能力。当收入集权与经济分权同时进入中央政府的目标函数时，中央政府采取的折中策略是：其一，通过政治晋升激励，在预算内强化收入集权，在预算外默许地方政府的扩张表外赤字，否则地方政府可支配收入将不足以迎合财权上移导致的收支缺口，政治晋升锦标赛也因地方官员欠缺必要的融资渠道和竞争手段而失去存续基础；其二，对地方政府的预算外赤字扩张风险提供隐性担保，在风险显化时提供重组或救助政策。假如中央政府拒不提供隐性担保，地方政府搞建设、谋发展的融资动力受挫，同样不利于实现增长目标。

因此我们认为，"行政约束"和"规则控制"相结合是中央政府的最优监管模式。我们观察到的特征事实是，尽管中央政府在《预算法》中明令禁止了地方政府的赤字融资权，但默许甚至鼓励地方政府组建融资平台，向银行申请贷款或发行企业债。由此中央政府既用显性规则限制地方政府发债融资，又发挥了行政约束模式具有的相机抉择优势[①]。但问题是，"规则控制"仅限于预算内，预算外约束是松弛的，导致地方政府将融资重点转移到预算外隐性实施。各级政府在长期隐性赤字扩张中，积累了大量难以核算的表外债务，形成一个以"中央政府为核心、地方政府为主体"的隐性担保体系（卢文鹏、尹晨，2004；郭玉清，2011）。在隐性担保体系中，上级政府无须为经济注入资金，却调动了下级政府经济发展的主动性，但上下级政府间并未缔结受法律保护的显性契约，未来一旦地方政府陷入偿债困境，上级政府是否救助、救助到什么程度都难以准确预期，因此隐性担保强化了风险管理的不确定性。另外一个问题是，隐性担保体系与政绩考评机制相结合，会放大地方官员举债融资的"道德风险"。一方面，地方官员要在任期内尽可能"内部化"举债融资收益；另一方面，地方官员秉有推卸偿债责任给继任官员的侥幸心理，即便触发偿债危机，由于有上级政府担保，地方官员预期债务终将在纵向担保体系中由中央政府"兜底"，从而诱发地方官员罔顾偿付能力

---

① 2009 年央行和银监会鼓励各地组建融资平台、2010 年国务院要求清理整顿平台债，反映了在单一制政体下，中央政府视宏观经济情势转换相机调整政策取向的特有制度优势。

（Solvency Capacity）过度举债。因此我们判断，破解风险的关键是放开地方政府的发债融资权，实现隐性赤字的显性化管理。2015 年伊始，新《预算法》已经完成了这一"破冰之举"。

4.1.3 财政激励

1994 年分税制改革是中国财政管理改革的重要转折期。分税制改革禁止了地方政府的举债融资权、限制了地方政府的税基选择权和税率调整权，以明晰规则在中央和地方政府间划分财力，遵循"职能下属化原则"（the Principle of Subsidiarity）将支出责任配置到地方政府。这项制度设计激发了地方政府的经济竞争，为地方财政隐性赤字提供了财政激励。

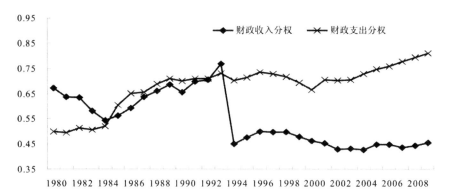

图 4-4 "分灶吃饭"后央地财政收支分权的历史演进

资料来源：《新中国六十年统计资料汇编》《中国统计年鉴》（2010）。

4.1.3.1 纵向财政失衡

1994 年，为解决中央财政收入占总财政收入比重和财政收入占 GDP 比重连年下降的问题，中国实施分税制改革，央地财政关系随之变化，带来了深远的制度影响。财政分权（Fiscal Decentralization）涉及两个层面的分权：收入分权和支出分权[1]。为考察财政分权对地方政府隐性赤

---

[1] 研究发现，与中央政府相比，地方政府在提供受益范围有限的区域性公共品方面更具信息优势（Tiebout，1956；Oates，1972）。明晰的政府间支出分权，有利于地方政府根据辖区公众诉求，提供差异化公共产品，并根据公共品特性选择不同的融资机制。中央政府侧重提供强外溢性和具有规模经济特征的全国性公共品，这类公共品由地方政府分散提供将协调失灵，中央政府集中供给或引导区域合作可以避免此类问题。

字的激励机制，我们参考既有文献的研究思路（贾俊雪、郭庆旺，2008），构造财政分权量化指标，观察分权趋势演化。指标测算方法是：

$$fdrev_{it} = (rev_{it} / pop_{it}) / (rev_{it} / pop_{it} + crev_t / apop_t) \qquad (4.3)$$

$$fdexp_{it} = (exp_{it} / pop_{it}) / (exp_{it} / pop_{it} + cexp_t / apop_t) \qquad (4.4)$$

其中下标 i 和 t 分别代表省区和年份，$fdrev_{it}$ 是财政收入分权，$fdexp_{it}$ 是财政支出分权，rev_{it} 是省区财政收入，exp_{it} 是省区财政支出，$crev_t$ 是中央财政收入，$cexp_t$ 是中央财政支出，pop_{it} 是省区总人口，$apop_t$ 是全国总人口。图 4-4 绘制了央地财政"分灶吃饭"后，29 省（自治区、直辖市）财政收、支分权的平均演进趋势。[①]

财政分权的演进趋势表明，"分灶吃饭"后，收入分权趋于下降，中央政府在同地方政府的收入分配中赢得较大份额，集权化倾向明显。但 1984 年后，随着地方政府开始采取"藏富于地""藏税于企"等策略应对财政包干制，集权趋势逆转，收入分配开始倾向地方政府，1993 年财政收入分权甚至高于财政支出分权，严重影响了中央政府的宏观调控能力。有学者甚至认为，当时中国的财政分权已经触及分权化改革所能达到的底限（王绍光，1995）。鉴于中央收入式微的各种不利影响，1994 年中国推行"分税制"财政管理体制改革，将关税、消费税等税种以及增值税的大部分比例划归中央，具有典型的集权特色。分税制改革还限制了地方政府税率调整权，禁止地方政府随意减免税侵蚀中央税基[②]，使收入分权急剧下坠，形成一个显著的结构突变。此后收入分权波动稳定，2002 年"所得税收入分享改革"没有明显提高收入集权程度[③]。

反观支出分权，分税制改革前地方政府承担的支出责任持续扩张，同收入分权的演进基本同步，支出责任基本能够用预算内收入支撑维持。但分税制改革在实现收入集权的同时，并未降低支出分权程度，中央政

---

① 由于数据不全，我们没有考虑西藏自治区，并将重庆市并入四川省，以保持数据前后可比。

② 1994 年分税制改革对地方政府税竞争的限制主要体现在两个方面。一方面，税源集中、税收贡献大的税种或者划为中央税（如消费税、关税），或者划为共享税（如增值税），且中央占分成大头。尽管营业税划归地方，成为地方税系中比较重要的税种，但铁道部门、各银行总行、保险总公司集中缴纳的营业税仍归中央，使这个税种也具有了共享税性质。另一方面，1993 年国务院在《关于实行分税制财政管理体制的决定》中，明确取缔省级政府越权减免税，中央政府上收税种设置权和税率调整权，进一步从制度上限制地方政府优惠吸引外资的权利。

③ 2002 年实施的"所得税收入分享改革"进一步贯彻了收入的集权化，规定除少数特殊行业和企业外，企业所得税、个人所得税由地方税转为中央地方共享税。分配原则是：2002 年中央和地方政府各分享 50%；2003 年以后，中央政府分配比例提高到 60%，此后保持稳定。

府仍将大量支出责任赋予地方，政府"职能下属化"特征明显。收入集权与支出分权的逆向演进，使两条趋势线在 1994 年交汇成了一个"喇叭口"；此后喇叭口不断放大，意味着财政分权出现了越来越明显的纵向财政失衡（Vertical Fiscal Imbalance）。纵向财政失衡使地方政府的预算收入越来越难支撑支出责任，尽管中央政府又将财政资源通过转移支付形式返还给地方政府，弥补了财政收支的纵向失衡缺口，但转移支付并不仅是填补收支缺口这么简单，还会形成更深刻的制度影响，诱发地方政府以隐性融资拓宽财源、争夺"公共池"（Common Pool）资源等一系列问题，下文将深入阐述。

整体观察，分税制改革致力于在中央和地方政府之间搭建一个与市场经济相适应的制度框架，但实际仅明晰了中央和地方政府的财权划分，并未触及事权划分，造成地方政府支出责任不明晰、事权配置交叉重叠、财权事权高度不匹配等遗留问题。从这个角度观察，分税制改革还不能称为是完整意义上的分权化改革。另外，分税制改革仅构造了中央和省级政府的收入分配方案，省以下政府的分权规则由各省自行设定，从实践效果看，中央"财权上移、事权下放"的制度设计产生了示范延伸效应，各省均效仿了纵向失衡的分权模式，在同下级地方政府的分权中集中财力、下放事责，使基层政府面临严峻的财权事权错配局面。基层政府不仅维持机关运转，还要提供基础教育、社会保障等应由中央和省担负主责的公共服务，仅靠预算内财力难以完成支出任务。事实上，很多基层政府的预算内财力仅够维持政府机关运转，沦为俗称的"吃饭财政"，根本没有富余财力"搞建设、谋发展"。在政绩压力下，地方官员只能诉诸预算外渠道融资，填补快速城市化内生的基建缺口，行政级次越低，地方官员的隐性融资意愿越强烈。

由此可见，厘清中央、省级政府以及省以下政府的财权事权边界，缓解纵向财政失衡，使各级政府财权事权相匹配，是下一步政府间财政关系改革的基本方向。其意义不仅在于将财权划分扩展到事权界定，强化事权责任的可稽查性，更在于弱化地方政府（特别是基层政府）的隐性赤字扩张冲动，维系财政运行安全。

4.1.3.2 "公共池"及"粘蝇纸"效应

分税制改革后，中央政府主导了财权上移和事权下放的纵向失衡分权框架,那中央政府是否支配了集中上来的全部财力呢？答案是否定的。事实上, 中央政府将上收的财力基本都返还给了地方政府,这个财力返还过程即"财政转移支付"。尽管"一收一返"的财力基本持平,对中央政府供给全国性公共品而言影响不大,但这项制度设计深刻影响了地方政府的隐性融资决策。

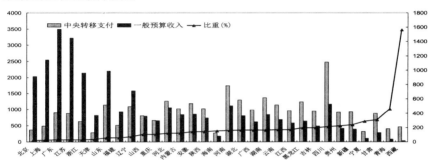

图 4-5　2012 年各省中央财政转移支付及一般预算收入总量对比（亿元）

资料来源:《中国财政年鉴》(2013)。

　　图 4-5 绘制了 2012 年中国各省区从中央政府获得的转移支付,并根据各省转移支付占一般预算收入的比重进行了递增排序。需说明的是,尽管此图反映的是 2012 年的转移支付情况,但近年来各省转移支付的结构比例是大致稳定的。数据显示,除北京、上海、广东、江苏、浙江、天津、山东、福建、辽宁 9 个东部省区外,中央政府对其他省区转移支付的规模均高于一般预算收入规模;对中西部省区而言,中央转移支付一般达到预算收入的 2 倍以上,是非常重要的财源。将西藏排除后[①],中央转移支付占一般预算收入比重从东到西的递增趋势是非常平滑的,说明从转移支付是以基本公共服务均等化为导向的。这意味着,中央政府从各省上收的财力,主要按照均等化原则重新分配给各个省区,落后省区获益更大。也可以说,中央政府充当了"财力分配者"的角色,将富裕地区的部分财力强制转移给了贫困地区。由于转移支付比本地涵养的自由财力高出数倍,经济越落后的地区,越容易形成对中央转移支付的"制度依赖"。

---

　　① 作为少数民族聚居区,坐落于西南边陲的西藏自治区 2009 年一般预算收入仅 30.09 亿元,但获得中央财政转移支付 470.9 亿元,转移支付收入是一般预算收入的 14.6 倍,明显高于其他省份。进一步研究表明,西藏自治区的大部分转移支付资金是以"体制补助"的形式发放,凸显出中央政府对边疆少数民族地区提供资金和政策支持的调控意图。

　　财政转移支付制度的引入，相当于在省区间构筑了一个财力配给的"公共池"（Weingast，2009），使地方政府不必承担公共投资项目的全部成本。对一些能迅速凸显政绩的项目，假如地方官员能从中央政府争取到转移支付，成本就能由"公共池"承担一部分，而项目建设收益却能内部化为地方官员的政治晋升收益。即使公共投资项目未来难以赢取稳定利润流，地方政府陷入偿债困境，仍可在隐性担保体系中倒逼中央救助，继续申请转移支付拨款，将成本转嫁通过"公共池"向外转嫁。"收益内部化"和"成本外部性"相结合，激励地方官员竭力争取中央转移支付，利用各种渠道同中央讨价还价。在转移支付资源分配过程中，中央政府囿于知识问题，对于地方政府申报的所有项目不可能逐一甄别其真实成本和收益，从而完全基于绩效原则配置财力资源。由此地方政府有强烈的动机夸大项目收益或渲染贫困程度，一度出现"跑部钱进""会哭的孩子有奶喝"等制度乱象[①]。

　　在实际执行中，财政转移支付资金除平衡地区间财力差距外，还要贯彻中央政府的宏观调控意图，引导地方政府将资金投向外溢性强烈的大中型建设项目。中央政府据此将转移支付资金分成两块：一块是一般转移支付，包括税收返还、体制补助等，这部分资金以客观标准转移地方，不设投向限制，主要功能是促进基本公共服务均等化；另一块是专项转移支付，这部分资金划拨给地方的同时，一般限定支出投向，要求用于基础设施、公共教育、社会保障等领域，很多项目还需要地方政府提供配套资金。配套性转移支付是一种"杠杆化"的融资设计，利用配套资金，中央政府使一些有利于区域协调和具有强外溢性的大中型跨区域项目得到地方政府的积极响应，贯彻了宏观调控意图，但也对地方政府的融资能力提出更高要求。如果地方政府无力提供配套资金，将失去争取专项转移支付的机会，在政绩评定中处于劣势。问题是，大多数地方政府的预算内财力尚不足以支撑多重支出责任，遑论划拨一块专用财力为争取中央转移支付提供配套，毕竟配套后的资金要体现中央意图，降低地方政府的财力支配权。假如在预算内财力中硬性划拨配套资金，

---

　　① 为方便"跑部钱进"，同中央政府讨价还价，各省在北京成立了大量"驻京办"，主要职能是对外联络、招商引资、向国家部门的争资跑项及接待当地官员来访。中央屡次要求地方政府清理驻京办，但效果往往不佳，其背后一个重要利益驱动机制就是争取中央政府的财政转移支付。

势必挤占其他刚性支出财力，同样影响政绩考评。为争夺配套专项支付，地方政府采取的策略是通过预算外渠道融资，以预算外财力提供配套，尽量不挤占预算内资金。为拓宽预算外财源，最直接的途径就是组建融资平台，向商业银行申请贷款或发行城投债，进行表外赤字扩张。各级政府纷纷整合土地批租收益、扩张杠杆融资，作为配套资金争取中央财政转移支付[①]，这些融资策略都将计入地方官员的政绩考评。

另一个为学界所忽略的表外融资动机是补偿转移支付的申请成本。研究表明，地方政府争取中央专项转移支付要付出高昂的交易成本，特别是专项转移支付，其审批权散布在各个职能部门，资金拨付权则集中在财政机关。例如，道路整修资金要向交通部申请，水利工程资金要向水利部申请，基础教育资金要向教育部申请，地方政府通常向各职能部门申请尽可能多的专项支付，被形象地称为"撒胡椒面"。即便项目审批通过，地方政府还要到财政部门申请资金拨付，俗称"跑部钱进"，原因是从审批通过到资金拨付到位，还有一些政策时滞，甚至仍存在不确定性。总体上，地方政府申请中央转移支付的各类交易成本，包括机构组建（驻京办）、申请批复、关系营造、信息搜集等，这些成本仍要诉诸预算外融资渠道解决。

中央转移支付诱发的地方隐性赤字扩张激励，后果是放大了"粘蝇纸效应"（Flypaper Effect）。"粘蝇纸效应"作为一个理论假说，是说对于相同幅度的公众收入增长和转移支付增长，地方政府公共支出对后者的敏感度更高；也就是说，转移支付更倾向于粘附在公共支出领域，而非转移给公众，拉动公众的消费需求或贴补福利性支出（Gramlich，1977）。这个理论假说得到很多后续经验研究的支持。进一步分析表明，无条件转移支付的粘蝇纸效应弱于条件转移支付，道理在于，无条件转移支付相当于地方政府免费获得的财力支持，并且没有任何支出限制，地方政府可以从容减税，增加公众税后可支配收入。而条件转移支付削减了地方政府的财力支配权，地方政府要通过预算外融资渠道为这类专

---

① 2009 年，为应对国际金融危机冲击，中央政府推出"4 万亿"刺激计划，中央出资 1.28 万亿，其余部分由地方政府配套。与新一轮积极财政政策相配合，2009 年 3 月 24 日，中国人民银行、中国银行业监督管理委员会联合发布《关于进一步加强信贷结构调整指导意见》（银发〔2009〕92 号），"支持有条件的地方政府组建融资平台，发行企业债、中期票据等融资工具，拓宽中央政府投资项目的配套资金融资渠道"。

项转移支付提供配套资金，会在一定程度上挤占民间投资，将原本由民间支配的高效资源依附到政府部门，引发政府投资对民间投资的"挤出效应"。由此我们判断，当专项转移支付比重提高时，粘蝇纸效应更显著，更容易激发地方政府的赤字融资偏好。

4.1.4 金融激励

除财政激励外，金融体制也成为地方财政隐性赤字的制度诱因。独立性较强的金融机构，会根据借贷主体的资产负债表和市场状况，权衡风险程度、制定贷款决策，风险溢价反映在贷款利率中，约束借贷主体谨慎举债。但如果金融机构同地方政府存在"裙带联系"，利率市场化程度不高，金融机构本身也面临预算软约束，存在向政府融资机构过度授信意愿，就会从供给方视角诱发地方财政隐性赤字的快速膨胀。

4.1.4.1 流动性过剩

地方财政隐性赤字主要靠政府融资平台举债弥补，政府举债规模主要取决于两个因素：资金供给和利率成本。首先讨论资金供给。研究表明，中国金融体系长期存在流动性过剩（Excess Liquidity），有充沛的金融资源支持地方政府举债融资。[①]图 4-6 绘制了 21 世纪前十年中国金融机构的吸储额和贷款量，不难发现，金融体系始终保有巨额存贷差，且存贷差年均递增 29.9%，意味着金融机构在计提拨备和保持必要的流动性后，有大量资金可供贷放。

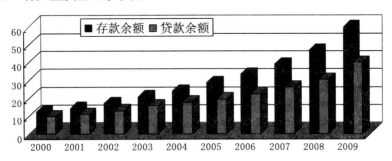

图 4-6　2000—2009 年金融机构人民币储蓄存贷款余额（万亿元）

资料来源：中国人民银行官方网站（http://www.pbc.gov.cn）。

---

① 金融体系流动性测度有不同的测度口径。基于宏观经济视角，流动性用主权货币投放量反映，采用的量化指标一般是 M2；基于银行体系视角，流动性主要取决于可贷放资金额度，一般用存贷差反映。

　　流动性过剩有体制机制的原因，也有环境背景的原因。从体制机制看，中国外汇管理制度要求外汇收入必须结售中央银行。在全球化过程中，中国凭借劳动密集型产业的竞争优势赢得巨额贸易顺差，外汇收入需按当期牌价换购人民币，导致投放市场的人民币数量被动飙涨。贸易顺差推高了人民币的升值预期，大量国际游资涌向中国为代表的亚洲新兴经济体，贸易、资本双顺差使中国一跃成为全球最大外汇储备国，为理解中国的流动性过程提供了体制基础。从发展背景看，两种理论解释了中国城乡居民的高储蓄率。一种理论强调收入差距扩张，基本观点是，改革开放后居民收入差距持续扩大，2009 年基尼系数达 0.47（林毅夫，2012），由于富人阶层边际消费倾向低，收入占比高，收入差距扩大提高了全社会储蓄率。另一种理论强调预防性储蓄意愿，认为中国城乡居民享受的社保水平低下，且背负着教育、医疗、住房、养老等多重支出压力，需要在保留必要生活开支的前提下，尽可能多储蓄应对未来的不时之需。数据表现是，2009 年中国城乡人民币存款余额高达 59.77 亿元，自 2000 年以来年均递增 21.75%，高于同期经济增速。

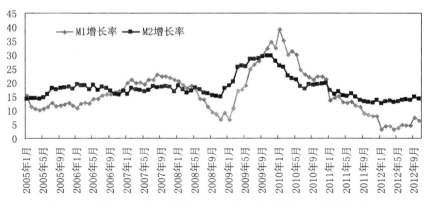

图 4-7　2005 年 1 月—2012 年 11 月中国 M1 和 M2 增长率（%）

资料来源：中国人民银行网站（http://www.pbc.gov.cn）。

　　基础货币投放量更清晰反映了中国的流动性过剩。一般认为，当 M1 和 M2 保持高位增长时，经济货币化趋势更显著。[1]图 4-7 对比了 2005—2012 年 M1 和 M2 的月度增长率，演化趋势表明，1998 年积极财政政策

---

　　① 按照通常的金融经济学定义，M1 是现金和支票存款，反映现实购买力；M2 是 M1 及活、定期储蓄，反映现实及潜在购买力。

淡出后，两类货币增长率保持高于 GDP 增长率；特别是 2009 年后，中央采取量化宽松政策应对国际金融危机冲击，M1 和 M2 增长率急速上扬，最高超过 40%。在"后危机时代"，M1 增长率下滑，但 M2 增长率仍保持高于 GDP 增长率 6 个百分点。

流动性过剩为地方政府举债融资提供了充裕的资金储备。由于中国消费品价格走势非常平稳，过剩流动性主要冲击了资本市场，导致房地产价格飙涨。房地产升值提高了地方政府的土地出让收益，稳定了地方政府和金融机构的偿债预期。在流动性过剩背景下，金融机构不但有充足的资金储备向融资平台提供贷款，还发展出委托贷款、信托公司、金融租赁、民间借贷等影子银行形式，为地方政府提供增信支持[①]。资产价格膨胀很容易引发货币幻觉（Money Illusion）和财富效应（Wealth Effect）：市场主体一方面预期资产价格将进一步上涨，另一方面认为自身拥有的资产已经升值，从而提升交易动机，激励闲置资金不断涌向资本市场，追逐投机收益。地方政府在经营土地、租地还债的过程中，从规则制定者变为博弈参与人，体现出强烈的隐性赤字融资偏好，与中国长期处于流动性过剩的金融背景是密不可分的。

4.1.4.2 风险溢价

如果信贷配置完全由资本市场决定，金融机构将根据贷款项目的预期收益和风险评估，对借款方索取基准利率水平之上的"风险溢价"（Risk Premium），项目风险越大，风险溢价也随之升高，以抵补潜在的概率损失。一般规律是，以国家信用担保发行的主权政府债券信用最高，称为"金边债券"，风险溢价最低[②]；以地方政府信用担保发行的地方政府债券信用次之，称为"银边债券"，风险溢价高于主权债务。在发达国家，地方政府债券有一般责任债券和收益债券两种类型，风险溢价因债券类型而异。一般责任债券以地方政府税收收入做担保，违约风险小，风险

---

① 根据中国审计署总第 174 号审计公告，在中央政府限值地方融资平台向银行申请借贷和发行城投债的紧缩背景下（详见国发〔2002〕19 号文件），部分地区的政府融资平台仍通过 BT、非金融机构借款等渠道违规举债 2457.95 亿元，这说明过剩流动性放大了金融系统的影子银行规模。影子银行增加了地方政府债务的审计难度，进一步扩张了地方财政隐性赤字的潜在风险，使风险冲击更具不确定性。

② 穆迪、惠誉、标普等国际信用评级机构，一般将国家主权债务的信用评级定为其他债券类型信用评级的上限，即在国际信用评级中，主权债务将决定并影响地方政府债券和企业债券的信用水平，三者信用评级的排序往往是顺次递减的。

溢价最低；收益债券以公共项目的未来投资收益做担保，是有限责任债券，如果项目收益下滑低于预期，存在一定违约概率，因此风险溢价随之提高，以补偿投资人可能承担的概率损失。

同政府债券的发行利率类似，金融机构为规避风险损失，一般基于贷款项目的风险评估，确定差别化贷款利率。但正如 Lane（1993）的研究，金融机构自主设定风险溢价的前提是：第一，金融市场是开放而自由的，不存在针对金融机构的政策干扰；第二，借款方资产、负债信息在潜在的贷款方共享，不存在信息的非公开和不对称；第三，贷款方债务违约后，政府未提供过任何救助，从而干扰银行对风险溢价的判断。当金融市场满足全部上述条件时，由金融市场配置信贷资源效率最优，信贷资本将在利率价格这只"看不见的手"的引导下，在各贷款项目实现净边际收益的趋同，风险越高的融资主体，承担的风险溢价越大。但新兴市场经济体的金融市场大多不具备这些制度要件，金融市场和信贷利率受中央银行管制，金融机构很难为融资主体设定纯市场化的风险溢价。

中国商业银行同样没有利率决定权，存贷款利率长期受中央银行管制。1995 年，全国人大常委会第十三次会议通过的《中华人民共和国商业银行法》第三十一条和第三十八条规定，"商业银行应当按照中国人民银行规定的存款、贷款利率的上下限，确定存款、贷款利率"，从而商业银行调整风险溢价的浮动空间极其受限。2013 年 7 月 20 日，中国全面放开了金融机构贷款利率管制，取消了金融机构贷款利率七折下限，但存款利率仍被管制，商业银行之间仍缺乏足够的动力从事价格竞争，仅放开贷款利率管制对金融产品市场化、差异化定价影响不大。长期利率管制的直接影响是有利于地方政府的隐性赤字融资。鉴于官方利率偏低，与民间利率至少存在 10 个百分点的剪刀差（韦森，2012），地方政府作为资金需求方，会积极参与廉价信贷资源的市场竞争，商业银行确定信贷投向时，也将综合考量价格以外其他因素的影响。那哪些价格以外的因素会干扰商业银行的贷款决策呢？

在非价格因素方面，地方政府融资平台与其他市场机构相比，具有潜在的信贷竞争优势，原因是地方政府往往为融资平台提供各种显性或隐性的偿债信用担保。在 2009 年中央出台量化宽松政策期间，地方政府出具了大量的"担保函""宽慰函"，承诺以土地收益作为偿债来源，部分地区甚至承诺以税收收入作为偿债担保。在城市化快速推进期，土地收益快速膨胀，是可信赖的偿债财源，这为地方政府融资平台提供了增信支持（Credit Support）。由于融资平台有政府担保，市场中小企业则欠缺相应的担保机制，风险溢价并有效区分信贷质量。政府提供的隐性担保错综复杂，不仅地方政府对融资平台存在隐性担保，中央和地方政府之间、地方政府内部也存在横向、纵向的隐性担保。如果商业银行预期政府会对融资平台举债承担连带责任，平台债终将由中央政府"兜底"，将进一步降低风险溢价，提高对地方融资平台的授信额度，放宽对融资平台的现金流覆盖率、资产负债率、抵押担保质量等指标的行业标准。如表 4-1 所示，在 2009—2010 年期间，商业银行对地方融资平台的贷款占比普遍达到 10%，部分银行甚至超过 20%。

表 4-1　代表性商业银行对地方政府融资平台的贷款规模（亿元）

银行	2009 年		2010 年	
	融资平台贷款余额	占总贷款比重	融资平台贷款余额	占总贷款比重
工商银行	7200	13%	6900	11%
建设银行	6463	14%	5400	9%
中国银行	5350	15%	4197	8%
交通银行	1393	8%	1353	8%
招商银行	1020	9%	1353	11%
中信银行	1299	13%	1682	14%
民生银行	821	10%	2015	21%
兴业银行	1483	23%	1590	20%
华夏银行	600	14%	755	15%

资料来源：余斌、魏加宁（2012）。

4.1.4.3　隐性契约

　　接下来从政治经济学视角阐述一个重要观点：地方政府隐性赤字不仅源于风险溢价机制缺失干扰了金融机构的风险成本判断，还在于金融机构与地方政府之间长期存续的隐性契约（Implicit Contracts）。"隐性契约"作为一个制度经济学概念，指的是不出现在交易双方正式契约中，但对交易双方有实际约束力的潜在制度规则。我们要澄清的问题是，地方政府和金融机构之间为什么存在隐性契约？存在什么样的隐性契约？对地方政府隐性赤字形成了制度激励？

前文述及，中国的流动性过剩和高储蓄率决定金融系统有大量吸储资金可供贷放，金融机构之间存在激烈的行业竞争。行业竞争结果是，金融机构纷纷争夺大客户资源，以吸储规模衡量员工业绩，争取到大客户资源的员工能够获得更多的福利奖励并拥有更诱人的职业晋升前景。大型国企和地方政府的存款额度高、议价能力强，往往成为商业银行优先争取的对象。我们观察到的一个有趣现象是，银行资金贷放后，若发生坏账损失，政府和民间贷款项目的负责人承担的风险责任是高度非对称性的：若政府企业资金链断裂，出现违约损失，贷款项目负责被事后问责的概率很低，甚至根本不必担责；若民间企业违约导致坏账损失，贷款项目负责人可能面临减薪、削权、降职、裁员等相对严厉的职业惩罚。为什么金融机构对政府和民间企业违约的态度迥然相异，并对政府项目坏账损失的贷款负责人放松惩罚力度呢？

研究发现，中国金融机构决策自由度低，信贷投向受控于地方政府。地方政府不仅掌控着金融机构领导人的人事任命权，还能通过工商、税务等行政手段影响金融机构决策，甚至地方金融机构的水电供应、房屋租赁、员工聘任、子女教育都处在地方政府的隐性控制之下（Huang，1996）。此外，地方政府还可以用存款权换取贷款权，即通过将地方财政收入、预算外收费存入指定银行，换取该银行优先贷款的权利。因此，即便政府企业投资项目亏损，金融机构也能在职位晋升、吸储扩张、政策扶持等方面获得隐性补偿，而这些补偿性收益是无法从非政府企业获取的。由此地方政府和金融机构之间形成了一种隐性契约：地方政府组建投融资平台向金融机构申请贷款，为金融机构提供政策扶持；金融机构在日趋激烈的市场竞争中争取政府企业资源、凸显吸储业绩、享受隐性福利，主动承担可能的呆坏账损失。隐性契约双方各有收益，各担成本，在契约执行过程中能够实现交易双方的帕累托改进，却压缩了民间企业的贷款额度。由于无法从民间企业获取隐性福利，金融机构对其贷款申请的审批极其严格，一些有发展前景的中小型企业因难以达到资信要求无法获得正规的银行贷款支持，不得不寻求高利率民间借贷解决资金瓶颈。相比之下，金融机构对政府融资平台、国有企业的审批往往流于形式，对平台公司套取信贷、更改贷款用途、不提供详细财务说明等问题"睁一只眼、闭一只眼"（《中国地方债务管理研究课题组》，2011）。

在隐性契约影响下，大量信贷资金被低成本提供给政府企业，这在一定程度上会导致信贷资金的政策性"挤出效应"。被挤出的民间投资项目只能在高成本环境下运行，这对小微企业在激烈的市场竞争中生存成长极为不利。

一些观点认为，中国应仿效成熟分权国家的经验，建立类似惠誉、标普的第三方信用评级机构，通过专业化信用评级为金融机构提供政府和民间企业的资产负债信息，从而缓解信息不对称、提高信贷资源配置效率。但基于隐性契约视角的分析表明，金融机构主动将信贷资源提供给低资质政府企业，是金融机构在综合考虑地方政府对风险溢价的潜在影响后，基于各种显性收益、隐性福利、贷款成本做出的理性决策。构建第三方信用评级机构固然重要，但前提是要解除金融机构和地方政府的利益捆绑，削减地方政府对金融机构的隐性控制，强化金融机构决策自主权。在 2014 年国务院出台《关于加强地方政府性债务管理的意见》，禁止商业银行向地方政府融资平台提供违规融资，这将有利于对贷款方施以硬预算约束，遏制地方财政隐性赤字的扩张趋势，为市场化配置信贷资源构建制度基础。

4.2 流动性风险的形成机理

地方财政隐性赤字是转轨时期一系列经济、政治、财政、金融因素协同激励的结果。地方财政隐性赤字拓宽了地方政府的可支配财力，填补了城市化内生的基建投资缺口，稳定了危机冲击期间的大国经济增速，因此断然否定地方财政隐形赤字历史合理性的观点，是有待商榷的。但必须认识到，地方财政隐性赤字的过快膨胀，蕴含着不容忽视的流动性风险，若不采取防范措施控制风险，潜在风险就有可能触发局部危机，冲击财政经济运行安全。

本节分四部分，循序探讨地方财政隐性赤字流动性风险的形成机理。但必须说明的是，潜在风险只是一种概率损失，未必会确然发生。假如政府采取了针对性的风险缓释政策，以下探讨的风险情形都是能够有效避免的。因此，探讨潜在风险的意义，主要是厘清风险发生机制，为防范风险确立政策取向。

4.2.1　融资方式

1994 年《预算法》禁止地方政府发债融资后，地方政府主要以融资平台为主体，绕过预算法隐性举债，在长期赤字扩张中积累了大量表外债务。地方政府融资平台的举债渠道是申请银行贷款和发行城投债。发行城投债受发改委、银监会等主管部门的严格审查，必须达到特定资质后才能上市发行，加之中国资本市场仍处发展期，债务发行额度非常有限，因此主要融资手段是申请银行贷款。

表 4-2　地方政府债务资金来源情况的审计结果（万亿元）

年份	银行贷款		发行债券		其他方式	
	债务额	比重	债务额	比重	债务额	比重
2011	8.47	79.01%	0.75	7.06%	1.5	13.93%
2013	10.12	56.54%	1.85	10.33%	5.93	33.13%

资料来源：审计署总第"104"及总第"174"号审计公告。

表 4-2 对比了审计署 2011 年、2013 年地方政府债务资金来源的审计结果。在 2011 年，银行贷款占债务总余额比重达 79.01%，规模远超发行债券。尽管 2010 年国务院开始限制地方政府融资平台举债规模，并开始由中央政府代理发行地方政府债券，使银行贷款和发行债券这两类融资规模此消彼长，但截至 2013 年底，银行贷款仍占债务总余额的 56.54%，是地方政府最为倚重的融资方式。接下来思考，银行贷款融资方式蕴含着哪些风险隐患？一旦风险显化，可能对宏观经济带来什么样的影响和冲击？

在城市高速发展期，发展中国家多以抵押土地资源的方式为地方政府融资提供信用担保，但历史经验表明，发展中国家的地价可以在正负两极波动 50%，在经济危机冲击期间，地价波动更加剧烈（刘琍琍，2011；Rodden，2002）。在中国地方政府隐性融资的循环链中，土地收益同样是重要一环，地方政府向银行申请贷款时，债权方商业银行一般需要地方政府提供偿债信用担保，规避可能形成的债务违约和呆坏账损失。在财权上移、事权下放的纵向分权框架中，地方政府预算内收入不足以弥合收支缺口，迫使地方政府拓宽预算外财源，对土地批租收益形成了制度依赖。21 世纪初，中国房地产业经历了"黄金十年"，房价飙升带动土地批租收益快速膨胀。地方政府以土地批租收益做偿债担保向银行申请贷款，可以取得银行的增信支持，利用杠杆融资投向市政建设项目，拉动经济增长。土地融资与举债融资相挂钩，激励地方政府大力扶持房地产业发展，政策倾向是"允涨不允跌"的，地价稍有下行压力，地方政府即采取限购松绑、官商谈话、贷款补贴等政策刺激楼市、企稳价格[①]。但救市成效取决于经济波动性质。在小幅震荡格局中，微刺激政策可以阻止房价下滑；一旦宏观经济全面趋紧，地方政府无论如何救市都无力扭转房价下行趋势，土地收益将随之锐减。假如各级地方政府都高度依赖土地批租收益作为偿债来源，隐性赤字风险就有可能在经济落后地区率先触发危机[②]，倒逼救助。

在正规发债融资模式中，地方政府的债券融资要以可支配财力、公共项目投资收益、政府可变现资产作担保，担保行为受法律约束，以弱化债权人风险。既然地方政府为融资平台提供了显性或隐性担保，地方政府融资平台的银行欠款能否由本级或上级政府承担呢？尽管地方政府确实出具了各种形式的"承诺函""宽慰函"，但《担保法》规定，"具有代为清偿债务能力的法人、其他组织或者公民，可以作保证人；国家机关不得为保证人"。这说明地方政府对融资平台的担保契约仅是一种"背书"行为，并不具有法律效力，一旦融资平台无力偿还到期债务，债权人向地方政府追索责任并没有相应的法律依据。

2015 年，中国新《预算法》完成破冰之举，正式放开了地方政府的发债融资权。这意味着，地方政府以融资平台为主体、土地收益为杠杆的融资模式，作为一种同城市化快速推进相适应的高风险、阶段性的融资模式，将退出历史舞台。以债券融资取代银行信贷，是中国政府规范融资行为、控制赤字风险、强化偿债责任的重要改革战略，必将为地方财政赤字的透明化和规范化管理提供制度基础。

---

① 2014 年，中国房地产市场遇冷，国际热钱受美国加息影响从新兴经济体回流，长期扩建积累的住房供应过剩逐步凸显：一线城市房地产交易持续萎缩，二、三线城市价量齐跌。为避免土地收益下滑，地方政府多以行政手段介入价格调整，松绑房地产业快速膨胀时期的"限购"措施，杭州、深圳等地的房产商甚至被地方官员逐一约谈，要求坚守房价底线，避免竞争性削价造成楼市不稳。

② 可参考的案例是，19 世纪中期为组织巴黎重建的市政借款和美国加州 Mello-Roos 债务，均曾以土地未来价值作担保过度举债融资，最终触发危机，对金融体系带来恶性冲击。

4.2.2　偿债信用

在隐性赤字流动性风险的演化过程中，偿债信用是内生于融资方式的一类成因，但鉴于其重要性，我们单独予以讨论。

图 4-8 绘制了审计署在总第 174 号审计公告中公布的地方政府债务的偿债需求。在 10.9 万亿地方政府直接偿还责任的债务中，2013 年下半年至 2017 年需偿还的债务呈递减分布，其中 2013—2015 年迎来债高峰期，共需偿还全部债务余额的 62.7%。由于偿债压力非常集中，在密集偿债期到来时，地方政府将面临严峻的偿债困境，不排除在部分落后省区触发偿债危机。无独有偶的是，2011 年审计署总第 104 号公告公布了地方政府债务余额的偿债情况，结果显示偿债压力同样是累退分布的，地方政府短期内要偿还大部分历史欠债的状况并没有明显转变。那为什么地方政府始终面临严峻的流动性约束呢？

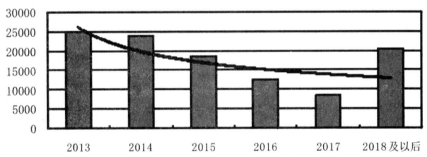

图 4-8　2013 年以后中国地方政府负有偿还责任债务的偿债需求（亿元）
资料来源：中国人民共和国审计署"总第 174 号"审计公告（2013）。

前文述及，地方政府隐性融资的方式主要是银行贷款而非发行债券。债券融资的优势在于，债权方是分散的投资人，众多投资人追求的是融资项目未来的升值潜力和中长期收益，允许的融资期一般较长，发债方在时间和空间维度上有比较大的自由度从容安排投资进度，使偿债期限与利润回报相匹配。理论上讲，这种融资模式非常适合短期难以贡献稳定利润流的市政建设项目。而银行贷款方式债权人非常集中，通常是为数不多的几家商业银行。受信贷资金流动性限制，银行贷款方式的偿债期限较短，地方政府在未来 3～5 年内便会迎来密集偿债期，面临严峻的偿债压力。债券融资的另一优势是允许构建地方财政偿债信用评级体系。

信用评级机构作为独立第三方，可以客观评价地方政府的偿债信用，将评级结果及时向公众披露，使地方政府和金融机构的债务信息接受社会监督。

银行贷款模式则缺乏这样的外部监督机制。在金融机构与地方政府存在隐性契约和政治互联的背景下，地方政府的融资准入门槛极低，可以凭借对金融机构的隐性控制轻易获得信贷资源。问题在于，地方政府融资平台大多以非现金资产、划拨使用权等方式虚置资产，其实质是地方政府主导成立、以土地批租收益或政府资产提供担保、从事基建资本运作的"壳公司"，投资领域囿于公益性项目，很难短期涵养稳定税基。地方政府融资平台向银行申请贷款时，土地批租收益作为担保标的物，主要功能是被作为融资杠杆，借以撬动更多债务融资。在扣除土地拆迁、征用、收储、平整等成本，并按上级规定配套用于教育、医疗、养老等基金支出后，剩余部分并不足以偿还到期债务。这意味着，当密集偿债期到来时，落后地区的偿债信用将变得极其孱弱。由于大部分土地批租收益被用于偿债之外的用途，地方政府没有能力设立偿债准备金，审计署多次债务审计均发现，一些基层地方政府只能"借新偿旧"，部分市县政府逾期债务率过高，已经陷入偿债困境。为解决偿债资金不足的问题，一些地区将债务融资投向资本市场和房地产领域，试图以营利性投资偿还到期债务，但这种"与民争利"的投资方式违背了政府举债黄金法则，会挤出更富效率的民间投资。将债务融资转向经营性领域，还诱发了代理人机会主义，使贪腐寻租行为滋生蔓延，因此在多项研究中（郭玉清，2014；Guo Yuqing，2014），我们都建议亟待强化财经纪律监察，整饬地方政府隐性赤字融资的自利性倾向。

4.2.3 预算软约束

如果政府间财政关系是预算软约束的，中央政府对地方政府的赤字扩张提供隐性担保，并默认对无力偿债的地方政府予以事后救助，地方政府将罔顾偿债能力扩张举债，冀图将无力偿债的流动性风险向外转嫁，导致风险转嫁升级难以避免。道理在于，如果地方政府预期无力偿还的债务终将由中央政府兜底，地方政府将偏好以策略性举债而非涵养税基的方式平衡预算，毕竟前者相对后者而言融资成本更低。在 Kornai 等

（2003）的定义中，这是一种典型的"预算软约束"，源于政府间财政关系制度的设计缺陷。Rodden 等（2003）进一步强调，地方政府的举债融资偏好取决于其如何事前判断中央政府的救助策略，即便中央政府从未采取纾困行动，假如地方政府预期终将得到来自中央的偿债拨款，其面临的举债融资环境依然是预算软约束的。这两项研究为我们分析地方财政隐性赤字风险的传导转嫁提供了理论依据。

鉴于预算软约束环境下中央与地方政府举债权责边界的模糊性，一些文献将地方财政赤字累积的债务余额定义为中央政府的"或有隐性债务"（Brixi 和 Schick，2002；张志超，2004）。理由是，当地方政府陷入债务偿付危机时，假如中央与地方政府的权责划分不清，中央政府将以事后纾困政策辅助地方政府化解危机，使地方财政隐性赤字风险沿着财政和金融两个方向转嫁升级。

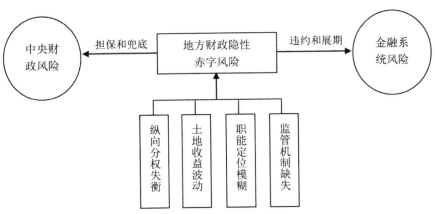

图 4-9　地方财政隐性赤字风险的转嫁升级路径

如图 4-9 所示，地方财政隐性赤字风险首先可能转嫁升级为中央财政风险。原因是，地方政府融资平台举债融资的最大问题是偿债期限和利润流难以达成动态匹配（Dynamic Matching），作为主要偿债来源的土地批租收益对周期性因素非常敏感，地方政府很难调和偿债压力的短期化和利润回报的滞后性、偿债资金的波动性之间的矛盾。由于偿债缺口没有对应的收入来源，地方政府偿债负担连年加重，在财政系统的俗语化表述中，待偿债务往往以"挂账""缺口""拖欠"等名目累积存压于基层政府①，对预算内财力的拨付使用构成巨大压力。但从中央到县乡政府示范延伸的纵向失衡分权框架，使基层政府的预算财力仅够维持机关运转，如果硬性划拨一部分财力偿还预算外积压债务，将影响基本公共服务供给，将举债成本转嫁给公众承担；假如中央政府不允许降低基本公共服务的供给标准，当基层债务累积到不堪重负的程度后，上级政府迫于社会压力将不得不代为履行偿债责任，即所谓债务"兜底"，最常见的方式是向危机地区增拨转移支付，用于逾期债务偿还和基本公共服务供给。由此地方财政隐性赤字风险会沿着由低到高的行政链条，层层传导、逐级转化，直至全部转嫁成为中央债务负担（郭玉清，2011）。

在不放开地方政府债券融资权的前提下，中央政府遏制地方财政隐性赤字风险的传导升级，可选择的策略有三：第一，在分权化治理模式中，通过专项转移支付，以"公共池"资源救助陷入危机的地方政府。但这会削减无危机地区的可用财力，倒逼其他地区扩张预算外融资争取中央政府的事后救助，从而加重地方政府罔顾偿债能力举债的道德风险。第二，增加中央税种或提高共享税率，提高中央政府可支配财力后救助危机地区，但更改税基或变更税价将干扰市场价格体系，在替代效应作用下形成税收超额负担，甚至导致实际税率超过"拉弗曲线"（Laffer Curve）最优税率，反而降低中央政府的财政收入。第三，发行中央政府债券，以中央债券融资收入救助陷入偿债困境的地方政府，这相当于用长期债券替换地方政府的短期债券，将偿债压力后移，但根据李嘉图等价定理（Ricardo Equivalence Theorem），政府债券融资是一种推迟了的税收，为偿还未来到期债务，中央政府仍要向后代人增税，引发宏观税负的代际转嫁问题，使税收归宿趋于复杂化。此外，地方财政隐性赤字主要源于区域性公共品的供给压力，假如中央政府发债缓释地方政府的隐性赤字危机，将挤压全国公共品的提供财力，影响区域协调和外部性处理。

在另一个方向上，金融机构对地方政府融资平台的过度授信，还可能使地方财政隐性赤字风险向金融领域传递。从发挥的功能看，地方政

① 在各地调研时，我们经常听到关于地方政府负债的表述，如"粮食企业亏损挂账""社会保障基金缺口""基建工程款拖欠"等，这些口语化表述，都是地方政府无力偿债导致债务逾期的形象体现。

府融资平台类似于美国的"特别目的机构"（SPE），但职能定位更宽泛，举债融资既投向路网、桥梁、公园等非营利性项目，又从事供热、电力、城铁等准公益性投资。由于债务偿还款期较短，投资项目又很难快速贡献稳定利润流，一些地方融资平台甚至擅权投向房地产领域，以房地产业的高投资回报抵补资金缺口、缓解偿债压力；地方政府则对融资平台的业务扩张持默许甚至鼓励态度，以土地划拨、税负饶让提供隐性支持。问题是，针对地方融资平台的运营监管机制非常薄弱，商业银行预期地方政府为融资平台举债承担兜底责任，加之地方政府通过各种手段向商业银行施压，使商业银行降低对平台债的风险评估。监管机制缺位和隐性契约导致了对政府融资平台的过度授信，提高了地方财政隐性赤字风险升级为金融风险的概率。由于地方政府融资平台债务具有资产负债期限结构错配的流动性缺陷，当密集偿债期到来时，难以偿还的到期债务将以"呆账"的形式积存在金融系统，甚至转化为"坏账"，恶化银行机构的资产负债表，严重时导致金融机构破产。历史上看，中央政府曾多次以发行特别国债、动用外汇储备注资等方式剥离商业银行的不良贷款[①]。但中央政府的隐性担保和危机救助松弛了商业银行的预算约束，增加了商业银行对政府隶属企业的授信意愿。针对地方融资平台的"呆坏账"，商业银行能够采取展期操作，推迟地方政府融资平台的偿债期限，以空间换时间，使地方政府有更充裕的时间重组债务。但债务展期并不必然强化地方政府的未来偿债能力，反而可能助长地方政府过度融资的预算软约束（郭玉清等，2014），恶化商业银行中长期资产负债表。

上述分析表明，如果中央与地方政府之间事权边界不清、偿债权责不明，地方财政隐性赤字风险具有区域联动甚至蔓延扩展的制度激励。无论中央政府采取哪类救助措施，都会激励地方政府的举债偏好，导致地方财政隐性赤字风险转嫁升级。因此，遏制流动性风险的根本举措在于明晰地方政府偿债权责，硬化预算约束，在舒缓流动性困境的同时，针对"卸责"问题设计风险管控策略。

---

① 20 世纪 90 年代末，商业银行对国有企业的长期政策倾斜累积了大量呆坏账。为达到"巴塞尔协议"关于金融机构资产负债率的底限要求，中央政府发行 2700 亿元特别国债，以之注资国有商业银行；成立四大国有资产管理公司，剥离国有商业银行不良资产。2004 年 1 月，国务院动用 450 亿美元（按当年汇率折算为 3720 亿元人民币）外汇储备为建设银行和中国银行补充资本金，使两家银行的资本充足率达到巴塞尔协议关于资本充足率的要求。

4.2.4 制度调整

制度经济学认为，经济主体反复博弈后形成的均衡制度，有利于稳定各方行动预期，降低交易成本（North，1990）[1]。在新《预算法》出台前，地方财政隐性赤字是在经济转轨时期、城市化快速推进背景下的一种过渡性制度安排，既有力推动了大国经济增长，又使政府面临反复的制度调整压力。

从制度经济学视角观察，地方政府的预算外隐性赤字扩张激励，导源于中央政府主导、地方政府学习仿效的纵向失衡分权框架。央地彻底分权应贯彻"一级财权、一级事权、一级税基、一级预算、一级举债权"的思路，在不同政府层级间明确划分财权事权。分税制改革后，中央政府集中财权，下放事权，地方政府的一些支出项目成为"无资金支持的预算任务"[2]。在"谋发展、求政绩"的压力下，地方政府只能诉诸预算外规费、土地批租、隐性举债等渠道平衡预算，但预算外资金竞争失范，不仅隐匿着自利性动机，更因结构扭曲降低了财政资金的配置效率。为规范预算外收支行为，中国政府在20世纪末推行"收支两条线"改革，将预算外规费逐步纳入预算内管理[3]。这项改革旨在硬化地方政府预算约束，削弱非规范财力支配权，但如果没有相对应的补偿性收入，将影响地方政府谋发展的财力基础。中央政府采取的折中措施是：一方面将规费收入纳入预算，另一方面以快速膨胀的土地批租收益补偿地方政府损失的资金裁量权。土地批租收益衍生的隐性举债融资，进一步扩张了地方政府求政绩、谋发展的积极性，取得卓然增长绩效。但"压下葫芦浮起瓢"，这种财力补偿手段需要政府不断调整制度安排，动态解决不断凸显的问题，使制度框架很难趋于稳定均衡。主要制度性问题有如下表现。

第一，土地批租收益并非地方政府的稳定税基，而是地方政府让渡

---

① 按照制度经济学的解释，制度是经济主体长期博弈形成的有益于交易各方的稳定契约，引导经济博弈沿着"纳什均衡"的方向展开。如果制度设计无法达成纳什均衡，至少一方的行动策略会偏离现有的制度导向，使目标短视化的制度设计无法长期存续。

② "无资金支持的预算任务"表现在一些中央向地方分配的支出事责中，中央政府要求地方达到一定的支出规模，如规定"农业支出不能低于经常性支出增长速度""教育经费支出占GDP比重达到4%"等，但关于支出规模的硬性规定并没有相应的转移支付资金支持。

③ 规费、基金形式的预算外收入在历年《中国财政年鉴》中有分类统计，但自1998年"财政收支两条线"改革以后，官方统计的预算外收入不断减缩，至2011年全部划归预算内管理，后续年度不再续列。

出让权后取得的租金折现收入。国有地块一旦出让，未来几十年地方政府便不能对同一地块重复批租，这会导致地方政府行为的短期化倾向：土地批租目标并非是致力于涵养中长期税基、获取地价升值的稳定收益，而是采取各种干预策略主动推高地价，用土地批租收益及其杠杆融资平衡预算、弥补缺口。在城市化快速推进期，房地产价格飙涨扩张了土地批租收益，缓解了纵向财政失衡矛盾；但当房地产市场转向低迷，土地批租收益随之下滑时，分权失衡与税基孱弱的矛盾将迅速凸显。为避免地方财力紧张影响基本公共服务供给，政府需要企稳市场，防止房价大幅波动，辅以转移支付增强高危地区的风险抗御能力。因此在规范的房地产税制实施之前，以土地收益为核心的财力补偿方式决定分权框架将在反复博弈中谋求宏观调控与公共品供给的动态平衡，责权明晰的分权配置框架并不是一蹴而就可以完成的。

第二，地方政府预算外举债融资的权责配置不明晰，以搭建融资平台的方式绕过《预算法》约束举借债务，事实上使《预算法》《担保法》等法律规定失去效力。要破除这一难题，就必须允许地方政府发行债券融资，赋予地方政府显性举债权。放开显性举债权需要有成熟的资本市场和信用评级体系相配合，主要以资本市场遏制地方政府的举债冲动，防止由于中央控制力的弱化而再度形成地方政府违规过头融资的局面。在全面放开地方政府显性举债权之前，中央政府频频出台部门条例或规章，对地方融资平台公司的隐性举债规模进行指令调控。国际金融危机冲击期间地方政府债务率的过快增长，就是由于 2009 年中国银监会颁布信贷结构调整指导意见，鼓励各地组建融资平台举债；鉴于债务增速过快、积累风险较高，国务院又于 2010 年出台文件要求各地加强政府融资公司管理，对存量债务清理整顿。频繁更替的法令制度使政府举债规模起伏较大，一些融资项目因资金链的突然断裂而无法得到后续资金支持，影响了基建投资的可持续性。

第三，地方政府没有建立清晰的国有资产预算及债务预算，对财政隐性赤字的量化掌控不足，无法通过政府资产负债表（Government Balance Sheet）遏制风险。编制资本预算能约束地方政府的债务资金投向，使预算外隐性赤字与地方政府的资产变动相衔接。清晰的资产负债表能够反映出地方政府的债务融资具体投向何处、形成了哪些政府资产、举债资金效率如何等，从而约束地方政府债务融资遵守黄金法则，避免用于自利性动机。资产负债表制度的建立，也有利于地方政府合理评估财政赤字风险,在资产能够覆盖负债的前提下合理安排融资规模和进度。但传统上，地方财政赤字完全处于隐匿状态，很难核实地方政府的年度财政支出究竟由多大规模的隐性举债支撑，隐性融资形成了多少国有资产。因此，编制政府性资产负债表的前提仍在于放开地方政府发债融资权，取缔地方融资平台的隐性融资，将地方财政隐性赤字显性化。否则，针对隐性融资的制度管控措施仍将在收益和风险的反复权衡中交替变更，难以稳定。

4.3 地方财政隐性赤字风险的传导转嫁路径

前文述及，地方财政隐性赤字风险可从财政、金融两个维度传导升级，冲击宏观经济运行安全，严重时甚至触发危机。但如果将金融风险视为中央政府的一项或有隐性负债（Hana Polackova，1998），我们便能将地方财政隐性赤字风险的风险传导分析限定在财政领域，重点研究中国的地方财政隐性赤字风险是如何沿着由低到高的行政链条，逐步传导转嫁给省级乃至中央政府的。对传导转嫁机制的研究，有助于研究危机预警量化方法，确定风险防范着力点，避免地方财政隐性赤字的局部风险触发系统危机。

郭玉清（2011）提出，在全面放开地方政府发债融资权之前，中国地方财政风险形成了两个相互分野但又互有联系的传导体系：其一是地方财政内部的循环传导，其二是地方财政与中央财政间的循环传导，基层政府逾期债务引发的地方财政隐性赤字危机成为连接两个循环传导体系的核心。如图4-10所示，分析两条传导路径的区别，财政隐性赤字风险在地方财政内部的循环传导是显性化的，从地方政府举债到产生违约、欠款、挂账、缺口等政府逾期债务，再到为缓解危机而继续举债，这样一条传导路径主要存在于市县级政府。财政隐性赤字风险在地方与中央财政间的循环传导路径则更趋于隐性化，在危机触发之前，这条传导路径并不容易观察到。

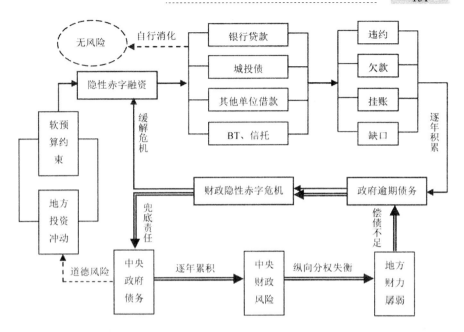

图 4-10　地方财政隐性赤字风险的传导转嫁机制

从制度层面讲,地方财政隐性赤字融资源于地方政府的软预算约束。中央政府默许地方政府隐性举债以及为地方政府债务提供隐性担保,使地方政府能够突破预算内财力的硬性制约,具备了预算外隐性赤字融资的可行性;而地方官员政治晋升锦标赛引发的政府间政绩竞争压力,进一步激励地方政府尽可能多种渠道融资,以隐性赤字支出拉动增长和凸显政绩。地方财政隐性赤字融资的方式有融资平台银行贷款、发行城投债、政府间资金拆借、企业或个人借款,以及近期比较流行的 BT 或信托融资等,这些融资方式使地方政府面临逐年递增的债务余额,蕴含着流动性风险。如果地方政府融资平台的利润流能够适时覆盖到期债务,地方政府债务便能自行消化,在这种情况下不存在隐性赤字风险。问题是地方融资平台投资的公益性基础设施项目很难保证足额而稳定的利润流,地方财政也无力从预算内划拨偿债资金用于防范风险,当偿债密集期到来时,地方政府债务将形成各种"违约""欠款""挂账""缺口",积压在基层财政,使风险程度与日俱增。随着政府逾期债务(Government Arrears)的累积,地方政府待偿债务规模越滚越高,积重难返,表现形式有:地方政府只能借新债偿旧债、逾期债务以呆坏账形式堆积在金融系统、融资平台举债因资金链断裂难以为继等。根据审计署报告，上述情形在落后省区已经凸显，并有扩散蔓延趋势。为缓解地方财政隐性赤字危机，地方政府继续依靠预算外隐性赤字融资拉动本地增长和吸引税基流入，冀图将偿债期限后移，将债务偿还责任推诿给继任官员，但这种"扬汤止沸"式的危机处理模式无助于隐性赤字风险的最终化解，反而加剧了赤字规模的竞争性膨胀。

由此可见，地方财政隐性赤字的循环传导并不拘囿在地方内部，而是可以转嫁给上级政府，直至冲击中央财政安全。其原因是，中央政府不能容忍地方财政隐性赤字危机长期存续，否则将影响到地方基本公共服务供给和地区经济稳定。如果中央政府为地方财政隐性赤字危机承担兜底责任，地方政府未偿还的逾期债务将最终转化为中央政府债务，并以中央财政风险的形式冲击全国财政安全。为强化风险抵御能力，中央政府继续通过纵向失衡的分权制度安排上移财力，自1994年分税制改革以来，财权上移的演化态势一直在持续。①纵向失衡的进一步扩大，将继续挤压基层政府的财力空间，使地方财政偿债能力孱弱的格局难以扭转。如果将中央政府视为委托方，将地方政府视为代理方，在双方的委托代理关系中，中央政府很难对地方政府的预算外隐性融资行为施以有效约束，地方政府则认为当其因资不抵债而发生赤字危机时，中央财政将被动承担救助责任，这导致地方政府举债的"道德风险"，使政府逾期债务沿着由低到高的行政链条，层层传导、逐级转化，最终全部成为中央财政负担，威胁财政运行安全。

综上，我们得出如下判断：政府逾期债务是地方财政隐性赤字风险的危机形态表现形式，各级财政偿债职责不清、财权事权不对称以及从中央到地方示范延伸的隐性担保则是地方财政隐性赤字风险的内在制度诱因。为实现对地方财政隐性赤字风险的适时防范与控制，应构筑双重量化预警机制：一是早期预警，即在隐性赤字从低风险向高风险转化的过程中，构筑第一道警戒线，将风险控制在萌芽状态；二是危机预警，即在隐性赤字的高风险触发危机之前，构筑第二道警戒线，避免赤字风

---

① 1994年分税制改革后，体现财力上移的制度安排有：2002年所得税分享改革将个人所得税和公司所得税变更为共享税，其中2002年中央和地方各分享50%、2003年及以后中央和地方按6：4比例分成；2011年财政部和国税总局下发"营改增"试点方案，2012年扩大试点范围，逐步将地方营业税变更为增值税，在中央和地方政府间共享。

险转嫁升级为系统危机。研究构建双重风险预警机制和地方财政偿债信用评级机制，是本项目致力于完成的首创性工作，下章将详述预警方法和初步的经验分析结果。

第 5 章 地方财政偿债信用评级及双重风险预警机制

新《预算法》放开地方政府发债融资权后，资本市场将逐步替代行政机制，考验地方政府的债券融资能力，与之相适应的一项重要的配套制度安排，是以地方财政偿债信用评级机制，解决资金供求双方的信息不对称问题。本章参考惠誉、穆迪、标普等国际信用评级机构的政府偿债信用评级方法，量化评测中国省级财政偿债信用，从横向、纵向视角研究地方财政偿债信用的演化规律。在观察偿债能力演化的基础上，本章介绍地方财政隐性赤字的双重风险预警机制，为实际部门预控风险提供决策依据。

5.1 地方财政偿债信用量化评级机制

5.1.1 为什么要构建地方财政偿债信用评级机制

20 世纪 90 年代，除中国外的其余三个"金砖国家"巴西、俄罗斯、印度，以及阿根廷、墨西哥、智利等拉美发展经济体相继爆发政府债务危机，对财政安全构成挑战。通过对政府偿债信用进行量化评级，从而预判政府违约风险、约束政府举债规模的研究，受到国际信用评级机构的越来越多的重视（Bhatia，2002）。在分权较彻底的发达经济体，由专业化的市场评级机构估测地方财政偿债信用，已经成为一条重要的风险管控经验。在竞争联邦制国家，中央政府明确承诺不救助陷入偿债困境的地方政府，地方财政赤字危机将以地方政府破产的极端形式凸显。通过政府偿债信用的市场化评级，可事前约束地方政府举债规模、避免地方政府陷入破产境地，提高信贷资源的配置效率。

从理论上讲，地方财政偿债信用是一个包容性强、很难量化的概念。

地方政府能否及时偿还债务取决于很多因素，有体制机制的原因，也有经济基础的原因，无论哪方面出现问题，都将降低地方财政偿债信用。也可以说，"地方政府脆弱"（Local Government Vulnerability）的根源在于偿债信用低，偿债能力弱。总结历次危机的教训，我们发现，匈牙利、俄罗斯、印度的地方政府违反政府举债"黄金法则"，将大量债务融资贴补经常性收支赤字，严重损害了经济的内生增长基础，这是这些国家出现大范围地方政府债务违约的主因。另一个现象引起了我们的关注：在巴西、墨西哥、南非等发展中国家，尽管其地方政府较好地遵循了举债黄金法则，将债务融资投向公共基础设施，却仍触发了地方政府债务危机，出现地方政府债务违约。原因是，这些国家的地方政府在城市化过程中，普遍面临基建投资需求和预算资金匮乏的矛盾，中央政府默许了地方政府的暗箱借贷，在地方政府陷入偿债困境后提供事后救助（Goodspeed，2002）。但中央政府的"权力下放"和"隐性承诺"助长了地方政府的预算软约束，激励地方政府一味扩张赤字规模，甚至滋生出大量腐败寻租空间（Weingast，2009）。当偿债密集期到来时，债务投资的资产期限错配矛盾凸显，地方政府很难以自身财力覆盖到期债务，只能将偿债责任向中央政府或其他机构主体转嫁，酿成不断蔓延的债务违约。这说明，为提高地方财政偿债信用，除要求地方政府举债融资严格遵循"黄金法则"外，还应约束地方政府坚持"偿债能力法则"，规避过度融资可能触发的流动性危机。

从地方财政隐性赤字的风险机理观察，中国是基本符合发展中国家的共性规律的。进入 21 世纪后，中国经历了发展中大国罕见的快速城市化，大量农村人口涌入城市，对城市基础设施形成了巨量需求。同其他发展中国家类似，中国地方政府同样面临基建需求和预算短缺的矛盾。预算资金匮乏一方面源于在中央和地方政府间的分权制度框架中，中央政府不断上收财权，下放事权，使地方政府面临愈益严峻的征收压力；另一方面，源于中国税系以流动转为主，辅以土地批租收益作为补充财源，这些财政收入形式具有高度的顺周期性，容易在遭受外部经济冲击时加剧财权事权错配。为填补基建缺口，各级地方政府纷纷组建融资平台，以银行贷款、发行企业债、政府间融资等方式平衡预算。如果说中国地方财政隐性风险同其他发展中国家有什么不同的话，区别主要是

1994 年《预算法》禁止了地方政府的发债融资权，地方政府债务融资长期经由隐性渠道累积，财政赤字扩张更具隐蔽性，监测成本更高。另一个区别在于，作为全球最大的单一制政体，中国政府在纵向失衡的分权框架中植入了政治激励，上级政府主要依据经济绩效考评下级官员的任期业绩。由于收益与风险是高度非对称的，隐性赤字带来的经济绩效可以转化地方官员的政治晋升收益，风险却可以推卸给继任官员[1]，中国特色的政治激励促使地方政府忽视隐性赤字融资的流动性风险。

遵循发展中国家风险演化的共性规律，地方财政偿债信用受多重制度或经济因素影响。从制度层面看，央地政府间长期存在隐性救助承诺（Implicit Commitment of Bailout），中央政府将地方财政危机视为一项"或有隐性债务"，地方政府预期当其无力偿债时，中央政府将施以援助之手，这是流动性风险累积扩张的重要制度诱因。尽管现实难以观察到中央政府是否真的实施了救助行为，但中央转移支付较多的省区，债务率（地方政府债务余额/可用财力）也更高。这说明，财政转移支付作为一项与纵向分权失衡相配套的制度安排，尽管主旨是平衡各省财政能力、促进基本公共服务均等化，但也可能成为政府间转移偿债责任的"公共池"，加重落后省区罔顾偿债能力扩张隐性赤字的道德风险。从经济层面看，中国省域财政偿债信用存在严重的区域布局失衡。东部省区凭借集聚优势和雄厚的财力基础，不断吸引流动税基，尽管债务存量远高于中西部地区，但偿债风险反而低于后者。反观中西部省区，基建融资压力高于东部，在搞建设、求发展的政绩压力下，累积的隐性赤字风险也更高。因此总体上，与风险布局相悖，地方财政偿债信用从东到西是阶梯状减弱的。偿债信用区域布局失衡的后果是，偿债能力越羸弱的地区，背负的偿债压力越沉重，蕴含的流动性风险越高。因此我们判断，在中央不救助且未放开地方政府债券融资权之前，举债融资将率先在落后的中西部地区难以为继。

20 世纪 90 年代，很多新兴国家经历了地方政府债务危机，在发达国家广泛应用的政府信用评级机制被逐步引介到发展中国家，一些知名

---

① 在一些文献中，地方政府将偿债责任推卸给继任官员的现象被形象化地称为"击鼓传花"。在合理的融资风险责任认定机制推行之前，地方官员可以内部化举债收益，同时利用偿债期限和任职期限错配，力图制造负外部性，将偿债责任转嫁给后继官员。从制度经济学视角观察，这是导致地方财政隐性赤字快速扩张的一个重要制度诱因，但在很多既有研究中被忽略了。

国际信用评级机构，如穆迪、惠誉、标准普尔等，开始对发展中国家的地方政府债务进行信用评级（刘琍琍，2011）。中国是全球最大发展中经济体，地方政府长期经由隐性渠道累积了大量表外债务，在地方政府举债融资权已全面放开的背景下，构建适用于中国的地方财政偿债信用评估机制，已势在必行。通过构建地方财政偿债信用评级机制，中央政府能够动态观测省以下政府的流动性偿债能力，限制偿债基础孱弱、偿债压力巨大、举债融资可持续性差的地区的赤字扩张规模。地方财政偿债信用评级机制的构建，也为后续地方财政隐性赤字风险预警及财政偿债机制的构建，提供了决策依据。从研究方法看，穆迪、惠誉、标准普尔等国际信用评级机构一般以"线性指数法"量化政府偿债能力①。基本思路是：首先，设置一套量化指标，尽可能覆盖经济、财政、金融、政治、管理等层面，从广义视角观察影响地方财政偿债信用的各种因素；其次，通过构建定性或定量要素矩阵，对指标相对重要性进行评判，影响力越大的指标赋予的权重值越高；最后，以线性加权程序评判财政偿债信用级别，提供风控预案。在一些发展中国家，信用评级结果与财政偿债能力形成了良性互动：信用评级机构公布的量化评级结果取决于地方政府的偿债能力表现，反过来信用评级结果也影响受评对象的可持续融资能力，评级结果不佳的国家或地区，往往难以得到金融机构的后续信贷支持；其发行债券风险溢价的提高，也会降低投资者的认同度。

迄今，中国尚未构建地方财政偿债信用评级机制，关于省域财政偿债信用的量化评级研究并不多见。我们尝试借鉴国际信用评级机构的评级方法，对中国各省区财政偿债信用进行量化比较研究。我们发现，财政偿债信用越强的地区，流动性风险和违约概率越小，自身财源大多能够覆盖到期债务；财政偿债信用越弱的地区，越可能因财力紧张转嫁偿债责任，亟须上级政府提供危机救助，增强流动性。地方财政偿债信用评级的目的在于通过横向区域比较和纵向演进规律的洞察，在流动性危机凝聚触发之前，探查地方财政偿债信用的薄弱环节，设计相应的政策工具予以规范和控制。

---

① 国际信用评级机构对地方政府展开的信用评级可分为两种模式：一是根据项目现金流和结构类型核算历史违约率，判断项目风险；二是在综合评估地方政府的财政收支、经济状况、政府间财政关系后，通过线性或非线性加权，量化地方政府的信用级别。在这本书中，我们主要借鉴了第二种模式。

5.1.2 地方财政偿债信用的评级指标体系

地方财政偿债信用是一个包容性极强的指标，受经济、政治、制度等多重因素的影响，因此构建中国地方财政偿债信用评级机制，首要工作是甄选出一套覆盖面宽广的量化指标体系。指标选取应遵循三项原则：其一，完整性原则，量化评级指标体系应将影响地方财政偿债信用的变量尽量囊括其中，否则遗漏变量将使评级结果失真，导致"遗漏变量偏误"；其二，非线性原则，量化评级指标相互间应具备良好的独立性，若存在共线性，需舍弃次要指标，保留核心指标，避免评级结果出现"共线性偏误"；其三，功能性原则，各指标体系对偿债信用发挥的影响和功能不同，要根据功能性予以区别。我们将指标分为正向、负向、中值指标，正向指标是指标值越大地方财政偿债信用越高的指标，负向指标是指标值越小地方财政偿债信用越高的指标，中值指标是在观测样本中，越接近中值财政偿债信用越高的指标。

遵循以上原则，我们甄选的分层指标囊括了经济资源、财政绩效、偿债压力、管理体制四大类指标，列于表 5-1。这四大类指标是地方财政偿债信用评级指标体系的一级指标，用 A1、A2、A3 顺延反映；二级和三级指标分别用字母 B、C 及数字序号反映。样本期为 2005—2012 年，数据源于前文对分省隐性赤字和债务存量的估算、《中国统计年鉴》《中国财政年鉴》《地方财政统计资料》等。

A1. 经济资源基础

地方财政偿债信用的最根本的决定因素是经济资源，经济资源是一个地区的广义税基和财力基础。进一步说，测评地区可用于偿债的各类财源均决定于地区经济增长前景和资源要素禀赋，经济前景越优越、要素禀赋越丰富的地区，地方政府越能从广义税基汲取更多收入偿还到期债务。我们以"经济发展前景"和"资源要素禀赋"两类二级指标度量经济资源基础，反映一个地区的偿债潜力，两类二级指标均选择若干三级指标进行量化。

表 5-1　地方财政偿债信用的量化评级指标体系

经济资源状况 A1	经济发展前景 B11	实际 GDP 增长率 C111（↑）：$(RGDP_t-RGDP_{t-1})/RGDP_{t-1}$
		贸易开放度 C112（↑）：省区进出口总额/GDP
		城市化率 C113（↑）：城镇人口/总人口
		产业结构特征 C114（↑）：第二、三产业增加值/GDP
	资源要素禀赋 B12	固定资产投资率 C121（↑）：全社会固定资产投资/GDP
		人力资本禀赋 C122（↑）：大专以上学历人口/总人口
		土地批租收益率 C123（↕）：土地出让金/GDP
财政运行绩效 A2	财政收入能力 B21	宏观税负 C211（↑）：一般预算收入/GDP
		财政收入稳定性 C212（↑）：税收收入/一般预算收入
		收入征管努力 C213（↑）：一般预算收入决算额/一般预算收入预算额
		预算外收入占比 C214（↕）：（规费预算外收入＋土地出让金）/一般预算收入
	财政支出状况 B22	保障性支出占比 C221（↓）：社会保障和就业支出/一般预算支出
		财政支出灵活性 C222（↓）：（人员经费＋公用经费）支出/一般预算支出
		财政自给率 C223（↑）：一般预算收入/一般预算支出
隐性赤字规模 A3	债务负担规模 B31	负债率 C311（↓）：地方政府债务余额/GDP
		人均负债规模 C312（↓）：地方政府债务余额/总人口
		隐性赤字依存度 C313（↓）：地方财政隐性赤字/一般预算支出
	债务流动性 B32	债务率 C321（↓）：债务余额/（一般预算收入＋预算外收入＋土地出让金）
管理体制因素 A4	财政分权程度 B41	财政支出分权度 C411（↓）：省区人均财政支出/中央人均财政支出
		财权事权匹配度 C412（↑）：财政收入分权度/财政支出分权度
	中央转移支付 B42	中央财政转移支付依赖度 C421（↓）：中央财政转移支付/一般预算收入

注：在上述指标中，$RGDP_t$ 是 t 年实际 GDP，↑代表正向指标，↓代表负向指标，↕代表中值指标。

B11. 经济发展前景

C111. 实际 GDP 增长率。实际经济增长率是国际信用评级机构进行政府偿债信用评级时通常会采用的宏观观测指标，是衡量各省宏观税基扩张速度的指标。实际经济增长率越高，征税潜力增长越快，越能在不触发流动性危机的前提下，承载更大规模的政府举债规模。实际经济增长率也是影响中长期可持续举债能力的核心指标，当经济增长过度减缓时，负债率将超过可持续举债底限，导致中长期债务融资不可持续。从这个角度说，维系增长是化解风险的根本举措。为测算分省实际 GDP，我们将名义 GDP 以平减指数调整为基期实际值，GDP 平减指数采用如下估算程序：

$$def_{it} = GDP_{it}^{\text{nominal}} / \left[GDP_{\text{i},2005}^{\text{nominal}} \times \prod_{s \in [2006, t]} (\delta_{is} / 100) \right] \tag{5.1}$$

其中 i 代表省区，t 代表年份，$GDP_{it}^{\text{nominal}}$ 是名义 GDP，δ_{is} 是《中国统计年鉴》中按"上年=100"口径统计的 GDP 指数。通过联乘基期名义值和各年地区生产总值指数，便能得到各省以 2005 年不变价格计算的实际 GDP 序列。

C112. 贸易开放度。作为发展中的大国，贸易开放是发展外向型经济的必要条件。在对外开放过程中，外商投资企业利用中国的廉价优质劳动力，将全球产业链延伸到中国，地方政府则以财政返还、税收减免、土地折价等优惠政策招商引资（陶然等，2009）。尽管从外商企业征收的税收下降，但地方政府可以从产业升级和要素集聚中获得土地增值收益，涵养商品流转环节税收，从而将适用于流动要素的税负转嫁给非流动要素（Oates，1969），提高财政偿债能力。我们用"进出口总额占 GDP 比重"反映贸易开放度，其中"进出口总额"为历年《中国统计年鉴》以"万美元"单位统计的"各地区按经营单位所在地分货物进出口总额"，按人民币兑美元年均汇率折算为人民币"亿元"单位。

C113. 城市化率。城市化是发展中国家经济增长和税基涵养的重要渠道。城市化比率较高的地区，要素集聚推动土地升值，为地方政府贡献土地增值税、城市维护建设税、房地产税等财产类税收，以及土地出让金、城建配套费等租、费收入。与高城市化率地区相比，城市化水平较低的地区更需要以市政建设拉动增长，但欠缺稳定税基提供偿债财源，偿债能力更加羸弱。按照通常的量化思路，我们用人口结构指标"城镇人口/地区总人口"反映城市化率。[①]

C114. 产业结构特征。2005 年取消农业税后，在区域经济的产业构成中，二、三产业比重越大，吸纳非农就业、提高产品附加值及预算内税收的产业承载力越高，更有助于增强区域竞争力。我们用"第二、三产业增加值/省区生产总值"反映各省产业结构升级程度，这个指标数值越高，越有利于增强地方财政偿债信用。

B12. 资源要素禀赋

C121. 固定资产投资率。改革开放后，中国长期保持高速增长，固定资产投资是最重要的驱动因素。高投资率使中国在交通、通信、电力、能源等领域拥有了良好的基础设施，与同为发展中大国的印度相比，两个地理毗邻、基础相近的金砖国家取得了高低迥异的增长绩效。当前中国经济面临增长方式的转型压力，仍须维持环境保护、绿色产业、保障房建设等领域的高投资率[②]，投资率的维系使政府债务存量可以在经济的可持续增长中得以稀释，避免触发债务危机，甚至"转危为机"。我们用"全社会固定资产投资/GDP"测算固定资产投资率，从经济增长的可持续性角度衡量财政偿债信用。

C122. 人力资本禀赋。人力资本是吸纳前沿技术、提高全要素生产率的承载要素。研究发现，人力资本对经济增长有门槛效应，受人力资本禀赋所限，经济可能存在多重均衡增长路径。假如物质资本同人力资本的积累速度不匹配，宏观经济可能陷入低人力资本内生的低效增长陷阱，无法实现同发达经济体的增长收敛。从这个角度说，落后的人力资本禀赋可能成为欠发达地区的"后发劣势"[③]，拖累增长速度。我们用"大专及以上学历人口/总人口"反映人力资本禀赋，由于在传统发展模式中，人力资本的增长贡献低于物质资本，我们预期人力资本对地方财

[①] "城镇人口占比"指标是从人口结构视角反映城市化率。为观察稳健性，我们也用"城镇建成区面积/省区总面积"指标，从空间结构视角反映城市化率，但使用替代指标后的量化评级结果非常稳健。

[②] 根据内生增长理论（Aghion 和 Howitt，1998），资本积累与技术创新是一种互补关系。未来中国增长方式从要素驱动向效率驱动转型，解决资源、环境、人口等传统增长方式内生的问题，需要在人力资本、清洁技术、高科技产业等方面领域进行大量基础投资，合理发挥"有为政府"的产业协调和外部性职能。

[③] 郭玉清、杨栋（2007）在一篇关于人力资本门槛与创新互动能力关系的文章中，构建数理模型，分析了经济体存在多重均衡增长路径的可能性，以及发展中国家如何才能克服后发劣势，摆脱低增长陷阱，实现对发达经济体的收敛甚至赶超。

政偿债信用的影响低于物质资本投入。

C123. 土地批租收益率。与资本、劳动等流动要素相比，土地是非流动要素，但土地衍生的产权束能形成有效税基，为地方政府贡献重要的预算外可支配收入。中国的土地产权分全民所有和集体所有两类，城市土地归国家所有，农村土地归集体所有，地方政府作为中央政府的代理人，负责土地征收、拆迁、规划、出让，拥有土地批租收益的高度裁量权。在快速城市化进程中，地方政府高度依赖土地批租收益作为偿债资金[①]，但在竞争示范效应的激励下，地方政府过度扩张杠杆率，也蕴含着偿债压力密集化和偿债收入波动性的风险。因此我们将土地批租收益率作为中值指标处理，量化程序是"土地出让金/GDP"。

A2. 财政运行绩效

国际信用评级机构量化地方政府偿债信用时，非常重视对财政运行绩效的考察，特别关注地方财政收支进度是否匹配、能否确保及时清偿到期债务。当地方政府陷入危机宣布破产后，首要应对措施是调整增收节支计划，保证危机地区提供正常水平的教育、医疗、司法、社保等基本公共服务。一般来说，财政运行绩效越高，地方政府从经济税基汲取财政收入、灵活调整收支结构的能力越强，触发流动性危机的概率越低。我们主要基于"财政收入能力"和"财政支出状况"两类二级指标，观测地方财政运行绩效。

B21. 财政收入能力

C211. 宏观税负。宏观税负是包括税收收入、非税收入的预算内收入占 GDP 比重，这个指标从广义税基视角考察地方政府的征收能力。传统地方政府隐性赤字融资主要依托融资平台，平台债务受地方政府隐性担保。一旦出现偿付困境，地方政府将承担联带责任，必要时动用财政收入代偿债务。从这个角度说，宏观税负越高，地方政府从广义税基汲取收入的能力越强，相应越有充裕的资金储备化解流动性风险。

C212. 财政收入稳定性。国际信用评级机构非常重视收入稳定性对地方政府偿债信用的影响。一般来说，地方财政收入来源越稳定，陷入

---

① 国家审计署总第 174 号审计公告公布了地方政府对土地收入的依赖程度：截至 2012 年底，11 个省级、316 个市级、1396 个县级政府承诺以土地出让收益还债，土地偿债总量占省、市、县三级政府负有偿还责任债务余额的 37.23%。

流动性危机的概率越低；反之，假如地方政府的财政收入主要源于顺周期收入，当宏观经济遭受外部冲击陷入低迷时，可支配财力将随之大幅下滑，流动性风险迅速提高。中国地方政府的财政收入包括税、费、租、债等类型，但其中仅税收收入的税基、税率和征收额对周期性因素不敏感。我们以"税收收入/一般预算收入"反映地方财政收入稳定性，对偿债信用来说，这是一个正向影响指标。

C213. 收入征管努力。地方政府的实际税收入库额取决于理论税基、名义税率和征税努力三项因素，其中收入征管努力决定了各项收入能否及时、足额入库。中国地方政府不具备税种选择权和税率调整权，征收努力相应成为实际入库额的主要决定要素。假如地方政府深陷偿债困境，变更税基或调整税率均不存在法理上的可操作性，应转而采取强化征管、改善绩效的方式补充偿债基金。我们以"一般预算收入决算额/一般预算收入预算额"反映地方政府的收入征管努力，该指标值越高，反映收入实际入库率越大，地方政府征税越努力。[①]

C214. 预算外收入占比。预算外收入占比指标是"预算外收入/一般预算收入"。地方政的预算外收入主要由规费收入和土地批租收入组成[②]，租、费形式的预算外收入是地方政府的非稳定财源。预算内财力相对稳定，但要优先用于预算内支出任务，游离于正常监管程序之外的预算外收入成为地方政府倚重的偿债财源。与预算内收入相比，地方政府对预算外收入的自由裁量权更高，管理规范性差，难免滋生设租、寻租空间，或擅权投向楼堂馆所等自利性领域，降低财政资金的运行绩效。由此我们将预算外收入占比指标处理为中值指标，指标值过高或者过低，均不利于改善地方财政偿债信用。

B22. 财政支出状况

C221. 保障性支出占比。在地方财政支出结构中，医疗、养老、就业等保障性支出是地方政府在还本付息压力之余，面临的又一项刚性支

[①] 根据我们掌握的样本期数据，各省一般预算收入决策算数同预算数的比值大多高于 1.0，税收的实际入库额高于预算征收额，说明地方政府具有强烈的制度激励多征税。制度原因是，在发展晋位机制中，税收实际入库额率是地方官员任职绩效的重点考察内容，可以反映地方官员是否具有较强的收入管理和组织能力，能力突出的官员可以得到优先选拔。

[②]《中国财政年鉴》公布的"预算外收入"主要是政府部门收取的各类基金、规费，这部分收入随财政"收支两条线"改革被逐年划入预算内的"非税收入"口径，自 2011 年起不再续列，因此 2011、2012 两年的预算外收入仅为各省土地出让金。

出压力，世行专家白海娜甚至将社会保障和就业支出定义为政府直接隐性债务（Hana Polackova，1998），即并未在政府资产负债表中体现、政府却负有直接责任的经常性债务。中国社保基金长期存在隐性缺口，尽管审计署未将社保基金缺口列为政府性债务，但人口老龄化和城市户籍人口的快速膨胀使地方政府面临俞益强化的保障性支出压力，对财政偿债能力构成严峻挑战。我们用"社会保障和就业支出/财政总支出"反映地方政府的保障性支出压力，是一个负向影响指标。[①]

C222. 财政支出灵活性。财政支出灵活性反映当地方政府的预算资金无力偿还到期债务时，地方政府能否调整财政支出结构、增强偿债应变能力。财政调整理应包括增收、节支两个方面，但地方政府没有税种选择权和税率调整权，增收空间不大，因此主要的政策取向是调节支出。我们以"行政管理支出/一般预算支出"逆向测度财政支出灵活性，研究表明，地方政府往往优先保障行政管理支出，在一些基层政府，"政权运转"甚至是财政经费的唯一投向。行政管理费中的人员经费和公用经费支出都具有"基数加增长"的刚性机制，很难被压缩。这个指标值越高，说明地方财政支出结构的调整空间越狭隘，越不利于灵活适应偿债需求变化，优化财政支出结构。

C223. 财政自给率。财政自给率反映地方政府的支出事责有多大比例倚靠自身收入满足，预算收入同支出事责的缺口越大，地方政府诉诸预算外融资渠道拓宽财源的意愿越强烈。地方财政自给率内生于央地分权安排，中央政府的"财权上移、事权下放"分权模式在省以下地方政府形成了示范延伸效应，基层政府的纵向财政失衡更严重，财政自给率更低。低财政自给率的地方政府，更要靠土地批租收益及其担保衍生的杠杆化举债凸显政绩，从而加重偿债压力、弱化偿债信用。我们用"一般预算收入/一般预算支出"量化地方财政自给率，作为财政偿债信用的正向指标引入指标体系。

A3. 隐性赤字规模

隐性赤字规模是地方财政偿债信用评级的核心变量。国际信用评级

---

① "社会保障和就业支出"数据是在 2007 年政府收支分类改革后公布的。根据财政部国库司、预算司编撰的《2006 年地方财政政府收支分类转换数据》（2010），这项支出基本等同于 2006 年以前《中国财政年鉴》公布的"抚恤和社会福利救济""行政事业单位离退休支出""社会保障补助支出"三项支出，由此我们将"保障性支出占比"数据向前延伸至 2005 年。

机构一般从总量、结构、流动性等视角观察地方政府面临的偿债压力，研究政府举债是否具备可持续性。受中国财经数据的可得性限制，我们选择以下量化指标测度财政偿债压力。

B31. 债务负担情况

C311. 负债率。负债率是"地方政府债务余额占 GDP 比重"，反映区域经济对政府举债的承载能力，或政府债务与经济规模是否协调。中国地方政府举债融资较好贯彻了黄金法则，债务融资主要投向市政设施，地方官员通过债务融资拉动增长，在激烈的官员晋升博弈中凸显政治绩效，这是中国财政隐形赤字没有补贴经常性支出的主因。但负债率越高，地方经济发展对政府市政建设投资的依赖性越强，偿债压力和风险相应增大，因此负债率是地方财政偿债信用的负向影响指标。当前中国绝大多数省区的负债率低于 60% 的国际警戒线，说明地方政府具有中长期可持续举债潜力，这个指标并不是财政偿债压力的关键掣肘。

C312. 人均负债规模。人均负债是"地方政府债务余额/省区人口"，从辖区公众人均承担的债务额度视角考察地方财政偿债信用。根据李嘉图等价定理，政府以征税抑或发债方式筹集收入，对经济发展和社会福利的影响并无实质差异。尽管李嘉图等价定理需要满足苛刻的理论假设，未必现实成立，但政府举债融资项目大多难以贡献稳定的利润流也是不争的事实。资产负债期限结构错配，决定需要将现期公众的债务负担代际转移，以债务置换的方式让后代人承担部分成本，这个战略举措符合基础项目效益跨代外溢的代际公平法则，因此过高的人均负债对地方财政偿债信用的影响是负面的。

C313. 隐性赤字依存度。隐性赤字依存度是"地方财政隐性赤字/一般预算支出"，从流量角度反映财政支出中隐性赤字所占比重。隐性赤字依存度过高，意味着地方政府供给区域性公共品时，过多依赖赤字融资而非稳定的预算收入。财政隐性赤字只能以政府举债弥补，过度扩张赤字，势必累积高债务存量，弱化地方财政偿债信用，因此这是地方财政偿债信用的一项负向影响指标。

B32. 债务流动性

C321. 债务率。受统计资料所限，我们仅以债务率指标，即"地方政府债务余额/可用财力"，反映地方政府举债融资的流动性压力，利用这个指标可观察地方政府能随时动用的可支配收入是否能够覆盖存量债务。在发展中国家，地方政府举债融资普遍存在资产负债期限结构错配的缺陷，政府举债支撑的市政投资难以贡献稳定利润流偿还到期债务，导致财政入不敷出，陷入偿债危机，因此在坚守举债"黄金法则"之余，地方政府还应坚持"流动性法则"，避免过度忽略流动性触发危机。在危机状态下，地方政府可以变现一些政府资产用于偿债，但一般来说政府资产变现的难度很大，偿债资金仍主要靠流量财力解决。流量财力不仅考虑税收收入、非税收入等预算内收入，还包括规费、基金收入和国有资产经营利润，这个指标能更全面反映地方政府的流动性偿债压力，是地方财政偿债信用的负向影响指标。

A4. 管理体制因素

在地方财政偿债信用研究中，中央与地方政府间的财政管理体制安排是重要的制度影响因素，省域经济基础、财政绩效、偿债压力的差异，都会受到财政分权制度安排及财政转移支付发挥的制度激励的影响。在财政分权框架中，中央政府纵向失衡的分权策略，使地方政府面临严峻的收支错配局面；财政分权框架中嵌入的政治激励，使地方政府的举债融资支出竞争趋于激化。与财政分权体制相配合，财政转移支付旨在平衡地区间基本公共服务供给能力，但在偿债责任界定不清时，可能成为地方政府转嫁偿债责任的"公共池"（Common Pool）。我们重点从财政分权和财政转移支付两个层面，考察管理体制对地方财政偿债信用的影响。

B41. 财政分权程度

C411. 财政支出分权度。财政分权包括收、支分权两个层面，在单一制政体中，分权框架主要由中央政府进行顶层设计，地方政府并没有太多讨价还价的余地。分税制改革后，财政收支分权体现出财权上移、事权下放的纵向失衡态势，形成从中央到市县示范延伸的学习效应。我们发现的另一个特征事实是，财政支出分权强于财政收入集权，意味着地方政府财权上移的同时，需要更多依赖隐性融资渠道，迎合不断下放的事权。为避免共线性，我们主要从支出分权角度研究分权制度安排对地方财政偿债信用的影响。支出分权程度越高，地方政府具有越强烈的隐性赤字扩张偏好，因此是偿债信用的负向影响指标。

C412. 财权事权匹配度。财权事权匹配程度如何，极大影响地方政府的隐性赤字扩张冲动和债务清偿能力。如果中央政府下放的事责能够与留存给地方政府的财力相匹配，地方政府就能以预算分配财力完成委任事责，从而主动降低赤字融资规模。我们以"财政收入分权/财政支出分权"指标衡量各省区财权与事权是否相互匹配[①]，该比值越低，说明中央政府留存地方的预算财力越少、下放的支出事责越多，地方政府越可能转而依赖隐性赤字支持本地区域性公共品供给，并在激烈的地方竞争中凸显量化绩效，从而降低财政偿债信用。

B42. 财政转移支付

C421. 中央转移支付依赖度。纵向分权失衡的补偿制度安排是中央对省实施的转移支付。通过转移支付制度，中央政府一方面引导地方配套投资于大中型外溢性项目，另一方面致力于平衡各地区预算财力，促进公共服务均等化。但如果分权框架中各级政府的财权事权不明，转移支付也会诱发"公共池"效应，激励地方政府通过"公共池"转嫁偿债责任。如果中央政府对陷入偿债困境的政府施以援助之手，事后救助性质的转移支付会进一步激励地方政府罔顾实际偿债能力扩张赤字举债，地方政府将在竞争示范效应下过度投资低效政绩项目，降低地方财政偿债信用。我们将中央转移支付依赖度作为一项负向指标引入指标体系，量化方法是"中央转移支付/一般预算收入"。

5.1.3　分层指标的熵权法赋值

前文将地方财政偿债信用的评级指标呈树状排列，分经济资源、财政绩效、偿债压力、管理体制四方面考察了地方财政偿债信用的影响因素。接下来，进行地方财政偿债信用评级的关键步骤是确定各分层指标的相对权重，引入量化管理机制。既有研究大多以层次分析法判断权重，即根据专家判断，对处于同一层级指标的两两重要性进行赋值。但层次分析法主观性过强，判断结果往往因人而异，选择不同的专家库，赋值结果大相径庭，因而这种方法遭到越来越多的批评，日渐式微。为避免定性判断的缺陷，我们以客观熵值法测算指标权重，这种方法简称为"熵

---

① 根据我们掌握的样本期数据，在"财权上移、事权下放"的纵向分权框架中，大部分省区财权事权不匹配，所拥有的财权低于所分配的事权，量化反映是"财权事权匹配度"指标普遍低于 1.0。

权法"（Entropy Weight Method）。熵权法的优势在于，各分层指标的权重判断完全基于指标数据，以客观程序测算得出，测算过程不融入任何定性判断。同另一种客观赋值法，即通常所称的"主成分法"相比，熵权法还能避免指标信息量的过度损失。下面简述熵权法的赋值原理。

假定需要评价 m 个样本的财政偿债信用，样本数是省区数目和考察期数的乘积，从而量化结果可以进行省区间横、纵向偿债信用比较。信用评级体系共包含 n 个基础指标，则财政偿债信用评级体系的数据矩阵为：

$$M = \left\{ x_{ij} \right\}_{m \times n} (0 \leqslant i \leqslant m, 0 \leqslant j \leqslant n) \tag{5.2}$$

考察样本可按省区、年份顺序排列。由于指标间存在量纲和功能差异，直接测算量纲不等的指标权重，评级结果将存在非一致性的偏误。按照指标的不同功能，还应区分清楚正向、负向或中值指标，进行标准化处理。处理程序根据指标功能有所区别，分别是：

$$\vec{x}_{ij} = \frac{x_{ij} - \bar{x}_j}{S_j} , \quad \tilde{x}_{ij} = -\frac{x_{ij} - \bar{x}_j}{S_j} , \quad x'_{ij} = -\left| x_{ij} - k \right| , \quad \tilde{x} = \frac{x'_{ij} - \bar{x}'_j}{S'_j} \tag{5.3}$$

其中，$\bar{x}_{ij}$ 是正向指标标准化，即第 j 项指标离差同标准差的比值，实际值越高的指标标准化分值也越高；$\tilde{x}_{ij}$ 代表负向指标标准化，即对正向指标的标准化过程取负值，实际值越小的指标标准化分值越高。在中值指标 $\bar{x}$ 的标准化过程中，k 代表指标 j 的样本中值，标准化程序要求先将指标的各样本值对样本中值求间距并取负值，从而 $x'_{ij} \leqslant 0$，间距越大赋值越小，然后求取同标准差的比值。所有指标完成标准化后，各指标的熵权赋值程序是：

$$p_{ij} = x_{ij} / \sum_{i=1}^{m} x_{ij} , \quad e_j = -\frac{1}{\ln m} \sum_{i=1}^{m} p_{ij} \ln p_{ij} , \quad d_j = 1 - e_j , \quad w_j = d_j / \sum_{j=1}^{n} d_j$$

$$\tag{5.4}$$

其中，p_{ij} 是标准化比率，e_j 是指标 j 的信息熵值，d_j 是指标信息效用，信息效用越高，对指标综合评价的贡献越大。我们将指标信息效用与同层级所有指标信息效用和的比率定义为 w_j，即最终确定的熵值法指标权重。信息效用越高的指标，在熵权法中获得的权重赋值越大。按照上述程序测算的权重结果完全可以避免定性扰动，完全基于数据本身提供指标相对重要性的量化结果。

我们利用中国 31 个省、市、自治区 2005—2012 年的数据，对各类正向、负向、中值指标进行标准化处理，然后利用熵权法确定各分层指标权重，进行各省区财政偿债信用的量化评级。应注意的是，我们利用熵权法测算分层指标权重时，利用的是所有省区全部样本期的数据，因此量化评级结果不仅适用于省际横向比较，也能分析评级结果随时间的纵向演化趋势，从而实现对中国各省区财政偿债信用演化规律的横、纵向立体解读。

表 5-2　省域财政偿债信用量化评级指标的熵权法赋值结果

指标体系	A 层权重	B 层权重	C 层权重	熵值
经济资源状况 A1	0.320			
经济发展前景 B11		0.565		
实际 GDP 增长率 C111			0.260	0.998179
贸易开放度 C112			0.235	0.998358
城市化率 C113			0.244	0.998294
产业结构特征 C114			0.2661	0.998172
资源要素禀赋 B12		0.435		
固定资本投资率 C121			0.329	0.998233
人力资本禀赋 C122			0.300	0.998386
土地批租收益率 C123			0.371	0.998004
财政运行绩效 A2	0.322			
财政收入能力 B21		0.575		
宏观税负 C211			0.235	0.998314
财政收入稳定性 C212			0.247	0.998231
收入征管努力 C213			0.229	0.998358
预算外收入占比 C214			0.289	0.997925
财政支出状况 B22		0.425		
保障性支出占比 C221			0.340	0.998202
财政支出灵活性 C222			0.328	0.998267
财政支出自给率 C223			0.332	0.998241
隐性赤字规模 A3	0.204			
债务负担规模 B31		0.620		
负债率 C311			0.332	0.998118

指标体系	A 层权重	B 层权重	C 层权重	熵值
人均负债规模 C312			0.344	0.998045
隐性赤字依存度 C313			0.324	0.99816
债务流动性 B32		0.380		
债务率 C321			1.000	0.997781
管理体制因素 A4	0.154			
财政分权程度 B41		0.587		
财政支出分权度 C411			0.505	0.998238
财权事权匹配度 C412			0.495	0.998269
财政转移支付 B42		0.413		
中央财政转移支付依赖度 C421			1.000	0.997545

分层指标的熵权法赋值结果在表 5-2 中列示。我们发现，"财政偿债压力"并不是地方财政偿债信用最重要的决定因素，在经济、财政、债务、体制四类 A 级指标中，"财政赤字规模"指标组的熵权仅 0.204，位列第三，经济、财政因素比债务压力的影响更大。无独有偶的是，这一权重赋值结果同穆迪、标准普尔两个国际信用评级机构进行主权债信评级时，所设定的权重基本一致（刘琍琍，2009）。其经济涵义是，衡量地方财政偿债信用不能仅以举债融资规模而论，一个国家或地区的经济基本面、财政运行绩效更能反映地方政府的财政偿债能力。事实上，很多爆发过地方政府债务危机的国家或地区，举债融资规模并不高，但其孱弱的经济基础或糟糕的财政绩效难以支撑债务存量，最终触发危机，不得不实施严厉的事后调整计划加以应对。

在中国，东部省区的债务存量高于中西部省区，但很多中西部地区在政绩考评机制的激励下，不考虑融资项目能否取得稳定利润流，盲目扩张隐性赤字规模搞市政建设；项目失败后，亏损拖欠只能通过列收列支、买卖税款、拨款空转、寅吃卯粮等手段维持预算平衡，持续弱化财政偿债信用（郭玉清，2011）。因此尽管中西部省区的绝对债务压力不高，偿债信用反而弱于东部发达省区。偿债压力指标权重偏低的另一个原因是，数据缺失可能使客观赋值结果存在向下偏误，如"债务流动性"指标组本应包含"还本付息率"（债务年度还本付息额/债务余额）、"债务负担规模"指标组中本应该包含"资产负债率"（债务余额/政府资产），但由于各省区尚未编列资产负债表,还本付息和政府资产数据无从获得,这些指标和数据的缺失可能使财政偿债压力的熵值法权重被低估了。需说明的是,"债务流动性"指标对评级贡献偏低,权重赋值仅 38%,原因可能是我们主要考察省际财政偿债信用,而债务流动性对财政偿债信用的影响主要体现于省以下政府,特别是市、县级政府。"财权上移、事权下放"的纵向失衡分税框架,具有从省到市县的示范延伸效应,省级政府集中了较多财力,陷入流动性困境的概率极低,尚有能力专项救助高危市县政府。随着政府层级下移,流动性约束对偿债信用的影响逐步凸显,权重值必然提升,量化评级程序也将随之动态微调。此外,从危机的触发机制看,流动性风险相对可持续性风险更加可控。当经济陷入流动性风险时,政府可采用债务重组的办法,以中长期债券替换短期债券,增强地方政府的流动性和修复其资产负债表;而如果债务融资是中长期不可持续的,政府应对措施乏善可陈,只能从遏制举债规模、实施严厉去杠杆化方面着手化解危机。这是流动性指标权重赋值较低的主要原因。

同财政偿债压力相比,经济资源和财政绩效对省域财政偿债信用的影响更大。在经济资源方面,决定一个地区偿债信用的因素有数量的,如实际 GDP 增长率、固定资产投资率等;也有质量的,如产业结构升级、人力资本禀赋等。这些因素决定地方政府能否涵养稳定税基,从经济发展中汲取足够的财政收入偿还到期债务。在财政绩效方面,地方政府的收入征管努力度、刚性支出压力、财政调整灵活性等,决定了当地方政府面临不确定因素的外生冲击时,能否灵活调整财政收支、从容应对偿债压力。测算结果表明,两项 A 级指标对地方财政偿债信用的影响权重非常接近,区别是相对于经济资源,地方政府更容易调整财政绩效;换句话说,财政绩效是一个地方政府更容易掌控的决定因素,当债务危机发生时,增收节支的调整计划相对涵养中长期税基而言更容易实施,往往倒逼出一个更加廉洁高效的政府。"管理体制因素"在地方财政偿债信用的 A 级影响因素中居末,说明管理体制安排并不是地方财政偿债信用的核心影响变量。这是容易理解的。在中国,中央和地方政府之间的财税管理体制由中央政府主导设计,中央政府决定纵向收入分配模式,留给地方政府的讨价还价空间极小。这意味着,财税体制安排对地方政府来说是一个外生变量，而财政偿债信用主要由内生因素决定。尽管中央政府主导的纵向失衡分权框架对地方政府构成了偿债压力，但通过转移支付，上收的财力又以各种形式返还给了地方，补充了地方政府的可用财力，因此管理体制因素对财政偿债信用的影响并不重要，偿债信用主要还是取决于实体经济基本面因素及地方财政的绩效特征。但这并不等于说，管理体制不影响地方政府的融资冲动。事实上，高险地区大多没有考虑自身是否具备偿债能力，而是不断扩张赤字规模，冀图将偿债责任通过公共池转移给其他省区，这种道德风险的负面激励，恰恰是由管理体制因素引发的。

上述分析表明，管理体制因素可以预警地方财政流动性风险，而经济基本面更能反映财政偿债信用。传统财税管理体制的一个问题是，增长导向的制度设计同地方政府的风险防御激励不相容，不仅没有促使地方政府主动防范风险，甚至激励地方政府罔顾风险扩大杠杆率，形成了风险群体效仿和竞争互动。这是未来制度设计中，应着力解决的问题。

表5-3　2005—2012年中国各省区财政偿债信用的评级结果

省区	区域	评级	2005	2006	2007	2008	2009	2010	2011	2012
北京	东	H	7.7833	7.8157	7.9147	7.7874	7.6081	7.6114	7.5230	7.4019
天津	东	H	7.6295	7.5270	7.4066	7.5028	7.3124	7.3334	7.3872	7.2768
河北	东	H	7.2205	7.1101	7.1402	7.0921	6.9391	7.0649	7.1045	7.2352
山西	中	H↑	7.2985	7.1498	7.1423	7.1373	6.7923	7.0595	7.0304	6.9120
内蒙古	中	M	7.2348	6.8827	7.0214	7.0071	6.8475	7.0249	7.0151	6.8966
辽宁	东	M↓	7.3452	7.2867	7.1668	7.3235	7.0803	6.9769	6.7382	6.8706
吉林	中	L↓	6.9753	7.1139	7.0613	6.8883	6.5125	6.8292	6.9176	6.8140
黑龙江	中	M	7.0162	6.9337	6.9025	6.9790	6.6818	6.9575	6.9738	6.8982
上海	东	H	8.0392	7.8709	7.9183	7.7817	7.5443	7.6044	7.5659	7.3728
江苏	东	H	7.5287	7.3903	7.3982	7.4367	7.0760	7.1186	7.0585	7.0868
浙江	东	H	7.3821	7.2869	7.1706	7.3392	6.7440	6.8108	6.9736	6.9788
安徽	中	M	7.0883	6.9725	6.9265	7.1312	6.9272	7.0269	7.0400	7.1049
福建	东	H	7.3284	7.1272	7.1798	7.2557	7.1280	7.0611	7.2008	7.2190
江西	中	M	7.0129	6.9229	6.9683	6.9812	7.0037	7.0568	7.0773	7.1868

续表

省区	区域	评级	2005	2006	2007	2008	2009	2010	2011	2012
山东	东	H	7.3019	7.2590	7.2188	7.2068	7.0222	7.0976	7.1239	7.1137
河南	中	M	7.2958	7.1441	7.0419	7.0488	6.8345	7.0852	7.0435	6.8874
湖北	中	M	7.0503	7.0334	7.0071	7.0007	6.8164	6.7949	6.8532	6.9414
湖南	中	L↓	6.9364	6.8075	6.8729	6.8544	6.6387	6.8083	6.8469	6.8113
广东	东	H	7.5497	7.5566	7.5516	7.3041	7.1658	7.2231	7.1384	6.9881
广西	东	L↓	6.8696	6.7847	6.7113	6.7083	6.4909	6.8723	6.8105	6.7993
海南	东	L↓	6.9210	6.8046	6.8676	6.5571	6.4643	6.7849	6.8409	6.7788
重庆	西	L	7.0017	6.7256	6.7927	6.9533	6.8766	6.9316	7.0156	6.8508
四川	西	L	7.0455	7.0566	6.6157	6.7950	6.7586	6.8768	6.8968	6.8326
贵州	西	M↑	7.0473	7.0760	6.8881	6.6510	6.6783	6.8327	6.8812	7.1431
云南	西	L	7.0384	7.0164	6.8609	6.9847	6.6740	6.7961	6.6475	6.8167
西藏	西		5.8186	5.8882	5.8318	6.0081	5.6998	6.0806	6.2380	6.7000
陕西	西	M↑	6.7252	6.8556	6.9331	7.0537	6.8647	7.0176	7.0180	6.8899
甘肃	西	L	6.3577	6.4185	6.5269	6.5520	6.2863	6.7376	6.7187	6.7187
青海	西	L	6.4585	6.0781	6.2576	6.2534	6.3948	6.5797	6.7185	6.6756
宁夏	西	L	6.6657	6.5184	6.5649	6.7871	6.6329	7.0208	6.9919	7.0006
新疆	西	M↑	7.0740	6.9235	6.9090	6.9813	6.5187	6.9611	6.9554	6.9224

注：“H”代表高偿债能力省区，“M”代表中等偿债能力省区，“L”代表低偿债能力省区。标注“↑”的省区上调量化评级，标注“↓”的省区下调量化评级。

5.1.4　各省区财政偿债信用的量化评级结果

确定分层指标的熵值法权重后，我们完成各正向、负向、中值指标的标准化处理，对评级指标的标准化分值由下而上逐层加权求和，表 5-3 列出 2005—2012 年中国 31 省区财政偿债信用的量化评级结果。由于熵值法权重采用了省份样本和时期样本的全样本数据，量化评级结果既能横向比较不同省区的财政偿债信用，也能基于时间变化，观察各省财政偿债信用的动态演进规律，提出改善省区财政偿债信用的政策建议。

5.1.4.1　中国各省区财政偿债信用的横向比较

我们首先对 2005—2012 年各省财政偿债信用的量化评级结果求年度均值，按照从高到低排序，将全部省区划分成三组：高偿债信用组（H）、中偿债信用组（M）、低偿债信用组（L）。分组结果表明，财政偿债信用等级与东、中、西三大区域的地理分布紧密相关，基本形成了从东到西顺次减弱的阶梯状布局，这与偿债风险从东到西顺次增强的地理布局形成了鲜明对比。

在东部省区中，上海、北京、天津三个直辖市的财政偿债信用稳居前列。测算结果显示，三直辖市的绝对债务规模并不低，"财政偿债压力"指标组的量化评级结果均位居 15 位以后，说明直辖市的融资平台通过银行信贷、发行城投债等隐性扩张方式，累积了较高的债务存量。为什么直辖市举债规模更高？原因在于，直辖市在举债融资方面具有集聚优势，政策性、股份制银行在三大直辖市设有总部或核心分支机构，与地方政府的政治关联度更高，因此直辖市获取信贷资源更容易，扩张力度更高。但三直辖市经济基础、财政绩效指标的量化评级结果均位居前五，意味着直辖市的经济潜力、财政实力及由此形成的区域竞争力，完全能够支撑债务存量。另外，三直辖市在城市化快速推进中，土地资产快速升值，既有助于涵养财产类税基、贡献稳定的预算收入，也有助于贡献预算外土地相关的租、收费收入，形成其他省区难以企及的财源优势。综合判断，三直辖市可用财力能够应对偿债压力，偿债信用较高。与三大直辖市类似，东部省区中江苏、广东两省债务存量极高，江苏政府债务余额甚至在 2012 年突破万亿元，在所有省区中排名居首。但与三大直辖市不同，江苏和广东两省的量化评级排名靠前，主要是由于财政绩效、管理体制指标的评级结果突出，特别是财政绩效指标对两省最终排名影响显著。当密集偿债期到来时，江苏和广东完全有能力通过财政收支的灵活调整以及稳固的预算征收能力筹措偿债基金，抵御流动性风险。上述分析表明，良好的经济基本面或财政运行绩效，对提高财政偿债信用都很重要。

与东、中部省区相比，西部省区财政偿债信用相对孱弱，制约西部财政偿债信用的主要因素是管理体制和偿债压力。在"管理体制"指标组中，西部省区支出责任配置过多，财权事权高度错配，特别依赖中央转移支付补充可用财力。由于税基涵养能力低下，多数西部省区的税收收入仅够维持机关运转和工资发放，为争取中央转移支付，同时预期一旦陷入流动性危机，中央政府将提供事后危机救助，西部省区普遍加速赤字扩张，累积了更高了债务余额，"人均负债""负债率""债务率"等指标都高于东部地区。这说明，西部地区在纵向失衡的财政分权格局中，预算软约束最严重，在中央兜底债务的预期下，加重了举债道德风险，冀图将偿债责任通过公共池转嫁给其他省区。如果金融机构预期中西部省区得到的中央隐性担保更多，也倾向于压低信贷成本，理性忽视风险溢价（Ernesto，2011）。由此可见，管理体制和偿债压力这两个因素对西部省区来说是循循相因的，这是西部省区两组 A 级指标排名靠后，进而总评级靠后的制度主因。如果说纵向分权框架及中央转移支付发挥的"公共池"效应，使西部省区陷入偿债困境的概率更大，那我们判断得出的风险布局依然是：地方财政隐性赤字风险主要集中在偿债信用孱弱的西部省区，特别是排名垫底的甘肃、青海等省份。这些地区债务存量极高，偿付能力低下，当资产负债期限结构错配达到一定程度后，更容易触发偿债危机，威胁局部财政安全。降低西部省区的偿债风险和扩张冲动，必须从制度建设着手，削减中央救助隐性承诺，通过税制优化增强其风险内生防御能力。

　　经横向比较，我们发现省域财政偿债信用的地理布局并不是严格对应的，九省财政偿债信用分组同地理区域分组出现异化。其中，中部资源大省山西上调至高偿债信用组，西部新疆、陕西、贵州三省上调至中偿债信用组，东部辽宁、广西、海南三省及中部吉林、湖南两省的量化评级结果则相应下调，广西和海南甚至跨级下调至低偿债信用组，表现出与地理区位极不相称的偿债信用。上调量化评级的中、西部四省，财政绩效评级靠后，突出表现为收入稳定性差、财政自给率不足，但这四个省份债务存量不高，能够自主应对偿债压力，推动综合评级结果前移。东部广西、海南经济资源落后，偿债压力偏高，两项劣势使综合评级跨级下调至低偿债信用区间。对经济落后省区来说，增强偿债信用应着眼于控制债务规模，在此基础上中西部省区凭借资源优势，可望实现低风险举债融资。另一个政策重点是完善制度设计，遏制举债道德风险和代理人机会主义。从政治经济学视角分析，偿债信用越孱弱的地区，地方官员越倚靠隐性融资拉动增长和凸显绩效，将举债融资效益转化为政治晋升收益。因此遏制落后省区举债道德风险的制度要点，是在地方官员的政绩考评机制中纳入风险考量，明晰官员偿债权责，对触发偿债危机的官员行政追责。权责明晰化将促使地方官员谨慎权衡举债成本收益，从一味扩张杠杆率的数量型融资，转为更加强调投资收益的效率型融资，提高资源配置效率。

5.1.4.2 中国各省区财政偿债信用的纵向演进

除横向比较外，我们进一步研究中国各省区财政偿债信用的纵向演进，观察随时间变动，省区间财政偿债信用是否呈现出收敛或发散的趋势。如果省域财政偿债信用是收敛的，隐性赤字风险呈集中趋势，决策者需要采取措施避免风险的区域联动；如果省域财政偿债信用是发散的，隐性赤字风险相互背离，风险在特定区域触发危机的可能性会增大，应采取差异化策略管控风险。

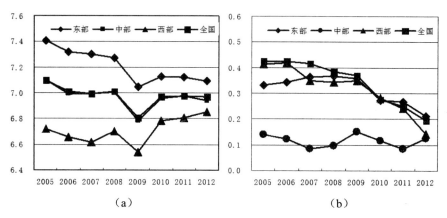

(a)　　　　　　　　　　　　　(b)

图 5-1　中国 31 省区财政偿债信用指数均值及标准差的动态演进

在图 5-1（a）和图 5-1（b）中，我们分别以财政偿债信用评级的省份均值和标准差，观察地方财政偿债信用的纵向演进。图 5-1（a）中财政偿债信用均值的演化情况显示，东、西部省份均值分别位于全国均值线上、下两端，但量差基本一致，中部省区均值线则与全国均值线高度吻合。这说明，东、西部省区与中部省区财政偿债信用的量化级距基本等同，从而在对所有省区偿债信用求均值后，东、西部与中部省区的正向和负向差额恰能相互抵消，导致中部省区与全国均值线近乎重合。另一个特征事实是，在 2009 年，东、中、西部省区的偿债信用全部大幅震荡下滑，这是由于该年度中国人民银行和银监会联合颁布信贷调整意见，鼓励地方政府拓宽融资渠道，配合中央政府推出的 4 万亿投资计划，实施反周期操作。量化宽松的政策环境激励各地隐性赤字飚升，在经济基础、财政绩效尚未明显改观的前提下，快速膨胀的隐性赤字降低了所有省区的财政偿债信用。鉴于赤字扩张过快、风险累积过高，2010 年国务院要求各地加强政府债务的治理整顿，特别要清理整顿融资平台债务，赤字增速随之下降，带动偿债信用线回落至 2009 年以前的趋势。因此 2009 年财政偿债信用的剧烈波动主要是政策性因素引发的，量化宽松或相机紧缩的政策调整，使地方财政隐性赤字宽幅震荡，对财政偿债信用构成了显著的外生冲击。在地方政府面临预算软约束，冀图通过"公共池"转嫁风险的制度环境中，中央政府实施量化宽松的激励政策，赤字增幅往往超出决策者预期，触发局部地区的流动性危机，因此强化财政偿债信用，需要中央政府在顶层设计中维持支出分权与预算约束的适度平衡。

接下来，我们观察地方财政偿债信用的历史演化趋势。图 5-1（a）表明，全国、东、中部省区财政偿债信用是整体下降的，特别是东部省区债务规模持续攀升，财政偿债信用下降趋势明显。尽管东部省区偿债信用最高，但在要素集聚的拥挤性压力下，也被动扩张了财政杠杆率支持基建投资，为东部地区的产业集群和要素流动提供外部性。但东部省区的财政绩效评级结果表明，其举债融资较好坚守了黄金法则，隐性赤字支撑的基建投资能够涵养中长期税基，使偿债信用随稳定税基的中长期贡献最终反弹，因此我们预期未来东部省区的财政偿债信用评级将形成"U"型变动路径。与东、中部省区不同，西部省区财政偿债信用不降反升，偿债信用评级指数整体提高了 1.96%。分层研究表明，西部省区财政偿债信用的改善主要得益于经济增长指标的贡献。我们发现，西部省区固定资产投资率和实际 GDP 增速更快，尽管基础设施存量低于东、中部省区，但西部省区的财政隐性赤字发挥了更高的边际增长绩效。问题是，西部省区的增长模式是一种严重倚靠政府投资的数量型增长模式，尽管经济增速较快，但并不意味着经济总量的扩容能够贡献稳定税基。评级结果显示，西部产业结构升级速度缓慢，尽管基建投资从需求端有效拉动了短期增长，但从供给端观察经济内生潜力没有得到有效培育。这种增长模式使西部省区的偿债信用同公共投资具有显著的顺周期性，一旦隐性融资放缓，偿债信用必将随之下滑，因此偿债信用的提升是不稳固的。另需警惕的是，西部省区"财政绩效"和"管理体制"两组指标很不理想，财政支出中的行政经费支出占比高，预算财力拮据，流动性困境凸显。这意味着当密集偿债期到来时，西部省区关乎偿债信用的各种不利因素相互叠加，可能使偿债信用快速跨越峰值点，进入倒"U"型路径的下行区间。

图 5-1（b）是 31 省区财政偿债信用评级指数的标准差的演变情况，标准差越高，反映省区间财政偿债信用的离散程度越大，反之则趋于收敛。不难发现，东、西两大区域财政偿债信用形成"俱乐部收敛"（Club Convergence）态势，即在东部财政偿债信用持续减弱、西部财政偿债信用相对改善的过程中，两大区域内部的偿债能力差距都缩小了；中部省区标准差则保持波动稳定，在财政偿债信用整体下降的同时，各省区维持了固有的偿债信用差距。东部省区偿债信用的趋同，意味着省区间财政杠杆率的扩张主要解决了基础设施的区域外溢性问题。区域外溢性导致基建投资量不足，而当区域联动举债扩张基建投资时，东部省区作为一个俱乐部，相互间能够共享基建投资的外溢性收益，从中长期有利于促进要素流动和区域一体化。另一个特征事实是，西部省区财政偿债信用评级指数同样出现趋同，评级指数的标准差甚至比东部省区下降幅度更大。这说明，西部省区通过转移支付的公共池转嫁偿债风险的扩张行为已经激化，省区间偿债信用持续逼近，当密集偿债期到来时，如果不采取措施解决流动性缺陷，西部省区将面临更严重的资产负债期限结构错配，所引发的流动性风险将不仅局限于一两个省区，而是可能在更大的地域空间扩散蔓延，形成严峻的区域联动局面。

东、西部省区偿债能力的整体趋同、两大区域内部的"俱乐部收敛"，意味着全国省区间财政偿债信用持续逼近，多省区密集出现财政偿债困境的可能性增大。防控地方政府债务风险的政策着力点，应从个案监控转向区域联防，避免触发大范围流动性危机。中国政府 2015 年全面放开地方政府发债融资权，推出万亿债务置换额度，从而有效缓释了地方政府面临的流动性压力。除此之外，我们认为实现风险区域联防，还应构建地方财政隐性赤字的风险预警机制，通过预警指标的数值变化，及时采取针对性的防范预案，防患于未然。在地方财政隐性赤字从低风险演化到高风险直至触发危机的全过程中，必然伴随着经济和财政某些环节的运转失衡，通过比较那些深陷偿债困境和杠杆收放有序的地区，研究者能够探明究竟哪些因素诱发了财政赤字的过度扩张，进而采取防范预案加以事前应对（Knedlik 和 Schweinitz，2012）。我们试图通过定量程序证明，中国地方财政隐性赤字的风险预警应构建"早期预警"和"高危预警"相衔接的双重预警机制，只有结合两套预警机制，才能有效甄别风险要素、保障财政运行安全。

5.2　地方财政隐性赤字风险的早期预警机制

5.2.1　早期预警机制的研究设计

早期预警是一种关于地方财政隐性赤字从低风险向高风险演化的预警机制，主要目的是观察哪些早期预警指标可以更有效预测地方财政隐性赤字隐含的高风险，以及早期预警指标的预警绩效之间是否具有互补性，从而针对高风险环节采取更有针对性的预控措施。

在定量研究过程中，首先要解决的难题是界定何为低风险、何为高风险。前文述及，由于中国经济体量庞大，且地方政府举债融资较好坚持了黄金法则，地方财政隐性赤字不存在债务融资的中长期可持续性风险；相对来看，地方财政隐性赤字的风险点主要集中在资产负债期限结构错配引发的流动性方面，是一种即期偿付能力风险。在无法获得到期还本付息数据的前提下，我们主要以"债务率"（地方政府债务余额/可用财力）指标衡量地方政府在长期隐性赤字扩张后，面临的流动性偿债压力。

债务率指标的国际公认警戒线是 100%，但出于两点考虑，我们将高风险警戒线调高至 150%：其一，我们估算的债务存量数据包含了地方政府负有偿还、担保和救助责任的债务类型，其中担保和救助责任债务未必转化为地方政府的实际偿付压力，假如借债主体自行消化到期债务，地方政府的流动性压力相应减弱；其二，100%的债务率国际警戒线是针对主权债务风险设定的，而 150%的债务率警戒线，是新兴市场经济国家管控地方财政偿债风险时，通常会执行的量化标准（李萍等，2009）。必须强调的是，我们将高风险警戒线设定在100%~200%的区间浮动，对后文的实证结论均没有显著影响。

我们选择的早期预警指标主要从地方财政偿债信用指标体系甄选而

来，研究方法方面，主要采用 Manasse 等（2003）设计的"二元递归树"（Binary Recursion Tree）方法，对早期预警指标进行树状预警排序。"二元递归树"作为一种非参数风险预警方法，可以突破线性方程约束，避免线性变量之间必须固守的先验定量关系。这种方法通过建立 n 个预警规则，将观测值分割成 n+1 个节点，进而将预警节点用树状结构图的直观形式加以刻画。我们采用的"二元递归树"方法的优点有：第一，在财政、金融风险预警过程中，越接近根节点、出现次数越多的预警指标越重要，因此这种方法具有对指标相对重要性进行自动排序的功能；第二，二元递归树模型的指标层次结构，可以自动区分各指标相互影响的逻辑关系；第三，判断节点可以准确反映预警指标的门限效应，门限值由内生程序测定，排除了人为因素干扰；第四，预警结果不受预警指标单调变换的影响。综上，这种方法非常适合地方财政隐性赤字风险的早期预警，研究者可以通过比较各早期预警指标的预警功能和绩效，设计风控预案，辅助实际部门决策。

接下来，应用"二元递归树"方法预警地方财政隐性赤字风险，要确定早期预警指标的警戒阀值。我们以"噪声信号比"方法测算各早期预警指标的预警阀值，进而根据指标是否突破预警阀值生成判别节点。Kaminsky 等（1998）详细描述了如何确定早期预警指标的内生预警阀值，基本思路是，对于每一个警戒阀值，研究者都能计算出一项早期预警指标的"噪声信号比"。将阀值取值区间设定为指标最低值和最高值组成的闭区间，在该闭区间内设定某一具体步长，递增变换阀值，直至找到使噪声信号比最低的阀值，这个阀值就是使早期预警指标能够达到最优预警绩效的内生阀值。以 KLR 方法判定指标阀值的优势是，所有早期预警指标的阀值都是研究者通过"遍历取值法"不断试错、直至找到使早期指标犯错概率最低的阀值最终确定的，从而能够避免以定性方法判断阀值时难以克服的主观因素干扰。由此根据早期预警指标是否突破了使噪声信号比最小化的内生阀值，我们可以将同一项早期预警指标分成两个不同的节点；如果节点不符合绩效标准，则继续按预警指标的内生阀值分割节点，直至所有最终节点达到预警绩效标准为止。

对于早期预警机制的定量化研究框架，另做两点补充说明。第一，在树状结构中，早期预警指标的位置基本按照 KLR 方法测算的指标效用值从高到低排序。[①]指标效用值反映的是决策者避免犯"遗失型"错误和"过失型"两类错误的概率，毫无疑问，犯错概率越小的指标效用值越高。我们给指标排序的总体原则是效用值越高的指标，所处层级越高，效用值略低的指标位置依次顺延，仅个别指标做细微调整，使最终节点全部符合预警规则。第二，我们遵循的预警绩效标准是，在节点区分出的样本中，如果高风险样本占全部样本比例超过 65%，则界定该节点为高风险节点；如果高风险样本占全部样本比例低于 45%，则界定该节点为低风险节点；高风险样本占比介于 45% 和 65% 之间时，需要继续寻找早期预警指标进行样本分割，直至找到最终节点为止。第三，最底层指标仍然选择了较高层级的财政自给率、转移支付依赖度等管理体制类指标，但分界阀值做了一定调整，使最终节点达到"二元递归树"法的分叉预警要求，合理区别早期预警指标的预警绩效。

5.2.2　早期预警结果分析

按以上研究框架，我们对中国地方财政隐性赤字风险进行了二元递归树方法的预警，最终的早期预警结果在图 5-2 中列示。以第一个指标"财政自给率"为例，0.45 的 KLR 内生阀值将各省观测值分割成两部分：低于内生阀值的观测值路径为 Y，指向模型左侧；高于内生阀值的观测值路径为 N，指向模型右侧，依此类推。之所以选择财政自给率作为二元递归树的起始指标，是由于这项指标在所有早期预警指标中，取得的KLR 效用值最高。另外，标注"Y"的路径显示了相应指标的预警规则，随指标性质变化，预警规则也有正向或负向的差异。[②]

---

① 关于早期预警指标效用值的 KLR 法测算程序，详见 Alessi 和 Detken（2011）的文章。
② 例如，"财政自给率""收入征管努力"等指标的预警规则是指标实际值低于内生阀值，"转移支付依赖度"的预警规则是指标实际值高于内生阀值，各早期预警指标的具体预警规则由指标性质决定。

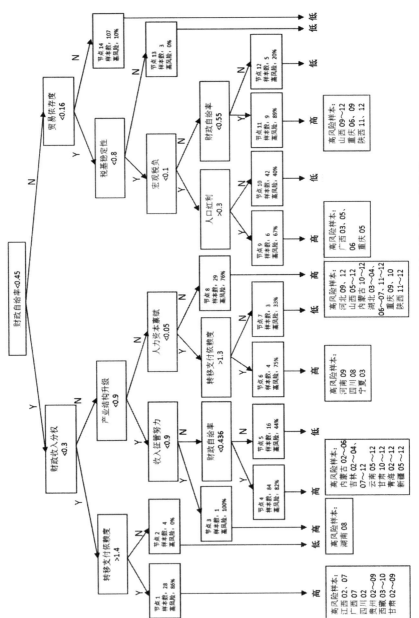

图5-2　地方财政隐性赤字风险的"二元递归树"先导预警结果

表 5-4　"二元递归树"先导预警指标的描述性统计

变量	观测值	平均值	标准差	最小值	最大值
综合债务率	341	1.908	1.494	0.446	11.590
财政自给率	341	0.500	0.206	0.053	0.951
转移支付依赖度	341	1.717	2.525	0.150	17.941
财政收入分权	341	0.448	0.153	0.247	0.997
贸易依存度	341	0.284	0.362	0.032	1.591
产业结构升级	341	0.949	0.641	0.053	3.166
税基稳定性	341	0.779	0.085	0.566	1.043
人口红利	341	0.267	0.040	0.157	0.423
宏观税负	341	0.086	0.029	0.044	0.186
人力资本禀赋	341	0.076	0.052	0.007	0.357
收入征管努力	341	1.100	0.107	0.753	1.663

数据来源: 作者的估算及《中国财政年鉴》(2003—2013)、《中国统计年鉴》(2003—2013)。

表 5-4 列示"二元递归树"法各早期预警指标和流动性风险指标的描述统计结果。基于早期预警指标的预警绩效, 我们甄别出 14 个最终节点, 以灰色图文框标识, 其中高风险节点和低风险节点各占 50%。在各节点中, 当早期预警指标在预警规则的指引下层层突破内生阀值后, 高风险样本的条件概率最低为 67%, 最高达 100%, 这说明以 KLR 法确定的内生阀值设计预警规则, 可以较好区分出高风险样本。

早期预警结果表明, 当"财政自给率""财政收入分权"和"转移支付依赖度"三项指标值都突破内生阀值时, 符合条件的样本出现隐性赤字高风险的概率达 86%。同时符合这三项预警规则的样本对应节点 1, 共包括 28 个观测点, 其中出现高风险的样本有江西(02、07)、广西(07)、四川 (02)、贵州 (02～09)、西藏 (03～10)、甘肃 (02～09), 共 24 个。在高风险样本中, 贵州、西藏、甘肃同属西部内陆省份, 均出现多次高风险, 说明落后省区财政隐性赤字的高流动性风险主要是由管理体制因素诱发的。由于财政自给率不高、在同中央政府的财权划分中居于不利地位, 西部欠发达省区更要靠中央转移支付弥补财力缺口, 对中央转移支付的过度依赖提高了落后省份的流动性风险等级。由此我们判断, 转移支付依赖度是决定流动性风险的重要先行指标, 进一步的经验证据是, 节点 2 的样本虽然"财政自给率""财政收入分权"突破了预警阀值, 但转移支付依赖度低于 1.4, 结果符合条件样本全部没有出现高风险,代表性样本有江苏（12）、安徽（12）、山东（02、12）等。这说明，如果地方政府降低对中央转移支付的制度依赖，主要倚靠自有税基涵养偿债财源，地方政府举债融资将趋于谨慎，未来触发高流动性风险的概率极低；反之，对中央转移支付依赖度越高的省区，越具有扩张举债、谋求救助的道德风险，冀图通过转移支付"公共池"将偿债压力转嫁给其他省区，从而更容易导致资产负债期限结构错配，陷入高流动性风险。

　　除管理体制因素外，我们也尝试以"经济资源"和"财政绩效"类指标预警地方财政隐性赤字风险，结果发现，当观测样本满足"财政自给率""财政收入分权度""产业结构升级""收入征管努力"四项指标的预警规则时，陷入高流动性风险的条件概率高达 100%。为什么满足四项条件的观测样本必然出现高流动性风险？我们认为，这是由于当四项预警规则同时满足时，地方政府孱弱的税基无力贡献足够的偿债财力，从实体面角度加剧了资产负债的结构错配。"产业结构升级"衡量的是第二、三产业增加值占 GDP 比重，农业税取消后，第一产业不再成为地方主要税基，地方政府能否获得充裕偿债财力，主要由产业升级规模和结构决定；而将潜在财源转化为实际入库收入取决于地方政府的收入征管努力程度，当地方政府税基涵养能力不足且征管不够努力时，将无力从实体经济中汲取足够财源偿还到期债务，这是我们观察到在节点 3 的样本陷入隐性赤字高风险的主因。

　　进一步研究表明，在"财政绩效"指标中，"收入征管努力"指标并不具有良好的早期预警效能和样本甄别能力。根据我们的测算，即便收入征管努力并不符合预警规则，即在高于 0.9 的观测样本中，仍有 76% 的样本形成高流动性风险。原因是在政绩考评机制压力下，大部分省份都面临强烈的激励保障财政收入及时入库，否则地方官员将因征收能力不足而在激烈的晋升博弈中被一票否决。既然"收入征管努力"指标不符合预警绩效标准，我们继续诉诸预警效能极强的"财政自给率"对样本加以区分，并重新确定预警阀值。经反复试错，我们选择的阀值是 0.436，节点 4 表明，当财政自给率低于该阀值时，即使地方政府努力征税入库，也将以 82% 的条件概率成为高风险样本，这些样本有内蒙古（02~06）、吉林（02~04、07~12）、云南（05~12）、甘肃（10~12）、青海（02~12）、新疆（05~12）；但当自给率不低于 0.436 时，节点 5

的高风险概率仅 44%。这两个节点全部满足预警绩效标准，成为最终节点。早期预警结果表明，当地方政府面临严峻的财权事责错配，从而财政自给率严重不足时，是否努力征税已经不是隐性赤字风险的先决要素，因为努力或不努力，地方政府的预算内收入都无力填补收支缺口，只能通过隐性渠道举债融资完成上级委任的支出责任。这个经验分析结果进一步印证了前文对风险激励机制的理论分析。如果"收入征管努力"指标预警绩效较差，能否找到其他早期预警指标予以替代呢？我们尝试用"人力资本禀赋"指标进行早期预警，结果仍不理想。在节点 8，高于人力资本禀赋的内生阀值 5% 的样本，高风险条件概率仍然高达 76%，说明人力资本禀赋指标并没有甄别出高风险和低风险样本。在另一个方向，即便符合人力资本禀赋指标设定的预警规则，我们仍然不得不诉诸"转移支付依赖度"指标寻找最终节点 6 和 7，因此无论是否符合预警规则，"人力资本禀赋"都不是流动性风险的决定要素。原因可能在于，中国传统经济增长方式主要依赖物质资本投资，人力资本尚未成为核心的影响变量，而地方政府的隐性赤字融资也主要用于轨道交通、管道敷设、垃圾清运等公共资本项目方面，对人力资本禀赋的促进效应相对薄弱，再加上中国改革开放后人力资本的跨区域流动性增强，任意地区很难完全内部化人力资本投资的中长期收益，以上因素都降低了"人力资本禀赋"指标的预警绩效。

接下来，我们遴选"经济基础"和"财政绩效"类指标中具有强预警能力的指标，首先找到的"经济基础"类指标是"贸易依存度"。预警结果表明，当观测样本同时满足"财政自给率"高于内生阀值、"贸易依存度"高于内生阀值两项预警规则时，出现高流动性风险的条件概率仅 10%，这种情况对应节点 14。"贸易依存度"指标对预警流动性风险的意义在于，贸易依存度越高，意味着地方政府吸引外商投资规模越大，经济外向型趋势越明显。尽管地方政府会以各种隐蔽的税式支出方式减免外商企业实际税负，但外资涌入将高端产业链植入本地产业结构，促进本地产业优化升级，为地方政府贡献更多企业所得税和营业税、增值税等流转类税收；此外要素集聚还能提高土地资产价值，为地方政府贡献财产类税收和土地批租收益，因此地方政府可以通过税负转嫁实现税基扩张和税收增长。税负增长强化了地方政府的偿债能力，有效降低了地方政府陷入流动性风险的概率，这是我们观察到"贸易依存度"指标具有良好预警能力的主要原因。但问题是，2009 年国际金融危机冲击过后，作为传统增长方式双引擎之一的对外出口大幅下滑，中国经济增长方式面临由外需拉动向内需拉动转变、由投资驱动向效率驱动转变的双重压力，我们判断，在中国经济步入新常态后，"贸易依存度"指标对流动性风险的预警能力将有所弱化，更多反映增长质量和资源利用效率的实体经济指标将取而代之，发挥更强的早期预警绩效，这是中国经济朝向形态更高级、分工更复杂、结构更合理的阶段演化的必然结果（李扬、张晓晶，2015）。

除"贸易依存度"外，我们发现"财政绩效"类指标中的"税基稳定性"也有良好的预警绩效，但这个指标的预警绩效需要以贸易依存度指标为前提条件。具体地，如果贸易依存度低于内生阀值，但"财政自给率""税基稳定性"两项指标不符合预警规则，出现流动性高风险的条件概率为 0，这个分析结果对应于节点 13。原因可能在于，税基稳定的地区更有能力在经济遭受外生冲击时维持必要的偿债财力，借以应对密集偿债期到来时的债务偿还需求；税基越不稳定，地方政府越要诉诸顺周期财源补充偿债缺口，增大经济下行周期的流动性风险。这说明，在央地财政关系的制度框架中，强化地方政府内源收入的稳定性、削弱地方财政收入对经济周期的敏感度，是遏制流动性风险的重要改革取向。

其他节点反映了另外一些"经济资源"和"财政绩效"类指标的预警效率，尽管这些指标预警效率不高，但也可从中得出一些有益的启示。有些省份尽管财权事责配置较合理，但经济外向型程度不高、税基不稳、宏观税负和人口红利较低，容易导致流动性风险增强，这类情形对应节点 9，代表性样本有广西（03、05、06）和重庆（05）。节点 10 区分出高人口红利省区，高风险概率下降到 40%，体现出实体面因素对偿债能力的贡献。节点 11 和 12 仍以"财政自给率"指标区分贸易依存度弱、税基稳定性差、宏观税负偏低的样本，并将阀值提高到 0.55，其中山西（09～12）、重庆（06、09）、陕西（11、12）进入高风险区域，其余 20%的样本风险较低。由于"财政自给率"指标在递归树模型中多次出现，说明在防范地方财政隐性赤字风险时，缓解地方政府财权事权错配的制度设计将具有重要意义。

5.2.3　早期预警机制的政策涵义

前文结合 KLR 和"二元递归树"预警方法，完全排除定性因素干扰，通过定量化程序对中国地方财政隐性赤字风险的发展演化规律进行了早期预警研究。通过经验研究，我们得到一些重要的政策涵义，对发展中国家强化财经纪律约束、管控地方政府举债融资冲动和防范隐性赤字风险的蔓延深化，或许具有一般性的启示意义。

首先，在我们甄选的早期预警指标中，"管理体制"类指标，包括"财政自给率""财政收入分权""转移支付依赖度"在内，都具有极强的早期预警能力。这些指标不仅 KLR 效用值位列前三，在"二元递归树"预警流程图中，共 8 处节点直接与三项指标有关，可以有效区分出 80% 以上的高风险样本。这说明，传统的中央地方财政管理框架作为一种以"财权上收"和"增长激励"为特征的制度设计，是同"增长导向"的发展战略相契合的。同官员晋升考评制度相结合，传统央地财政管理体制激发了地方官员"搞建设、谋发展、扩财源、养税基"的积极性，但其中缺乏抑制风险的制度设计，甚至在一定程度上鼓励了地方政府的风险融资。在中央政府"上移财权、下放事权"的过程中，地方财权事责严重错配，为维持地方发展经济的能动性，中央政府为地方举债融资行为背书，提供了隐性担保和救助承诺。这使地方政府罔顾潜在风险，大量举债融资弥合财力缺口，冀图在密集偿债期到来时，通过中央转移支付"公共池"推卸偿债责任。综上，道德风险和预算软约束是我们观察到管理体制类指标都很较好预测流动性风险发展演化趋势的主要原因。

其次，我们发现"经济基础"类指标中，仅"贸易依存度"指标具有相对理想的早期预警能力，其他如"产业结构升级""人力资本禀赋""人口红利"等指标的早期预警绩效都较弱，与"管理体制"指标存在明显的预警绩效差距。在全球经济"大稳定"（Great Moderation）时期，外向型经济越活跃、要素集聚效应越充分的地区，流动税基越宽泛，流动性风险越低是不难理解的。而其他实体经济面因素，如人力资本禀赋、人口红利等，或者在省区间差异不显著，或者对税基涵养的贡献较小，并不能有效预测风险演化。更重要的一点是，经济基础类指标对隐性赤字风险的影响主要体现在中长期，是通过税基涵养效应缓慢显现的，而根据权威数据进行的分析，中国地方政府的赤字扩张并不存在中长期可持续性风险，中长期风险在省际之间也并不显著，这无疑弱化了经济基础类指标的风险识别能力；特别是当研究对象集中在短期流动性风险时，经济基础类指标的识别能力无疑会进一步减弱。

再次，相对"管理体制"和"经济基础"类指标而言，"财政绩效"指标是地方政府相对来说更可控的变量。财政管理体制主要由中央政府顶层设计，地方政府并没有太多讨价还价权；经济基础则受发展战略、地理位置、资源条件等因素影响，对地方政府而言大多是外生变量，只有财政运行绩效，是地方政府通过调整收支计划可以灵活掌控的。研究表明，"财政绩效"类指标的早期预警能力介于"管理体制"和"经济基础"类指标之间，其中预警能力最强的指标是"税基稳定性"。税基稳定性以税收收入占可用财力比重衡量，因此在税、费、租、利等地方财源中，压缩高度顺周期的费、租、利等预算外财源，提高对经济周期敏感度较弱的预算内税收收入比例，对地方政府缓释隐性赤字融资冲动是非常重要的。更进一步分析，在税收收入中，不同税种的稳定性程度也有较大差异：流转类税收以商品流通环节的增值额为税基，所得类税收以利润或收入为税基，这两类税收对周期性冲击反映强烈；财产类税收以财产存量评估价值为税基，对周期性冲击的敏感度低，税基更稳定。因此提高税收收入占可用财力比重、财税类税收占税收收入比重，有利于遏制流动性风险。

最后，作为发展中的大国，中国势必面临比小国更严峻的区域发展不均衡问题。受地理、政策等因素的影响，中国形成了从东南沿海到西部内陆的梯度发展格局，中西部省区无论经济基础还是偿债信用都落后于东部省区；但在政府间事权界定不清、地方政府举债融资获得中央政府隐性担保的制度框架中，中西部省区表现出更强烈的隐性融资冲动，累积了更严重的偿债风险，流动性风险的区域梯度布局同偿债信用是互逆的。本节研究结果为这种现象提供了经验证据：落后省区对中央转移支付的依赖度高、财权事权更加错配、税基严重不稳，这些不利因素相互叠加，再加上中央政府平衡各地区发展速度的救助预期，共同导致了落后省区的赤字膨胀。由此形成的政策启示是，中央应将财政转移支付职能严格限定为公共服务均等化，而非省区间转嫁偿债责任的公共池。

中西部地区的财政事权错配、财政自给率不足、税基不稳等问题，均可通过在转移支付总量中强化一般性转移支付效能的方式予以解决，同时在一定程度上弱化中央政府具有更多裁量权的专项转移支付比重，缓解地方政府的预算外隐性融资冲动。作为委托方，中央政府还要强化地方政府举债融资的绩效管理，防止落后省区将债务融资投向低效的政绩项目，甚至自利性项目，造成对民间投资的过度挤出效应，这些政策内涵都是本节的应有之义。

5.3 地方财政隐性赤字风险的高危预警机制

早期预警机制主要针对省级政府展开，是一种横向可比的量化预警机制。接下来，我们基于纵向层级风险累积的累退性特征，探讨适用于市县级政府的一种高危预警机制。市县级政府在长期隐性赤字扩张过程中，累积的流动性风险高于省级政府，郭玉清（2011）详述了如何测算政府逾期债务，基于逾期债务概念量化预警市县级政府面临的流动性偿债压力。早期预警和高危预警机制的相互衔接，将更有效遏制隐性赤字风险，避免风险传导升级，冲击中央财政安全。

5.3.1 高危预警机制的运行原理

债务率指标可以反映地方政府从低流动性到高流动性风险的发展演化，而逾期债务率（逾期债务/债务余额）可以进一步反映出流动性风险的高危程度。逾期债务是地方政府现有财力无力覆盖到期债务的累积违约额，一方面会恶化银行资产负债表，另一方面会强化上级政府的担保偿债压力，加速风险传导转嫁。根据中国审计署总第 174 号审计公告，截至 2012 年底，全国政府负有偿还责任的逾期债务率是 5.38%，主要集中在市县级政府，因此我们围绕"逾期债务率"指标设计适用于市县级政府的高危预警机制。

我们构建一个数据模型，从宏观视角分析地方政府应如何控制逾期债务的发展演化，缓解高危流动性风险。前文述及，以地方政府融资平台为依托的传统地方举债融资模式，使地方财政隐性赤字始终在预算收支表外操作。虽然从账面上观察，预算收支表是保持平衡的，但将隐性融资额考虑进来，地方财政支出将保持高于财政收入，存在隐性财政赤字。设地方政府可支配的财政收入为 R_t，财政支出为 E_t，待偿政府逾期债务同 GDP 比值为 ϕ_t，则新增违约和预算收支满足以下方程：

$$ND_t + E_t = R_t + \phi_t Y_t \qquad (5.5)$$

（5.5）式约束新增违约和财政支出等同于财政收入同待偿逾期债务之和。若地方财政收入高于财政支出，形成预算内盈余，地方政府将有能力划拨部分盈余收入，用于偿还长期累积的逾期债务，这对控制高危流动性风险非常重要。将财政支出移项，可得：

$$ND_t = R_t - E_t + \phi_t Y_t \qquad (5.6)$$

其中 $R_t - E_t$ 是地方政府增收节支形成的财政盈余。我国地方政府没有税率调整权和税基选择权，地方政府很难灵活调整收入；但从支出层面说，三公经费和预算超编人员的供养性支出仍有较大压缩空间。设财政盈余占 GDP 比重为 δ 并保持稳定，可得：

$$ND_t = (\delta + \phi_t) \times Y_t \qquad (5.7)$$

上式刻画了地方政府有能力偿还新增违约债务的前提下，新增违约同经济产出的数理关系。设地方经济增长率为 g，可推导出下式：

$$ND_t / Y_{t+1} = (\delta + \phi_t)/(1+g) \qquad (5.8)$$

（5.8）式的经济含义为：为使地方政府有能力偿还新增违约，本年度新增违约与下年度 GDP 的比值应同政府偿债比率、预算盈余比率正相关，同经济增长率负相关，从而经济增长率越高的地区越有能力偿还上年度新增违约。由（5.7）式可推得 $ND_{t+1} / Y_{t+1} = (\delta + \phi_{t+1})$，减（5.8）式得：

$$\frac{ND_{t+1} - ND_t}{Y_{t+1}} = \frac{\delta g + (1+g)\phi_{t+1} - \phi_t}{1+g} \qquad (5.9)$$

（5.9）式反映了新增违约的动态演化规律。当 $\phi_t = \delta g$ 时，$ND_t = \delta Y_{t+1} = R_{t+1} - E_{t+1}$，说明下年度财政盈余恰能弥补上年度新增违约，逾期债务余额维持不变，高危风险可有效控制。当 $\phi_t < \delta g$ 时，$ND_t < (R_{t+1} - E_{t+1})$，财政盈余弥补上年度新增违约后还有剩余，可用于偿还逾期债务，高危风险逐年减轻。但当 $\phi_t > \delta g$ 时，$ND_t > (R_{t+1} - E_{t+1})$，财政盈余无力弥补上年度新增违约，逾期债务将逐年增长，威胁财政运行安全。为确保地方财政有能力自行控制高危流动性风险，需要满足的基本条件是 $\phi_t \leqslant \delta g$，新增违约的最高限额为：

$$\text{MAX}ND_t = (\delta + \varphi_t) \times Y_t = \delta(1+g) \times Y_t = (R_t - E_t)(1+g) \qquad (5.10)$$

这说明，当地方财政收入小于财政支出，即财政收支形成赤字而非盈余时，允许债务违约额为负值，这与我们的经济直觉是相符的。最大违约限额与预算盈余、经济增长率正相关，后两个变量值越高，违约限额越大。由于实际违约额是动态变化过程，控制风险的偿债准备金也应随之调整，但不能低于违约债务额扣除最大违约限额后的余额，即：

$$\text{MIN}DP_t = ND_t - (R_t - E_t)(1+g) \qquad (5.11)$$

转换视角，考虑每年地方财政应安排多少偿债金，才能彻底偿清逾期债务，阻断风险传导扩张。我们定义实际账面赤字为 $E_t - R_t$，又称"基本赤字"（Primary Deficit），用 DE_{et} 表示；与之对应，ND_t 是偿债资金不足以应对到期债务造成的年度违约，可称为"高危赤字"，用 DE_{it} 表示，于是有：

$$DE_{et} + DE_{it} = E_t - R_t + ND_t \qquad (5.12)$$

现在设想，为自行消化所有债务负担，地方财政每年应该至少安排多少财政盈余？鉴于中国已经全面放开地方政府的发债融资权，我们可以在地方政府自主发债融资的制度前提下，思考这个问题。假如地方可以通过发行债券弥补基本赤字和高危赤字，则政府预算约束式应满足如下动态方程：

$$B_t = (1+r)B_{t-1} + (DE_{et} + DE_{it}) \qquad (5.13)$$

上式中，r 是长期真实利率。由于我国资本市场尚未彻底开放，还存在相当程度的利率管制，加之地方政府普遍存有的"资金饥渴症"，利率长期在高位运行。[①] 将（5.13）式向前迭代 N 期，可得：

$$B_{t-1} = \sum_{j=0}^{N}[-(DE_e + DE_i)_{t+1}/(1+r)^{j+1}] + B_{N+1}/(1+r)^{N+1} \qquad (5.14)$$

根据非蓬齐预算约束条件，（5.14)式最后一项在 N 趋向于无穷大时，极限为 0，即：

---

① 李扬、张晓晶（2015）发现了中国金融体系长期存在的一个有趣悖论："量宽价高"，即一方面中国金融市场存在过剩流动性，货币被动超发；另一方面，在利率管制下，资金成本居高不下，价格高企。这两个看似矛盾的现象在中国都真实存在并发挥作用，作者对此给予了有说服力的解释。

$$\lim_{N \to \infty} B_{N+1}/(1+r)^{N+1} = 0 \tag{5.15}$$

（5.15）式要求地方政府无穷远期债务现值为 0。也就是说，地方政府的债务增速低于真实利率，否则债务现值将发散至无穷大。施加非蓬齐预算约束条件后，地方政府任意时点债务小于或等于未来财政盈余的现值，可以确保初始债务被全部偿还，积分表示为：

$$\int_0^\infty -(DE_{et} + DE_{it})\mathrm{e}^{-rt}\mathrm{d}t \geqslant B_0 \tag{5.16}$$

其中，$-(DE_{et} + DE_{it})$ 是财政盈余，即为偿还当前债务，需要在以后各年预算中预留的偿债资金。用 GDP 占比表示，可得：

$$\int_0^\infty -(z_{et} + z_{it})\mathrm{e}^{-(g-r)t}\mathrm{d}t \geqslant \mu_0 \tag{5.17}$$

其中，$-(z_{et} + z_{it})$ 是为弥补基本赤字和高危赤字，应实现的财政盈余占 GDP 比重，μ_0 是初期债务负担率。对上式求解可得：

$$-(z_{et} + z_{it}) \geqslant \mu_0(r-g) \tag{5.18}$$

（5.18）式的经济含义是，当真实利率大于经济增长率时，地方政府全部偿还其初始债务，每年至少要保证 $\mu_0(r-g)$ 的财政盈余率。当然若 $r \leqslant g$，不等式右端为负值，政府即便保持预算平衡也具有无限偿债能力，但这种情形不可能长期成立，因为产出增长率永久高于真实利率，意味着经济是动态无效率的。我们考虑更贴近现实的 $r > g$ 情形，并且政府财政盈余的现值不低于当前地方债务余额。从不违反政府跨期预算约束的意义上说，这种财政政策是可持续的。进一步变形得：

$$z_{it} \leqslant -\mu_0(r-g) - z_{et} \tag{5.19}$$

上式给出地方政府能够偿清以往债务余额时，高危赤字比率所允许的最高限额，或相对意义上的债务违约限额。由此可得：

$$ND_t \leqslant (R_t - E_t) - B_0(r-g) \tag{5.20}$$

上式给出了地方政府的违约债务限额。为彻底还清初始债务，地方政府的年度债务违约不能超过 $(R_t - E_t) - B_0(r-g)$，或地方政府年度最大违约债务限额为：

$$\mathrm{MAX}ND_t = (R_t - E_t) - B_0(r-g) \tag{5.21}$$

在（5.21）式中，$B_0(r-g)$ 恒为正，因此当财政收入 R_t 低于财政支

出 E_t 时，即财政形成赤字而非盈余时，地方政府的举债融资行为可能造成无法彻底清偿债务的局面。这就要求地方政府在赤字年份中，要尽量降低举债，或者动用偿债准备金，或者减少一些低效支出，优先保证债务支出需求得到满足。我们得出的另一个重要推论是：经济增长率越高的地区，$\mathrm{MAX}ND_t$ 越大，意味着经济发展越快的地区，允许的违约限额越高，这可以解释为何西部省区快速的经济增长反而诱发了更高的相对债务存量。根据前面的分析，为彻底偿还地方政府债务，偿债准备金至少预留：

$$\mathrm{MIN}DP_t = ND_t - (R_t - E_t) + B_0(r - g) \tag{5.22}$$

比较（5.11）式和（5.22）式不难发现，控制高危流动性风险的偿债准备金安排，低于彻底化解高危风险的偿债准备金安排，这在经济意义上是容易理解的。如果地方政府不满足于将逾期债务控制在一定额度，而是彻底化解高危风险，每年必须比（5.11）式多安排 $B_0(r - g) + (R_t - E_t)g$ 的偿债资金。如果安排的偿债资金低于此数值，逾期债务规模会下降，但不会得到彻底清偿；如果安排的偿债资金高于此数值，偿还期将缩短，直至风险全部消除。由此我们得到以下结论：

第一，举债或赤字规模本身不是高危流动性风险管理的主要对象，违约和逾期债务才是重点监测指标。地方财政隐性赤字危机的触发，在于地方政府无力支付到期债务累积了大量的违约、欠账、缺口，最终以侵蚀基本公共服务供给能力的极端方式凸显，因此将举债规模和地方政府自行消化债务的能力结合起来分析才有风险警控的意义。如果地方政府财力雄厚、经济发展趋势向好，那么即使多举借一些债务，也不会形成严峻的流动性风险；但如果地方政府财力严重不足，收支缺口极高，即使举债融资规模不高，也可能触发流动性危机。逾期债务指标恰能反映地方财力不足以偿还到期债务而形成的高危流动性压力，基于这一指标研究风险预警机制将更有针对性。

第二，中央政府对欠发达地区的流动性风险要给予特别关注，采取增信支持手段缓解其偿债困境，防范风险传导升级。我们的研究显示，流动性风险与经济发展的梯度布局是互逆的，经济越发达的省区，地方政府从广义税基汲取收入的能力越强，流动性风险越低。在地方政府发债融资权放开后，地方政府的债券融资能力将接受资本市场检验，债信越低的省区继续融资能力越差，因此中央政府可通过转移支付、政策支持等手段强化欠发达地区的债务偿还能力，但不能简单为其举债行为背书，否则大量资金将流向低效项目。"一带一路"战略对西部内陆省份是难得的发展契机，依托这一战略背景，西部省区发展可望获得更多举债融资项目的支持实现与东南沿海地区的经济收敛。

第三，地方政府过度扩张赤字将使财政难以持续，应约束其本地财政经济状况，将高危流动性风险控制在一定限度。我们发现，当地方政府债务违约额超过 $(R_t - E_t) - B_0(r - g)$ 时，逾期债务不可能完全清偿；当地方政府债务违约额超过 $(R_t - E_t)(1 + g)$ 时，即便实现财政盈余，也无力弥补违约债务，逾期债务规模将不断扩大。因此在力图实现财政盈余之外，地方政府还应设立偿债准备金，将高危流动性风险的资金缺口补足，至少避免逾期债务规模不断扩大。这就要求地方政府在"新常态"发展趋势下，严肃财经纪律，实施增收节支的财政调整计划，通过压缩低效支出整固财政，修复以往强激励政策失衡的资产负债表。

根据以上理论分析结论，构建地方财政隐性赤字风险的高危预警机制，防范市县级政府财政运行风险，应通过多项制度改革的协调搭配，实现对逾期债务的规范管理和及时清偿。主要政策建议如下：

第一，公开披露地方财政隐性赤字信息。信息披露制度可能短期不利于地方政府的继续举债融资，但从中长期看，有利于遏制地方政府扩张冲动，强化举债融资的财经纪律约束，辅助决策机构从事更深入的经验研究、掌握更多经验证据。中国已经全面放开地方政府的发债融资权，用低成本、长期限的地方政府债券置换传统举债融资模式下高成本、短期险的银行借贷，为实现地方财政隐性赤字的显性化提供了制度基础。下一步是编制更详实的地方政府资产负债表，将资产和负债情况全面核实公开，降低流动性风险。

第二，建立地方财政偿债准备金制度。偿债准备金的只能是专项用于到期和逾期债务偿还，防范流动性风险。地方政府可以通过预算资金安排、财政结余调剂、公共投资效益的一定比例的划传等途径，整合财政偿债资金。考虑到偿债的长期性，偿债资金一旦确立，就应保持稳定，在年度预算安排中作为固定支持项目，稳中有涨。对有经济效益和偿还能力的项目，财政部门应密切监控项目收益，督促项目单位制定并落实偿债计划，按月将偿债资金汇入财政部门专设的偿债基金专户，统一由财政负责还本付息。

第三，强化政府举债监管。按照"责权利"和"借用还"相统一的原则，成立政府债务归口管理机构，制定地方债务的中长期规划。举债规模与财政承受能力挂钩，防止还贷时对财政造成冲击。严格控制政府担保债管理，对市场竞争型项目，采取借款单位与贷款机构对接方式，财政不予担保；对技术性和公益性项目，需要财政担保的，从财政承受能力出发，完善贷款手续，充实配套资金和还贷资金来源，在预算安排上留出偿债准备金，对用款单位建立财产抵押和还款保证金制度。摸清政府债务项目和还款金额，落实还款计划，根据不同情况，采取单位还款、预算清偿、预算扣款和加收滞纳金等办法，回收偿债资金。

第四，实行举债融资决策责任制。为提高债务资金使用效益，防止地方官员低效违规融资，各级政府应建立举债融资决策的问责机制，明确项目负责人承担的管理和偿债责任。为避免资金多头管理和违规决策，应实行投资项目决策的一贯负责制，从建设项目的可行性研究、立项，到设计、施工、生产的全过程，明确责任人员，全面监督。项目收益优先补充偿债准备金，及时偿还项目举债，防范高位风险的累积扩张。

第五，建立地方财政偿债机制。研究确定规范合理的风险监控指标体系，如财政负担率、财政还款率、内外债比例、债务期限结构、直接债务与或有债务比例等，使地方政府的举债融资与经济发展水平和财政承受能力相适应，动态化解流动性风险。

5.3.2 基于偿债压力测试的高危风险控制

宏观视角分析了地方财政隐性赤字危机控制的基本思路，以及隐性赤字融资对财政经济的影响。主要政策启示是，政府逾期债务累积到一定规模时，最直接的化解方式是财政安排一笔偿债基金，及时用于违约债务偿还，并编入财政预算规范管理（Allen，2000；郭玉清，2006）。偿债准备金制度有助于将风险遏制在萌芽状态，防止逾期债务不断累积扩大到中央财政不堪重负的程度，这就需要考虑，财政每年应安排多少偿债准备金，才能既有效遏制风险的不断扩张，又不至于因资金安排过量而影响使用效益？本节尝试从债务清偿的动态演变角度考虑偿债准备金规模，这个分析视角延伸到各级财政自身的微观处理与控制领域，致力于指导地方财政隐性赤字危机控制的动态管理实践。

5.3.2.1 地方财政隐性赤字危机动态控制的基本思路

控制地方财政隐性赤字危机的主旨是防范新增违约。由于偿债准备金数量取决于下年度应还债务转化成逾期债务的可能性，而这种可能性又与以往偿债金准备金安排和新增违约有关，因此应是一个时序自相关性较强且不断动态变化的量：如果以前年度安排了偿债资金，却仍然出现新增违约，则下年度安排偿债准备金时应充分考虑到这一情况，适当增加准备金数量，以便将违约债务规模动态限制在弥补损失的准备金总额范围之内，实现对财政风险的及时控制。

借鉴郭玉清（2011），本节引入"偿债比率"（CP）概念，即未来年份应安排的偿债准备金数量占应还债务的比重。确定偿债比率的计算公式时考虑到以下因素：第一，偿债准备金与应还债务的比例。如果以往年度偿债准备金占应还债务的比值较大，说明需要偿还的违约和逾期债务量较多，对后续追加偿债的资金量要求也较大。第二，新增违约与应还债务的比例。该项指标值越高，说明债务违约概率越高，转化为逾期债务的规模相应也越大，相应越需要设置较多的准备金用于控制风险。第三，前两项指标对偿债比率的影响应随时间变化在边际上体现出累进性。如果使用计算转化比率时的概率密度函数来反映影响程度，则债务 D_i 的偿债比率同样可表述为求取如下条件期望值：

$$CP_{it} = \mathrm{E}\left[(SF_i + ND_i)/\tilde{D}'_i \,\big|\, t \right]$$
$$= \int_{y=0}^{t} (SF_{iy} + ND_{iy}) f(y)/\tilde{D}'_i(y)\mathrm{d}y \tag{5.23}$$

当考察期较短时，可简化离散情况下的计算程序。不妨取前 η 年的数据计算，影响程度视时期远近分别赋予递增的权重，则第 $t+1$ 年应安排的偿债准备金数量和偿债比率分别为：

$$SF_{i,t+1} \doteq (\Delta\tilde{D}_{i,t+1}) \times CP_{it} \tag{5.24}$$

$$CP_{it} = \sum_{y=t-\eta}^{t} \left[\frac{(SF_{iy} + ND_{iy})}{(\Delta\tilde{D}_{iy})} \times p_y \right] \tag{5.25}$$

其中 $\Delta\tilde{D}_{iy}=(\tilde{D}_{iy}-\tilde{D}_{i,y-1})$ 为第 y 年的应还债务，p_y 是影响权重。（5.23）～（5.25）式说明，财政部门安排偿债准备金是一个不断滚存的动态调整过程。如果以往年度偿债准备金与新增违约之和占应还债务的比例较小，则第 $t+1$ 年可在预算内少安排一些资金；但如果第 $t+1$ 年经济遭受非常规因素的冲击而形成较大规模的新增违约，则接下来的年份又要多安排一些准备金，具体数额根据（5.25）式测算。通过持续的动态调整，财政部门便能对新增违约进行监控管理和及时清偿，防止财政风险不断累积扩大到财政资不抵债的局面，并避免因过多设置准备金而影响其使用效益。

5.3.2.2　偿债压力测试

我们在简化情形下进行情景模拟，通过迭代测算消除（5.25）式中偿债准备金计算公式的滞后项，并对地方安排偿债准备金控制财政风险进行压力测试。假定地方财政仅以本期数据为基准设定下期偿债准备金，即 $\eta=0$，$p_y=1$，并且不考虑违约成本和新增违约偿还等因素。在考察初期债务 D_i 的偿债准备金 SF_{i0} 及新增违约 ND_{i0} 均为 0，则第 1 年的偿债准备金 SF_{i1} 设置仍为 0。假如第 1 年出现新增违约 ND_{i1}，则根据（5.24）～（5.25）式可得第 2 年地方政府应安排的偿债准备金数量为 $SF_{i2}=\Delta\tilde{D}_{i2}\times ND_{i1}/\Delta\tilde{D}_{i1}$。如果在该偿债准备金安排下，第 2 年仍出现数额为 ND_{i2} 的新增违约，则经计算后可得第 3 年应安排的偿债准备金数量为 $SF_{i3}=\Delta\tilde{D}_{i3}\times(ND_{i1}/\Delta\tilde{D}_{i1}+ND_{i2}/\Delta\tilde{D}_{i2})$。由此不断迭代测算，可得简化情形下第 $t+1$ 年应安排的偿债准备金为：

$$SF_{i,t+1}^{simple}=\Delta\tilde{D}_{i,t+1}\times\sum_{y=1}^{t}(ND_{iy}/\Delta\tilde{D}_{iy}) \tag{5.26}$$

（5.26）式表明偿债准备金的设定数额主要取决于往年新增违约比率，历史违约信息将延续至本期作为设置准备金数额的依据。可分三种极端情形进行讨论：

情形一：假如每年新增违约均为 0，即根据历史经验，各期应还债务均能得以及时清偿，则第 $t+1$ 年的偿债准备金可设定为最小值 $\mathrm{MIN}SF_{i,t+1}^{simple}=0$，地方财政的偿债压力最小。

情形二：假如针对债务 D_i 的准备金全部用于该项债务的违约偿还，

且第 1 年新增违约为全部应还债务 $\Delta\tilde{D}_{i1}$，则第 2 年地方财政将设置 $\Delta\tilde{D}_{i2}$ 的偿债准备金，保证第 2 年不会出现新增违约，即 $ND_{i2}=0$。这种偿债安排力度将一直持续下去，即每年偿债准备金总额均严格控制于该年度应还债务，以保证该年度不会出现新增违约。第 $t+1$ 年偿债准备金应设定为中间值 MID$SF_{i,t+1}^{simple}=\Delta\tilde{D}_{i,t+1}$，虽然地方财政还将面对 $\Delta\tilde{D}_{i1}$ 规模的遗留逾期债务，但随着 GDP 的不断增长，地方财政隐性赤字危机 RP 将呈逐年减缩的趋势。

情形三：假如地方财政并未设置针对债务 D_i 的偿债准备金，或准备金并未用于偿还该债务，导致出现每年新增违约均等于应还债务的极端情况，即 $ND_{iy}=\Delta\tilde{D}_{iy},\forall y\in[1,t]$，则第 $t+1$ 年偿债准备金将不得不设置为最大值 MAX$SF_{i,t+1}^{simple}=t\Delta\tilde{D}_{i,t+1}$。在这种情形下地方政府将面对最高级别的偿债压力，遗留的逾期债务规模也将达到最大值 $\tilde{D}_{it}$，极可能需要上级财政进行救助并逐级向上转嫁风险。

以上分析表明，为避免情形三，偿债准备金应尽早设置并专款专用，防止财政风险不断扩散蔓延。即便考察初期逾期债务并不为零，只要其绝对规模稳定在一定幅度，随着经济总量的不断扩张，本地地方财政隐性赤字危机程度也将逐步减弱。但假如观察到的逾期债务同 GDP 比值超越了财政安全警戒线，则应设置更多准备金予以清偿，以适时"化解"财政风险，这将对地方政府的偿债准备金设置提出更高需求。

第 6 章　地方财政隐性赤字风险的监管机制设计

中国地方财政隐性赤字是在市场化改革推进过程中，与快速城市化相伴而生的阶段性制度现象，符合发展中国家的共性规律。案例研究表明，隐性赤字风险是发展中国家都普遍经历的"成长烦恼"，中国也不例外；借举债风险唱衰中国，其动机固然有失偏颇，其结果也注定徒劳无益。但作为一个发展中的大国，中国的财政、金融、政治制度与竞争联邦制国家迥异，地方财政隐性赤字风险的形成机理、传导路径、表现形式、影响效应都有所不同，在其他国家行之有效的风控经验未必完全适用于我国。本章立足中国地方财政隐性赤字的理论和经验研究，在中国政府业已推出一系列风险管控措施的背景下，设计流动性风险的动态监管机制，探讨适用于中国的地方政府举债融资的大国治理机制。

6.1　监管背景与设计原则

6.1.1　风险监管的制度背景

我们注意到，在快速城市化进程中，地方政府受政绩考评机制激励形成了一种"风险偏好型"的竞争举债模式（郭玉清，2014）。各级地方政府在扩张财政赤字时，并没有考虑未来是否有对应的偿债能力，而是致力于在中央政府主导的隐性担保体系中，将偿债责任转嫁给其他地区，使流动性风险在地方层面不断叠加凝聚。流动性风险在 2009 年强刺激政策推出之后进一步加剧，国务院随即在 2010 年要求各地整顿融资平台债务，遏制风险蔓延深化。在后危机时代，中国经济步入新常态，经济增速换档期、结构调整阵痛期、激励政策消化期三期叠加。当此背景下，稳固财政、降低杠杆率、修复资产负债表成为地方政府面临的紧迫任务。

2014 年以来，继多次大规模政府性债务审计之后，中国政府出台一系列政策，限制地方政府融资规模，控制流动性风险。2014 年 10 月，国务院下发的《关于加强地方政府性债务管理的意见》（国发〔2014〕43号），突出强调了四点内容：禁止金融机构向地方政府违规融资、剥离地方融资平台的政策性融资功能、将地方官员举债风险纳入问责机制、原则上不救助陷入偿债危机的地方政府。这份文件的颁发，意味着中国地方政府的赤字融资模式将从土地收益为杠杆的隐性扩张机制转为总额控制下的债券融资机制，从而使地方政府融资更加透明化和可持续。道理在于，地方政府罔顾风险扩张赤字，动力机制即在于传统政绩考评机制中没有纳入举债融资的风险成本，导致举债收益和成本高度非对称，而中央政府为地方政府举债融资背书、地方政府为融资平台提供隐性担保、地方政府与金融机构之间具有隐性契约的特征事实，协同放大了地方政府的赤字扩张冲动，使流动性风险不断凝聚。国务院审时度势出台的地方政府性债务管理制度，无疑是非常有针对性的风险控管措施。

2015 年，中国政府针对地方财政隐性赤字蕴含的流动性风险，又施一记重拳，在新《预算法》中正式放开发行地方政府债券的权利，允许地方政府用债券融资置换行将到期的债务，缓释偿债压力。我们的研究表明，债务置换对遏制流动性风险传导升级、修复地方政府资产负债表、维护地方财政可持续发展非常关键。理由如下：

首先，中国地方财政隐性赤字风险不存在可持续性问题。由于地方政府举债融资较好坚持了"黄金法则"，经济承载力强，政府资产雄厚，负债率仍低于公认警戒线，从中长期视角看地方政府举债融资是可持续的。既然隐性风险源于资产负债期限结构错配引发的流动性方面，以期限更长、成本更低的地方政府债券替代期限较短、成本较高的银行贷款，便具备了经济意义上的合理性，也有利于防范流动性风险转嫁到金融体系，使银行资产负债表受损。

其次，以银行贷款为主的传统举债融资模式，主要弊端是债权人集中、贷款回收期短。地方政府往往在未来 3～5 年内便迎来偿债高峰，而举债融资项目的收益期却可能超过十年，从而传统举债融资模式始终面临资产负债期限结构错配的难题。通过债务置换，期限更长的地方政债券融资同公共投资项目形成的资产寿命相匹配，债券投资人多元化、分散化，结构错配问题迎刃而解。债券融资期限拉长，意味着后代人可能会承担部分基础设施建设成本，这也更加符合基础设施收益跨代溢出的"代际公平"原则。

再次，当债券融资期限拉长后，地方政府可以更加从容地安排公共项目的投资领域和投资进度。传统地方政府举债融资模式依托城市融资平台，是一种更加"城市偏向"的举债模式，举债项目大多投向了轨道交通、管道敷设、垃圾清运等"市政项目"方面，债务类型更贴近收益型的市政债。债券融资期限拉长后，债务人变成地方政府，而非依附地方政府的融资公司,地方政府可以视项目收益期限安排不同的债券组合，一些跨区域、大规模的基础设施，如路网、电力、航运、通信等，可以得到债券融资的支持。特别是，在"一带一路"战略推进中，外溢性强烈的跨地区基础设施对促进区域一体化和生产要素的跨区配置非常重要，这些战略性基建项目可以发行地方政府债券融资，从而突破传统举债模式的市政债类型局限，使债券类型和功能同"一般责任债券"对接。

最后，单一制政体，是在中国高效推行债务置换的制度优势。前文述及，地方财政风险的监管模式有四种：市场纪律、行政约束、规则控制、合作协议，在不同制度环境中，这四种模式都有可能成为最优选择，并不存在理论上的最优模式。单一制政体赋予了中国推行债务置换的制度优势，即可以有效避免中央与地方频繁讨价还价的低效率、个别债权人与地方政府谈判的"钳制问题"、资本市场配置信贷资源时不同区域融资能力的严峻分化等。以中央政府为主导，使债务置换迅速在地方层面大范围铺开，也可避免流动性风险蔓延升级。作为发展中的大国，中国还具有小国不具备的风险处理优势，即便危机在局部地区凝聚触发，中央政府也能迅速在不同区域间调度资源，将危机控制在局部，这也是单一制政体赋予的制度优势。综上，我们可以有把握地说，中国地方财政隐性赤字的流动性风险是可控的。

6.1.2　监管机制的设计原则

我们讲隐性赤字风险可控，并不等于可以忽视流动性风险。道理在于，在长期隐性赤字扩张中，地方政府为凸显政绩，相互竞争攀升杠杆率，使流动性风险集中在市县级基层政府。当密集偿债期到来时，需要置换的债务数额较高，完全凭借市场机制未必能够覆盖到期债务，行政机制可能长期介入置换流程。这意味着，长期隐性赤字扩张遗存的巨量债务不可能"毕其功于一役"，局部隐患依然存在。这就需要通过一系列相互搭配的监管机制设计，使财政杠杆率稳步回落至合理区间，使隐性赤字逐步显性化，避免局部地区的高危风险冲击财政安全。

本研究认为，在债券置换对冲流动性风险的过程中，应以国务院出台的"地方政府性债务管理意见"为总体指导原则，构建"事前设限、事中控管、事后重组"的"前瞻后顾"型风险监管机制，辅以政策工具组合和监管机构建设，维系地方政府举债融资的可持续性，增强债务资金的配置效率，保障地方财政常态运行安全。

在具体阐述"前瞻后顾"型风险监管机制之前，我们首先解释一下"事前""事中"和"事后"各指的是什么"事"。所谓"事前"，是指地方政府举债融资之前。事前设限即在地方政府举债融资行为尚未发生时，便通过制度监管予以约束，避免地方政府盲目扩张赤字，罔顾举债融资的潜在风险和实际绩效。所谓"事中"，是指举债融资发生后和触发流动性危机之间，我们设计的早期和高危预警机制都适用于这段时期。事中控管的目的，是对地方政府举债融资施以事前约束的前提下，防范地方财政赤字累积扩张至触发流动性危机的局面，倒逼中央政府事后救助。所谓"事后"，是指地方政府的债务清偿能力严重不足，导致债务逾期，并且逾期债务持续累积，最终触发流动性危机。一旦隐性赤字的流动性风险演变成流动性危机，地方政府须着力调整财政结构，重组存量债务，避免局部危机蔓延升级为系统危机。

上述定义表明，在"前瞻后顾"型风险监管机制中，"事前""事中"和"事后"指代的对象并不完全相同，却又都统一于地方财政隐性赤字风险从凝聚到触发的全过程。这三项监管原则的关系可简述为：事前设限目的是约束地方借贷行为，构筑防范流动性风险的第一道防火墙，将那些偿债信用薄弱的地方政府排除出允许发债的名单；事中控管目的在于阻断流动性风险的发展演化，通过早期预警和高危预警，构筑防范流动性风险的第二道防火墙，以常态监管避免风险触发局部危机；事后重组目的在于通过债务置换、财政调整等措施，化解局部地区的流动性危机，在保障基本公共服务供给的前提下，使地方财政运行恢复健康。我们认为，构建"事前""事中""事后"相互衔接的动态监管机制，将强化地方政府举债融资的财经纪律约束，提高举债融资的利用绩效，使地方财政隐性赤字风险得到有力约束、有序监控和有效化解。

6.2 事前设限：约束举债融资

事前设限，目的是遏制地方政府罔顾风险扩张赤字的道德风险，而非完全禁止地方政府的举债融资权。在发展中国家经济增长的过程中，诸多领域有赖公共投资，而地方政府普遍面临基建需求庞大和财力基础孱弱的矛盾，迫切需要举债融资填补基建缺口（刘珊珊，2011；林毅夫，2012）[1]。但应注意的是，在放开地方政府发债融资权的同时，必须设置一套有针对性的制度框架加以事前约束，否则地方政府将持续扩张赤字直至遭遇流动性困境，将偿债责任主动推卸给中央政府。对地方政府而言，这种将举债规模扩张到角点解的情形，是预算软约束诱致的最优选择，但却增大了中央政府的危机成本，从全社会角度看举债是过度的。"事前设限"旨在防范以转嫁责任为目的的举债融资，挤出债务融资的"水分"，使地方政府的举债规模与偿债信用相适应，从源头上遏制流动性风险。

6.2.1 严控债券融资投向

维系地方政府可持续举债的前提是，政府举债融资必须坚守"黄金法则"，资金投向囿于公共资本项目领域，严禁将举债融资投向非公益项目"与民争利"，或弥补经常性收支缺口。地方政府的资本性融资能够在偿债期限和基础设施的经济寿命之间达成动态匹配，促进代际公平；而如果以债务融资弥补经常性赤字，未来将没有对应的利润流偿还到期债务本息，势将导致债务规模滚雪球式扩张，终将积重难返，触发危机，

---

[1] 研究发现，发展中国家控制地方政府债务危机时，一般采取激进的禁止发债政策，但发展中国家的经济增长有赖于政府举债支撑的公共投资，禁止举债导致公共投资锐减，严重拖累经济增速，反而使债务危机进一步恶化，此即所谓"去杠杆化"与"修复资产负债表"两难。

这是我们从俄罗斯、阿根廷等发展中国家的地方政府债务危机中总结出来的深刻教训。因此，为确保可持续举债，新兴市场经济国家普遍要求在剔除资本性收支赤字后，地方政府的经常性收支预算必须严格保持平衡，或略有结余。

我们认为，中国传统地方政府举债融资模式比较好地遵循了"黄金法则"，地方财政隐性赤字主要集中在资本项目领域，而非政府消费性支出。做出这个判断的依据是，尽管中央政府"财权上移、事权下放"的纵向失衡分权制度使基层政府面临最严峻的收支责任错配，但即便是市县级基层政府，预算内分配的制度性财力维持机关运转和供养财政人口问题并不大，"吃饭财政"是可以保障的。特别是，曾长期困扰基层政府的公教工资发放、社保基金缺口等问题，中央已划拨专项资金解决，对基层政府来说，最大的支出缺口仍来自发展和建设资金严重不足。为激励地方政府"搞建设""谋发展"，中国在纵向央地分权制度中植入了政治激励，以政治晋升考评机制引导地方官员拓宽融资渠道、建设基础设施，以基建投资、招商引资等可量化的政治表现决定晋升人选。财政激励和政治激励相搭配，导致了趋于激化的地方政府举债融资竞争，强化了地方官员动员各方资源筹措基建资金的能力。在严密的纵向层级控制中，"下管一级"的人事组织制度使基层官员倍感压力。由于无法从预算内资金划拨足够财力迎合基建需求，若财力拓宽渠道不足，地方官员极可能在激烈的晋升博弈中被"一票否决"，况且预算外举债融资"负赢不负亏"，多头、过头举债成为各级政府迎合政绩考核的理性选择。预算外筹措资金对地方官员来说非常稀缺，被优先投放到轨道交通、管道敷设、垃圾清运等市政建设项目，通过需求拉动效应迅速凸显经济绩效，提高晋升概率。反过来说，如果将稀缺的债务融资弥补经常性赤字，将无助于凸显经济绩效，势必在政绩考评中居于劣势，这是我们观察到中国地方政府举债融资较好地坚守了"黄金法则"的制度本源。

"黄金法则"的遵守，使中国在相对较短的时间内获得了良好的基础设施，为增强中长期内生增长潜力打下坚实基础。但审计署屡次查明，一些有悖"黄金法则"的案例也隐匿其中，甚至并不鲜见。典型方式有：以基建投资之名，行自利支出之实，将举债融资建造"楼堂馆所"等政府设施，实质是将举债融资用于消耗性支出；将债务融资投向资本市场、房地产市场等营利性领域，地方政府将裁判员与运动员身份兼收并蓄，与民争利。[①]第一种方式固然没有任何利润流，第二种方式的投资收益严重顺周期，一旦宏观经济步入紧缩，违规投资将使地方政府深陷偿债困局。背离"黄金法则"的后果是，一些基层政府陷入"举新偿旧"的被动循环，形成债务余额不断滚动膨胀的惯性演化局面。[②]

除个别地区背离举债"黄金法则"外，我们的研究表明，即便坚守"黄金法则"，也有必要事前约束地方政府举债行为，严控债务资金投向。道理在于，如果地方政府预期中央将在债务危机触发时提供事后救助，地方政府将没有权衡举债项目成本收益的制度激励，而是在道德风险的驱使下，以债务融资支撑尽可能多的公共投资项目，甚至不乏低效项目。低效项目能够迅速拉动需求、凸显政绩，提高地方官员的政治晋升概率，俗称"政绩工程"，具体表现有超标建设大机场、大车站，举债修建高能耗、高污染产业园区等。因此除约束地方政府举债遵循"黄金法则"外，还应约束地方政府在严谨可行性研究的基础上，以战略眼光将债务融资投向能赢取中长期收益的高效项目，严禁以谋求救助为目的，进行低效政绩投资。

接下来研究在当前债务置换的背景下，如何事前限制地方政府债券融资投向。具体来说，不仅要限制地方政府以举债融资弥补经常性赤字，违背"黄金法则"，也有必要限制地方政府将债券融资收入投向低效基建项目，使资本项目赤字积重难返。历史证据显示，信贷资金的低效投资和违规使用，不仅推高了房地产泡沫，诱发资产投机行为，更使地方官员恣意扩大徇私舞弊空间，滋生出大量贪腐寻租空间。

为规范地方政府债券融资投向，我们建议中央政府强化财经纪律监察，严格约束地方政府恪守"黄金法则"，将债券融资用于公共项目投资。公共投资项目依据是否具有稳定收益流，分为三类：其一是经营性项目，

---

① 根据审计署总第 166 号审计公告，一些地方和单位将信贷资金违规投入资本市场、房地产市场，或擅权修缮楼堂馆所，部分单位违反国家产业政策，将信贷资金投向"两高一剩"（高能耗、高污染、产能过剩）的低效政绩项目，损失浪费资金 19.94 亿元。

② 根据审计署总第 104 号审计公告，截至 2010 年年底，22 个市级和 20 个县级政府的借新还旧率超过 20%，部分地区的高速公路收费收入不足以偿还债务本息，主要靠举借新债偿还，2010 年全国高速公路负债的借新还旧率达 54.64%。除政府部门外，高校和事业单位也累积了巨额赤字，387 所高校和 230 家医院 2010 年政府负有担保责任的债务和其他相关债务的借新还旧率超过 50%，当年借新还旧偿债额分别达 542.47 亿元和 95.29 亿元。

即具有稳定收入流、可实现自负盈亏的公共投资项目，如机场、铁路、码头、高速公路等；其二是准经营性项目，即有一定经营收入，但难以自负盈亏，需政府给予一定补贴的公共投资项目，如地铁、公交、园区建设等；第三类是纯公益项目，即没有收入来源或收入流甚微，经营成本来自财政划拨的公共投资项目，如城市路网、桥梁、公园、污水处理系统等。我们建议对公共投资项目设计差异化的融资机制。对经营性、准经营性项目，在以规范的地方政府债券融资予以支持的同时，更多考虑以 PPP、BOT 等方式引导民间资本介入①，通过公私合营方式提供相应的公共产品，地方政府综合运用补贴、价格、税收等政策"挤入"民间投资。借力民间资本参与经营性项目建设，可以补充债券融资模式放开后压低的财政杠杆率，修复政府资产负债表，避免政府垄断经营的低效率和对市场机制配置资源的过度行政干预。做中长期构想，民间投资渠道进一步拓宽，民间资本运作逐步规范，形成地方政府、民间资本与金融机构有机结合的多元化投融资体系。对纯公益性项目，我们建议以预算内资金为主，以债券融资为辅，实现项目融资的规范化、透明化管理。参考成熟分权国家的融资经验，地方政府债券划分为"一般责任债券"和"收益债券"，其中一般责任债券以政府预算收入担保，主要投向纯公益性项目。将纯公益项目的融资渠道从融资平台的隐性方式转换为发行地方政府债券的显性方式，地方政府偿债资信将接受资本市场考验，绩效欠佳的投资项目无力涵养税基或贡献充足的利润流弥补成本，自然难以树立偿债资信，实现可持续融资。

除强化财经纪律约束、要求地方政府债券融资"恪守黄金"法则外，也有必要强化债券融资项目的事前可行性分析，解决举债道德风险诱发的资金低效问题。中央政府"不救助"信号的释放，有利于降低地方政府的救助预期和道德风险，约束地方政府谨慎权衡举债项目成本和收益。我们建议，债务置换资金除偿还到期债务本息外，主要投向在建项目，部分用于意义重大的新建项目。在建项目的资金续拨，旨在避免资金链

① 项目融资即私营机构（民营经济）参与公共基础项目建设、向社会提供公共服务的融资方式，以项目未来收益或资产转让价值回收投资成本与合理利润。采用的模式包括建设—转让（BT）、建设—经营—转让（BOT）、投资—经营—转让（IOT）、建设—租赁—移交（BLT）等，特点是以项目本身资产、项目建成后的预期收益（现金流）或权益作为还款保证抵押，取得无追索权或有限追索权的融资或贷款，不需要以投资者的信用或有形资产作为担保，也不需要政府部门的还款承诺。项目融资主要用于建设收费公路、发电厂、铁路、废水处理设施、地铁等市政基础设施项目。

断裂，成为所谓"烂尾工程"，使前期投入成为沉没成本。对新建项目而言，提高债券融资绩效，需要政府加强技术层面管理，进行公共投资项目的前期可行性论证，精确测定公共项目的影子成本和影子收益。通过对比项目净现值，中长期回报高的项目可以得到中长期债券融资的支持，低效政绩项目则被坚决取缔。即便项目审批通过，中央政府仍有必要强化项目执行过程中的绩效监察，要求地方政府提交阶段性执行报告。对于实际绩效与目标绩效严重不符的项目，削减后续资金支持，直至取缔。

6.2.2 明晰举债融资权责

研究地方财政隐性赤字风险防控策略，必须深刻理解隐性融资背后的政治激励，这种激励机制构成了中国与其他发展中国家制度体系的关键区别。在传统政治晋升考评机制下，地方官员隐性融资的成本与收益高度非对称，偿债责任配置不明晰。地方官员普遍预期，当到期债务难以偿还时，逾期欠款终将由中央政府政策性"兜底"，在道德风险的驱使下，融资规模持续"加力"，导致流动性风险不断在基层政府积聚。无论新兴分权国家还是发达经济体，当地方政府陷入流动性困境时，中央政府迫于社会压力一般会提供事后救助；特别是当偿债危机影响到一个地区的"敏感性"公共服务供给时，如教育、社保、医疗、司法等，基于社会道义责任，中央政府一般采取债务接管、指导重组、专项救助等方式应对危机。问题是，中央政府的事后援助将进一步激发举债道德风险，纵容地方政府不负责任的扩张行为，甚至在示范效应激励下，诱发风险区域联动。如何掌控好救助范围和力度，始终是政府间财政关系处理的难题。

随着债务置换的有序推进和财政杠杆率回落至正常区间，地方政府举债融资的治理模式应从"加力"向"增效"转变。这就要求事前明晰地方政府举债权责，使"自担其职、自负其责"成为政府间财政关系的基本制度导向。权责明晰化，使中央政府释放的不救助信号成为可置信承诺，将强化融资风险责任的可稽查性（Accountability），约束地方政府在具备相应偿债能力的前提下扩张杠杆率。权责明晰化也是构建完善的省以下分税制财政管理体制的必然选择。分税制改革后，省以下财政管理体制由各省自行设定，但"财权上移、事权下放"的分权策略被省以下政府竞争效仿，各级政府都致力于上收预算权限，将支出事权"行政发包"，顺次下移（周黎安，2008）。结果是，省以下政府事责交叉，职能重构，很多应由中央和省级政府承担的支出责任下放给基层政府，倒逼地方政府经由多重隐性渠道隐性融资，积蓄风险。

我们观察到，完整意义上的政府间分权管理应遵循"一级财权、一级事权、一级预算、一级税基、一级举债权"的原则展开，厘清各级政府权责边界，但我国省级以下财权事权界定不清，地方政府欠缺稳定税基作为财力基础。根据国际经验，适合作为地方稳定税基的主要是居民拥有的财产，其中房地产作为固定税基，税赋数额与资产估值相关，特别适合辖区政府根据区位和价格因素进行属地化征管，辖区政府更加具备这类信息优势。中国在住房保有环节试点征收了房产税，但向全国扩容仍面临诸多技术障碍，尚难成为地方稳定税基。在省以下分税体制中，所得税、增值税两项主要税种在不同政府层级间分享财力，问题是共享税由上级政府主导分配模式，上级政府很容易变动分享比率侵蚀下级税基，这种财力上移模式逐级示范，使基层政府始终面临着沉重的预算外融资压力。

既然地方政府有举债融资需求，那中央政府为什么不在分税制改革后，即行放开地方政府的债券融资权，而是在预算内禁止地方举债，在预算外默许隐性融资呢？我们认为，这种制度现象有两点解释。第一，过早放开地方政府发债融资权，中央政府难以调节地区间举债融资能力差异，省区间财力差距势将持续扩大。地方债券市场放开后，经济基础好、偿债能力强的东部省区发行的地方债券无疑更具投资潜力，中西部地区很难在资本市场同东部地区竞争融资。反之，依托地方政府融资平台，中西部地区能够凭借同地方金融机构的隐性授信契约，从银行直接借贷融资，支持基建投资，对中央政府来说减轻了债券融资渠道下省区间融资能力差异的协调成本。事实上，我们确实观察到在传统隐性融资模式中，中西部地区的财政杠杆得到更快攀升。第二，过早放开地方政府发债融资权，将削减中央政府调解地方举债融资进度的政策回旋余地。默许地方政府组建融资平台隐性融资，中央政府能通过地方融资平台的制度规定，调节地方政府融资规模和进度，以行政而非完全市场化方式对地方政府的融资进度进行激励或约束的调节。在执行层面，针对地方融资平台的制度条款由银监会、中央银行、发改委等机构交叉颁布，这些制度对地方政府融资进行了强力管制，在资本市场尚未发育成熟的背景下，行政手段无疑更具调控效力。

隐性融资模式总体上形成了以"加力"为特征的地方政府举债融资大国治理模式。地方政府在预算外不断加大融资力度，既为凸显政绩，又冀图在财权事权不明晰的制度框架中，将偿债责任转嫁给其他省区。"加力"型治理模式有力调动了地方政府（特别是中西部地区）搞建设、谋发展的积极性，但这种治理模式的成本也随着举债道德风险问题而愈益凸显，由卸责问题诱发，造成流动性风险在基层政府不断积聚的局面。因此经过二十余年的隐性赤字融资模式之后，有必要在分权管理体制中明晰各级政府的举债权责，将融资模式显性化。

2015 年初，中国新《预算法》正式实施，全面放开了地方政府的债券融资权。与新《预算法》相配合，国务院出台《关于加强地方政府性债务管理的意见》（国发〔2014〕43 号），要求剥离融资平台的政府融资职能，承诺原则上不救助陷入危机的地方政府；财政部推出万亿债务存量置换额度，允许地方政府在限额内以债券融资偿还到期债务，通过债权人分散化和债务期限结构中长期化的方式缓释风险。在这个时点放开地方政府显性融资权，理由同样有二。其一，中央发债经验的传播效应。经过 30 余年发展，中央政府在国债市场上积累了丰富的债券发行经验，国债发行经验可以传播到各省，由省级政府根据本地情况制定差别化操作规程进行规范融资。鉴于中央政府在长期财权上移的过程中已经掌握了预算分配主动权，可以考虑将"举债融资规模"作为均衡性转移支付配置的考量指标，对难以通过资本市场发债融资的中西部省区进行财力倾斜，强化财力薄弱地区的基本公共服务供给能力。但应注意的是，中央对落后地区的增拨支付应严格限定为基本公共服务支出，严禁以转移支付资金偿还债务，否则仍将激发救助预期，恶化道德风险。另外，尽管效率应作为债券融资配置的首要准则，但在资本市场发育成熟之前，行政机制仍需适度干预，随资本市场逐步发育成熟渐次退出。行政介入旨在避免地方政府陷入"去杠杆化"与"修复资产负债表"两难的境地，维持必要的财政杠杆率，使落后地区拥有修复资产负债表的调整空间。其二，隐性融资调控机制的负面冲击。中央政府视经济形势鼓励或限制融资平台的借贷规模，具有比较大的政策自由度，但随着流动性风险持续积聚，调控政策引发的地方政府融资规模的非规则波动愈益强化，在政策收放中，对宏观经济的政策冲击不断放大。[①]这说明，在"加力"型的大国举债融资治理模式中，资源效率低下、经济剧烈波动、收入分配恶化等负面效应正逐步凸显，甚至超过了政策灵活性和平衡地区间融资能力的正面效应。从"加力"向"增效"转变，已经成为大国举债融资治理模式的必然选择。

我们建议，下一步改革取向是明晰各级政府举债权责，强化分权框架的可稽查性。在任命制政体中，举债权责的明晰化工作宜"自上而下"铺开，详细核查每届官员任职期内，举债融资的规模、速度、投向、绩效等信息，将职责落实到人。举债权责与地方官员绩效考评机制挂钩的原则是：存量债务可通过债务置换释放流动性，以此划界，对新增债务，必须查核清楚在哪届政府任职期间发生、有无对应质押资产、利润流能否覆盖到期债务等信息。对于新增举债造成的流动性危机，即便当事官员已交流到其他地区，也要予以行政追责。事实上，放开地方政府债券融资权后，惩罚机制的信息成本将随之降低，原因是地方政府债券的发行利率将包含风险溢价，偿债信誉不高的地方政府将不得不提高发行价格，加大融资难度，发行价格本身就是一个惩罚机制。由此，地方政府举债权责将在市场机制的作用下逐步明晰化，约束地方官员谨慎权衡资金投向，降低危机触发概率。

6.2.3　强化债权方信贷监管

构建事前约束机制，不仅要遏制资金需求方融资冲动，还需加强债权方监管，遏制高风险借贷。在前文，我们研究了两个问题：为什么金融机构乐于将信贷资源提供给资信不高的地方政府融资平台？融资平台风险如何传递到金融体系，损害金融机构的资产负债表？在论述债权方监管机制之前，我们简单回顾上述问题的研究结论。

---

① 例如，在 2009 年 3 月至 2010 年 6 月间，中央对地方融资平台的政策姿态，从鼓励地方政府发行企业债、中期票据等融资工具拓宽融资渠道，到要求清理整顿融资平台债务，在 1 年多的时间内完全转向。在这轮调控周期内，各地初纷纷组建融资平台，向商业银行申请贷款，公共投资不断加剧，催生房地产业过度繁荣，利益分配不断倾向资本要素，恶化了收入分配格局。政策后期阶段，中央厉行"去杠杆政策"，房地产价格涨势受阻，地方政府土地收益锐减，连带经济增速随之放缓。

我们发现，在决定信贷资金投向时，债权方金融机构有其自身的利益考量。金融机构向地方政府融资平台提供倾斜贷款，不仅可以获取大客户资源、谋求规模效益，还可获得其他隐性收益，如地方政府在财税、投资等各方面给予的优惠政策支持。由此金融机构与地方政府形成了隐性利益捆绑，地方政府融资平台作为隶属于地方政府的机构，恰成为地方政府与金融机构之间联系的枢纽。如果金融机构的经营决策是独立的，其提供信贷资源时会谨慎考虑项目蕴含的风险，将风险成本纳入利率价格。但我们观察到，商业银行对地方融资平台借贷项目蕴含的风险是"理性忽视"的，原因是地方政府往往以预期土地收益做担保，为融资平台提供增信支持，专业化第三方信用评级机构的缺失，也使商业银行失去了一个评判风险的重要信息源。银行进行贷款决策时，只能基于有限信息，对投资项目的立项完备性、规模合理性、还贷可靠性进行审核，决策效率难免低下。另外，金融机构的经营独立性较差，经常要服务于政府宏观调控目标扩张或收缩银根。如果金融机构预期当地方政府债务触发危机时，中央政府救助危机银行，通过注入流动性修复银行资产负债表，"预算软约束"会同样存在于金融机构，激励债权方商业银行扩大对融资平台的政策放贷力度。

国务院出台的《关于加强地方政府性债务管理的意见》，已经明确要求加强债权方监管，禁止金融机构向地方政府提供违规融资。在具体操作层面，我们认为强化债权方监管的政策取向是：增加商业银行经营独立性，使商业银行借贷配置主要受市场因素影响，主动将风险溢价纳入借贷利率，辅以提高信息透明度和第三方信用评级机构建设，多措并举遏制债权方预算软约束。

第一，强化金融机构独立性。加强金融机构经营独立性，旨在于减弱地方政府对金融机构的政策干预，破解地方政府与金融机构的利益捆绑，使金融机构的贷款决策对市场价格信号更加敏感。地方政府应从"运动员"退归为"裁判员"身份，监督金融机构之间展开良序竞争，使信贷利率反映风险溢价。鉴于地方政府可通过政策、人事等手段干预金融机构决策，在金融机构尚未完全脱离地方政府隐性控制的背景下，完整意义上的经营独立性是很难实现的。我们建议仿效巴西、俄罗斯等国经验，通过指标控制，限制偿债信誉低、风险程度高的地方政府的举债融资权。对突破债务率、逾期债务率等指标上限的地区，严禁金融机构继续提供贷款。即便偿债信用良好、风险基本可控，也有必要测算政府信贷总额占金融机构净资产比重，突破阀值后禁止商业银行继续向政府相关机构提供贷款。需求方控制既有利于弱化地方政府的间接融资冲动，过度挤出民间投资①；又能减少地方政府对金融机构的政策干预，强化金融机构经营独立性。

第二，提高金融机构风险意识。金融机构具有向地方政府倾斜借贷的利益驱动，问题是当密集偿债期到来时，地方政府资产负债期限结构错配的缺陷可能增加银行体系呆坏账，破坏银行资产负债表，冲击金融体系乃至实体经济安全。无独有偶，金融机构对国有企业长期倾斜的信贷支持，也曾累积大量银行系统呆坏账，倒逼中央政府注入流动性。金融机构风险意识的缺位，根源仍在于中央救助诱发的预算软约束。我们建议准确核算金融行系统呆坏账，适时公布银行财务信息，如贷款结构分布、年度应还账款、实际偿债规模、违约风险头寸、逾期债务额度、呆坏账损失占比等，使金融机构的运营状况在信贷双方成为共同知识，约束金融机构提高风险决策意识。强化金融机构独立性同加强金融机构风险意识相辅相成，当通过政策高压遏制银行过度向地方政府的倾斜授信后，金融机构向民间企业放贷时将主动提高风险意识；信息披露也能约束商业银行谨慎决策，呆坏账比例过高的金融机构将难以扩张吸储规模，市场竞争力下降，激励金融机构将资金更多贷放给谨慎评估后的优质项目和融资主体。

第三，推进市场信用评级机制建设。市场信用评级机制旨在缓解资金供求双方信息不对称，像国外非官方的资深信用评级机构标普、惠誉、穆迪等，对地方偿债信用的量化评级结果对受评对象的可持续融资能力具有重要影响。量化评级下滑的地方政府，偿债能力和信誉度下降，这向金融机构传递了"违约风险攀升"的信号，金融机构随之调减放贷规模，以规避风险。作为市场化组织，信用评级机构只有提供客观、真实

---

①"挤出效应"作为主流经济学概念，是指当政府公共投资规模扩张时，会提升市场均衡利率和私人投资成本，降低私人投资水平，相当于公共投资挤出了一部分私人投资。这是一个纯市场化的分析过程，利率作为中间变量发挥作用。但在中国，金融体系的存贷款利率由中央银行限定，浮动空间不大，基本不存在经由利率机制对私人投资的挤出。这里提到的"挤出效应"，是指地方政府凭借与金融机构的利益关联，获取政策性贷款权力，将更具活力和更富效率的私人融资挤出信贷市场的现象。

的信息，才能凸显其信息搜集和处理优势，并据以盈利，这决定评级机构一般不会被政府"俘获"，提供隐瞒或虚假信息。而由政府部门或金融机构开展信用评级工作，披露的信息受政策因素影响，很难引导金融机构制定合意的贷款决策。我们建议，应借鉴国外经验，扶持组建一批专业程度较高的市场信用评级机构，定期发布地方财政偿债信用的量化评估结果，引导债权方谨慎、理性决策，防范地方财政隐性赤字风险向金融风险传导升级。

6.2.4 遏制债务方融资冲动

"事前设限"不仅针对债权方，更应设置指标门槛，遏制债务方的融资冲动，硬化地方政府预算约束。在新兴市场经济体，很多曾经历地方政府债务危机的国家设置了相应的量化指标，利用经验阀值限制地方政府举债融资。[①]类似措施旨在避免流动性危机爆发时，地方政府无力偿还的债务影响其公共服务供给能力，倒逼中央政府救助；而中央事后救助将进一步诱发道德风险，激励财力孱弱地区扩张隐性赤字，在纵向担保体系中将偿债责任层层转嫁给中央政府。

解决"公共池"问题的根本举措，是在中央和地方政府之间彻底分权，中央政府任由地方自行制定举债融资决策，危机以"政府破产"的极端形式凸显，中央政府不提供任何事后救助。由于所有危机成本都由地方政府自行承担，这种分权制度将约束地方政府谨慎决策，是遏制债务方融资冲动最有效的制度安排。但彻底分权需要满足苛刻的制度条件，如地方政府拥有税收自主权、支出主要由自有财力维持、财政调整空间充裕等，新兴分权国家大多不具备这些制度要件（Rodden，2006）。[②]对中国这样一个发展中的大国来说，尽管中央政府已经通过多重渠道释放"不救助"信号，但假如地方政府并不认可这是一个可置信承诺，仍将存有举债道德风险。由此中央政府结合预警技术和指标限制，遏制债务方

---

① 印度规定偿债比例超过 20%的州被列入债务压力状态，中央政府将加强对该州的债务监督；哥伦比亚为控制地方政府债务风险设置的"交通信号灯"系统规定，偿债利息同经常性盈余比率超过 60%或债务总额同经常性收入比率高于 80%的地方政府将被禁止借债；巴西联邦政府设置的约束指标包括债务率、基础财政收支、人员开支占总开支比重等。

② Rodden（2006）考察后发现，目前全球仅瑞士、美国、加拿大三个国家具备较充分的彻底分权体制的制度条件，中央政府不对地方政府债务危机提供任何事后救助，其他国家的中央政府均采取程度不同的救助措施辅助地方政府化解危机。

通过公共池推卸偿债责任的过度融资冲动，就显得十分必要。需说明的是，遏制举债融资冲动并不等于完全"去杠杆化"。在后危机时代，新兴经济体普遍面临"去杠杆化"和"修复资产负债表"两难的窘境（李扬、张晓晶，2015），过度去杠杆会影响在建项目后续投资，不利于维系经济增速，使资产负债表继续失衡。

遏制债权方融资冲动，既需借鉴国际经验，又要考虑到中国国情。中国地方财政隐性赤字的流动性风险表现出从省级政府到基层政府顺延强化的纵向布局特征，省级政府集中财力较多，流动性风险多处于从低级到高级演化的早期阶段；基层政府面临严峻的财权事权错配，流动性风险多处于高危阶段，少数地区已陷入事实上的偿债困境。在债务置换过程中，美国俄亥俄州的违约预警体系比较适合基层政府融资设限，巴西、哥伦比亚等国家的流动性预警体系比较适合省级政府融资设限。综合起来，遏制债务方融资冲动的事前设限策略，应遵循"早期设限与高危设限相结合、偿债准备金设限做补充"的原则展开。

第一，省级政府早期设限。中国省级政府主导了省以下财政分权制度设计，在同市级政府的财权分配中集中了较多财力，从而省级财政偿债资源充沛，陷入流动性困境的概率较低。但我们掌握的数据表明，省级财政偿债能力的地域分布极不均衡，风险主要集中在中西部省区，经济落后省区更有赖财政杠杆拉动增长，并冀图将偿债责任转嫁给东部省区。[①]由此针对省级政府的早期举债融资设限，实际主要是针对中西部省区展开的，目的是遏制落后省区更强烈的举债道德风险，硬化预算约束。针对省级政府的早期设限，可设置一系列流动性风险指标，通过量化加权评估偿债风险，密切关注异质性样本。对量化评估靠后的省份，限制继续融资权，可采取的方式有下浮所属基层政府高危警戒阀值、限制省级债券发行额、厉行增收节支调整计划等。对于量化评估整体靠前、但个别指标值异常的省份[②]，予以事前警告，要求地方政府采取相应措施，使异常值指标回落至合理区间，否则仍视风险演化限制其继续融资权。

债权方设限的问题是，经济越落后的省份，被限制的融资权越多，

---

① 具体来说，我们以债务率指标（地方政府债务余额/自有可用财力）衡量财政杠杆率，结果东部省区大多低于150%，西部省区大多超过200%，从而进一步印证了隐性赤字风险从东到西顺次强化的地理布局。

② 在早期预警机制中，应密切关注的个别核心指标包括债务负担率、债务依存度、债务率等。

可能形成"经济基础羸弱—财政杠杆率攀升—举债融资权受限—经济增速下滑"的循环。我们的建议是，在债券融资权放开后，初期阶段行政力量可介入债券融资规模配置，置换额度可适度向中西部省区倾斜，缓释其过度累积的流动性风险；中长期取向是，各省财力配置应通过规范的转移支付制度协调，行政力量逐步退出举债干预，由资本市场考验发债能力。在中长期，中央财政转移支付功能主要限定为基本公共服务均等化，以因素法一般性转移支付平衡各省财力差距，使落后省区获得同发达省区大致等同的基本公共服务。由于落后地区举债融资能力弱，发行的债券未必能得到市场的充分认可，中央政府可以专项转移支付支出中西部基建投资，但中央政府具有裁量权的转移支付应逐步让位于一般性转移支付，使转移支付配置程序更加规范化、透明化，降低各地争夺转移支付资源的交易成本。

第二，基层政府高危设限。2015 年初，中国制度性放开的债券融资权主要面向省级政府，即只有省级政府有权发行地方政府债券融资，市县级政府不具备发债资格，但市县级政府的流动性风险多处于高危阶段。由于债务置换仅在省际层面展开，应对省以下流动性风险的职责也主要由省际政府承担。省级政府发行债券融资后，将视流动性风险在本省内的布局特征，决定各地级市的债务置换额度，统一调度置换资源。

对省级政府来说，仍面临如何遏制市县级政府举债道德风险的问题。债务置换资源的配置，主要目标是缓释高危地区的流动性风险，避免触发局部危机。在省域内，流动性风险布局依然不均，落后市县往往过度扩张财政杠杆率，将偿债责任通过省级"公共池"推卸给其他市县，因此高危流动性风险同样集聚于省域贫困地区。省级政府在配置债券置换财力时，如果一味向高危市县注入流动性，仍将激发高危市县罔顾风险扩张赤字的道德风险，将风险管控压力抛给省级政府。反过来说，过度硬化预算约束也不足取，否则地方政府将用流动性注资修复自身的资产负债表，公共投资难以达到社会合意水平，引发"资产负债表衰退"的问题（Besfamille 和 Lockwood，2008）。对地方政府来说，去杠杆是结构性的，即在高危地区严格去杠杆，在低险地区仍然保留适度增加杠杆的调整空间。

我们建议，针对高危地区的流动性风险，省级政府应着重以置换资金偿还逾期债务，防范风险由"中心"地区向"外围"地区扩散。具体来说，可对地市级政府的高危流动性风险，以"逾期债务比率"（逾期债务余额/债务余额）指标设立高危警戒值，高于警戒值的地区，置换资金只能用于逾期债务清偿，严禁新设投资项目。根据调研结果，高危警戒值可设为 5%，若逾期债务率低于该阀值，债务置换资金不仅可偿还历史欠债，还可用于新建项目投资，继续增加杠杆。因此，我们对省级以下隐性赤字风险的总体防控原则是：高危地区严格去杠杆，修复失衡的资产负债表，缓释流动性风险；低险地区适度加杠杆，注入流动性，维系公共投资力度。通过对基层政府的高危设限，可以基于"有保有压"的结构性去杠杆政策，激励基层政府主动控制杠杆率，将有限财力投向高效项目，而非借短视投资凸显政绩，推卸责任。只有将逾期债务率控制在高危警限之内，基层政府才有权新设基建项目，这也会激励地方政府主动内控风险。

第三，地方政府准备金设限。在传统举债融资模式中，地方政府不断增加杠杆率，还应归因于央地财政制度框架中没有明确的风险对冲制度要求，从而通过提高制度成本的方式约束地方政府举债融资行为。举债融资项目未来都有可能投资失败，导致地方政府无力按期偿债，使债权人蒙受损失。如能事前计算出债权人的损失概率，中央政府可要求地方政府事前预留相应机动财力，以"偿债准备金"的名义，在地方政府陷入流动性困境时缓冲风险，保障债权人权益。偿债准备金类似于商业银行留存的法定准备金，功能都是应对流动性冲击，降低无力偿付损失。但在传统举债模式中，地方政府举债融资几乎不存在任何偿债准备金的制度约束[1]，举债融资的制度门槛过低，这是导致杠杆率攀升过快的重要原因。突出表现是，地方官员的投资饥渴症泛滥，在扩张举债上总是显得"欲壑难填"[2]。

---

[1] 2011 年以来，尽管国务院、财政部出台多项文件垂直下达给各省，要求地方政府设置偿债准备金、密切防控潜在风险，地方政府内控风险的动力依然薄弱。根据审计署第 166 号审计公告，在抽查的 36 个地方政府本级中，有 5 个没有建立偿债准备金制度或在预算中安排偿债准备金；其余建立准备金制度的 31 个地方政府预留基金 907.6 亿元，仅占全部债务余额的 2.36%。

[2] 据 2013 年 6 月 13 日《第一财经日报》，某地市长对记者称，"举债才能发展，我们的债务风险总体是可控的"。另一位市长称："拿我们重点建设的某个城市新区来说，现在那里的地卖 50 万一亩，但是整个基础设施上去了，价格就是 1000 万一亩。你说我举债，给我五年时间，那边配套跟城区一样成熟，我投几百亿下去，1000 个亿回来了。"

我们认为，控制地方财政隐性赤字风险，偿债准备金的制度设计非常关键。尽管当前可以债务置换的方式缓释流动性风险，但债务置换是在隐性债务转化为显性债务期间可以采取的策略，当全部隐性债务置换殆尽后，不宜继续实施。前文述及，债务置换优势有四。其一，用中长期政府债券置换短期银行借贷，使资产负债期限结构更加匹配，地方政府可以腾挪资金安排投资进度；其二，用分散化的投资者替换传统模式中相对集中的债权人，使债权方风险分散化，减少单一投资人承担的概率损失；其三，用成本低廉的中长期政府债券置换成本高昂的短期借贷，可降低地方政府偿债压力；其四，用预算监管程序下的政府债券置换无预算约束的隐性举债，使流动性风险可测可控。但当债务置换的制度收益告罄后，偿债准备金应替代债务置换，成为地方政府对冲风险的根本制度安排。将土地收益中的一定比例补充偿债准备金，不仅偿债收入更有保障，杠杆率攀升过快的问题也能随之缓解。

理论上讲，地方政府设置的偿债准备金应与赤字规模同步演化，从历史违约概率的角度滚存设置偿债准备金，可实现高危流动性风险的有力控制。随着地方财力的拓展扩充，地方政府可逐步放宽准备金下限，增强地方政府的危机应对能力。我们建议，作为基准底限，各省偿债准备金占待偿债务比重不宜低于 6%。各地可根据风险程度上浮基准比率，高危地区进一步提高底限。至于偿债准备金的来源，主要有年度预算拨款①、财政结余调剂以及准公益项目投资收益一定比例的划转；其投向有二，一是清欠逾期债务、避免新增违约；二是投资低风险证券组合，实现资金保值增值。

6.3 事中控管：阻断风险扩张

作为发展中的大国，中国的地方政府仍需投入大量资金，维护、修建市政基础设施，解决不断增长的城市人口引发的公共设施"拥挤性"

---

① 在预算收入中，能够作为偿债财源的主要是土地批租收益。土地收益曾长期游离于预算体系之外，被视为一种制度外收入，收支过程缺乏有效监管。2010 年后，土地批租收益被列入"政府性基金预算"，成为地方政府三本预算中的一块重要财力。待地方财产税系完善后，房产税成为地方政府的稳定税基，偿债资金将主要从房产税划拨。

问题，因此"事前设限"并非禁止地方政府的举债融资权，而是通过指标限制，约束地方政府理性举债，构筑流动性风险的第一道制度"防火墙"。只要将风险控制在制度底线之内，地方政府仍然有扩张杠杆的空间，没有理由"将婴儿与洗澡水一起倒掉"。

但必须认识到，即便对地方政府举债融资施以多重事前约束，禁止那些偿债能力弱、流动风险高的地区继续发行债券融资，仍难确保流动性风险不会触发偿债危机。道理在于，宏观经济形势和国际金融环境诡谲多变，即使地方举债项目的前期可行性研究程序再规范、论证再合理，实际回报率也可能在外生因素的冲击下显著异于预期回报，使地方政府陷入偿债困境。这就需要构建流动性风险的"事中控管"机制，以第二道制度"防火墙"遏制风险向高危水平转化，强化地方政府举债融资的可持续性。

6.3.1 组建"财政风险监控室"

针对地方政府赤字扩张风险，组建专业化的预警监控机构，实时监测风险状态、处理风险因素是国际通行经验。一种方式是在财政部内设风险管理机构，负责地方政府债务的监督、管理和协调，如澳大利亚、法国、保加利亚、波兰、德国、新西兰等；另一种方式是将相关机构从财政部门脱离出来，组建专业化管理机构[1]，强化预警监测的独立性，如爱尔兰、匈牙利等。这些国家高效的监管经验可堪借鉴。

2011 年审计署组织全国政府性债务审计后，地方财政风险问题引起中央高度重视，要求各省彻查债务规模，树立底线思维，遏制潜在风险。很多省份在财政厅局内设地方债务管理机构，主要职责是核算各类显性、隐性政府债务规模，组织、协调相关部门监管风险，防范局部风险冲击财政安全。但由于地方政府普遍秉持扩张偏好，仅依赖内设机构控制风险，效果并不理想。一些机构只讲举债，不控风险，继续谋划融资平台暗箱借贷，发展出更多影子银行的融资渠道，如信托贷款、融资租赁、

---

① 爱尔兰 1990 年成立独立债务管理机构——国库管理署，履行财政风险监管职能；瑞典设立政府债务专业管理机构——国家债务办公室，同议会、财政部一道组成政府债务的协调管理体系。匈牙利政府债务管理署于 1995 年成立，负责制定实施国内债务管理战略。

售后回租、理财规划、垫资施工等，变相融资规模极大。①鉴于此，中央政府直接剥离了地方政府融资平台的政策性融资功能，很多融资平台由于资本金虚置、资产质量差、资产负债比过高，被要求整顿债务，或予以取缔。这说明，仅靠隶属地方财政部门的债务管理机构，尚不能较好发挥管控风险的作用，甚至可能在竞争压力驱使下加剧流动性风险扩张。此外，传统监管模式暴露的另一个问题是，完全依赖审计署实施地方政府债务审计，并不利于形成完整的数据链监管风险。审计署不可能每年都派驻大量的人力、物力逐一查核数据，这种密集排查方式的组织成本过于高昂，收益未必能覆盖成本。因此，审计署公布的数据只能是间隔的、离散的，但对管控流动性风险来说，数据的连续性和完备性又是必须的。

我们建议，中央政府敦促各省组建独立于财政部门的"财政风险监控室"。监控室可依托现有行政机构编制组建，抽调预算、国库、审计、监督等部门的科研人员组成，职能是定期搜集、整理、核算本地方政府举债融资数据，编制流动性风险预警监控软件，进行省域财政隐性赤字风险的联动预警。实施区域联动预警，要求省、市、县级政府均成立财政风险监控室，县级监控室负责下属乡镇和县本级举债融资规模、到期债务、还款能力、逾期余额等数据的录入，将基础数据通过信息操控系统上传给市；市级监控室录入市本级政府举债融资数据，将下属各县的基础数据统计汇总，定期上报给省级监控室；省级监控室负责省本级数据录入和省以下政府举债数据的汇总核算。

具体来说，"财政风险监控室"的工作包括风险的信号采集、测评分析、状态度量、预警管理、信息反馈、制度完善、政策评价等环节。在限期内，数据录入人员将地方政府举债融资的基础数据录入网络信息平台，并负责将指标临界值、权重阀值等变量参数录入数据库。数据采集完毕后，预警操控人员按照风险预警流程展开分析，得到初步预警结果，将信息反馈给专家库。遴选专家根据预警结果，调整或修正风险定性判

---

① 根据审计署总第 174 号公告，2011 年至 2012 年期间，共有 6 个省本级和 7 个省会城市本级通过信托贷款、融资租赁、售后回租和发行理财产品等方式融资 1090.10 亿元；12 个省会城市本级和 1 个省本级通过 BT 和垫资施工方式实施 196 个建设项目，形成政府性债务 1060.18 亿元；3 个省本级和 3 个省会城市本级的部分单位违规集资 30.59 亿元，合计 2180.87 亿元，占这些地区两年新举借债务总额的 15.82%。这些融资方式隐蔽性强，不易监管，且筹资成本普遍高于同期银行贷款利率，如集资年利率最高达 17.5%，蕴含新的风险隐患。

断，再次提交定性判断结果。这样的交互过程持续几轮，达到较为稳健的风险评测结果后，管理人员负责撰写预警分析报告，提交决策机构。市县级监控室也可根据实际情况调整工作流程，将采集的风险数据直接传递到省，缩短决策时间，最小化潜在损失。

6.3.2 实施风险网络联动监管

地方政府组建财政风险监控室后，职能定位于定期展开风险量化预警，尽早发现风险隐患，辅助地方政府采取有针对性的风险预案。这就需要风险监控室及时掌握地方政府举债融资数据，迅速将基础数据转化成可横向、纵向比较的量化评估结果，通过对区域横向比对和历史警兆险情分析，评估当前的风险状态，针对高风险要素制定有效风险防范预案。

我们建议，地方财政隐性赤字的流动性风险预警，应结合省级政府早期预警和基层政府高危预警，借助网络信息平台在各省铺开。各级地方政府举债融资数据通过相应级别风险监控室逐级上报，数据最终到达作为系统终端的中央监控室。由于中央政府可通过信息平台迅速掌握分省数据，省级早期预警工作宜由中央监控室展开，根据各省监控室报送的基础数据，评估偿债能力、测算风险估值。对于监测到的高风险点，及时敦促相应省份提交整改报告；当各风险指标的综合加权险值高于预警阈值时，禁止其新增举债权，要求采取严厉的去杠杆措施降低流动性风险，直至综合险值回落至警戒值以下，再行放开债券融资权。

至于高危预警，我们的建议是实行"下管一级"制度，即省级风险监控室负责监测地市级流动性风险，地市级风险监控室负责监测县级流动性风险，所有基础数据和监测报告均通过网络信息平台传递至省级风险监控室。以"下管一级"模式事中控制风险，是分权治理国家的普适经验，采取这种管控模式的国家或地区有美国俄亥俄州、巴西、印度等。其优势在于，在纵向层级控制体系中，相邻层级政府间信息不对称程度更低，更加便于因地制宜布控风险。[①]与事前设限不同，早期或高危预警的目的是对流动性风险实施动态监控，对于出现异常值的指标，查找警源、分析警情、责令整改。这意味着，事中控管并不限于早期或高危

---

① 举个例子，县级政府同省级政府的信息不对称程度要高于市级政府，由市级政府评价、监测县级政府的流动性风险，信息成本显然低于省级政府。

预警中，综合评估结果靠后的高险地区，全部省以下地方政府的举债融资状况均在"下管一级"的制度体系中得到妥善监控。对于那些综合险值不高、尚未濒临高危状态的地方政府而言，特定指标逼近预警阀值，同样会成为重点监测对象。

流动性风险网络联动预警的流程设计如下。在省级早期预警中，当受评省份早期预警指数排位靠后、综合险值相对较低时，可列入低险地区；如果经分层指标细化测算后发现，收评低险地区的某项流动性指标逼近预警阀值，存在触发流动性危机的高险要素时，中央政府及时知会省级风险监控室，提醒其在债务流动性方面可能出现的高险点，要求高险地区尽快调查研究，分析可用财力结构中的薄弱环节，拿出整改方案①。其后，中央风险监控室逐一检查整改措施的落实情况，如果在规定期限内，地方政府能够改善财力结构、强化收入征管，多措并举降低高险指标预警值，可取消对相应省份的"黄灯警告"；如果在整改期内仍无法实现预期目标，即便早期预警结果仍属低风险，也有必要限制其新增举债规模，防范流动性风险蔓延深化。在省以下高危预警中，逾期债务具有行政累退性特征，政府层级越低，逾期债务率越高。在"下管一级"的纵向风险控制体系中，上级政府可密切监控下级政府逾期债务率的发展演化，敦促下级政府动态滚存设置偿债准备金。假如实际准备金率低于5%，要求地方政府达到基准底限；假如高危风险继续深化，偿债准备金率相应提升，直至风险回落至低险区间。

从偿债准备金制度的落实情况看，偿债资金主要源自土地批租收益，少数地区将财政收支盈余划转入准备金，但大多数省区没有将偿债准备金列入预算，收支操作极不规范。为确保各省级政府有能力实施流动性风险的网络联动预警，我们建议执行两点政策。其一是严肃财经纪律，严防代理人机会主义，将结构优化资金优先补充偿债准备金。需要严格控制的自利性支出有楼堂馆所建造、出国境考察培训、公务用车购置等所谓"三公经费"支出，这三类支出存在多种变相违规操作，如公车私用、办公室超标、公款吃喝等，通过严肃财经纪律控制住这部分支出，有望整合出一块规模不小的财力。其二是编制土地收益预算，增强土地

---

① 鉴于地方政府的可用财力主要由"税、费、租、利"等构成，地方政府需在提交的风险监测报告中，详细说明当前财力构成种类、结构，基于中央政府提出的问题，有针对性地拿出整改措施。

批租透明度。我们建议完善预算监管和会计审计制度，在政府性基金预算中详示土地批租收支细目，每年将一定比例的土地收益补充入偿债准备金，巩固地方政府债务清偿能力。

6.3.3 构建外部行政监察体系

除强化信息透明度、构建偿债准备金制度、严控债务融资投向外，控制地方财政隐性赤字的流动性风险，还有必要充分发挥司法、审计等部门的监察职能，对地方政府融资施以外部监控[①]。典型经验来自法国和日本[②]。我国尚未形成地方政府举债融资的外部监察体系，在实践层面，监察工作主要由审计署负责。但前文述及，审计署独立进行地方政府性债务查核至少存在两点缺陷：一是审计署不可能每年都组织成本高昂的大规模债务审计；二是审计署公布的是债务底数，缺乏对流量赤字的日常监控，无法对举债融资施以动态事中控管。

鉴于财政内设机构监管激励不足，我们建议，借鉴成熟分权国家经验，由多部门协同负责流动性风险的行政监察，对地方政府发债融资过程中出现的问题及时审查纠正，对暴露出的风险点实施动态控制。建议财政、银行、审计部门协同成立"风险管理中心"，功能类似于日本的监察委员会，负责地方政府债券融资的日常审计监督；财政部派驻督导组，对地方财政风险管理定期督查。"风险管理中心"和财政部督导组敦促地方政府将每笔直接、担保和兜底债务登记在案，确保原始数据流的真实、划一。

"财政风险管理中心"组建后，地方财政隐性赤字的流动性风险监察流程做如下设计。"地方财政风险监控室"负责在系统终端处理下级政府

---

① 关于国外地方政府债务管理的行政司法监察体系，详见李萍等（2009）。
② 法国中央政府委托审计法院、财政部、财政部派驻各地的财政监督机构、银行等金融机构，监督地方政府举债风险。作为独立的国家机构，审计法院既是监督政府资金使用情况的最高司法机关，又是对政府进行事后监督的机关。财政部国库司作为财政部最重要的职能部门，是国家财政监督代理机构，管理国内一切公共性收支、政府性资产及公共资金运作，发行公债和投资使用的公共基金，与中央银行协商制定货币政策。法国还专门成立依附于国库司的"债务管理中心"，主要职能是对地方政府的资产负债情况进行日常监督管理，提出和实施政府债券具体运作的政策措施，确保各级政府债务能够及时偿还和履行对欧盟承担的义务。财政部派驻各地的财政监督机构负责对地方政府对外举债项目进行监管，一旦发现问题，及时向地方政府提出意见并向上级财政部门汇报。除法国外，日本成立地方监察委员会负责审计地方财政风险，对每个受审地区，监察委员会均出具一份审计报告，提交给国会或委托审计的政府部门。对审计中发现的问题，监察委员会通常会提出改进措施，建议其所在部门实施处罚，政策建议往往受到中央政府的重视。

上报数据，利用标准化预警框架，研判流动性风险程度，编制风险预警报告，提交"财政风险管理中心"。"财政风险管理中心"研读风险监控室提交的报告，探查警源、分析警情，通知相应部门限期整改；财政部督导组负责对"风险管理中心"和"风险监控室"的工作进行常态监督。待"风险管理中心"和"风险监控室"的工作流程稳固化之后，各地上报连续的债务融资数据流，审计司局职能随之还原为对地方政府举债融资过程中的违法、违规行为进行事后的查核审计，重点审查地方政府是否存在转借、转贷等违规融资，举债项目开展过程中是否存在违法寻租，项目建成投入使用后的实际绩效是否与目标绩效相符，等等。

除审计司局、"风险管理中心""风险监控室"三个部门协调职能，齐抓共管外，作为国家最高权力机关，人民代表大会也应参与到事中控管中来，充分发挥外部监察职能。反思传统模式，地方政府之所以能够多头举债、过头举债，导致流动性风险不断积聚，主要原因是地方政府举债程序脱离了权力机关审批，游离于行政监察之外。我们建议重新赋予人大财经委风险监管职能，审批地方政府发债融资程序，形成权力机关与监察机构相互监督、互相制衡的行政约束机制。图 6-1 刻画了人大、财政、金融、审计构成的事中控管行政监察机制，四部门联动发挥监察职能，势将强化财经纪律约束，保障财政常态运行安全。

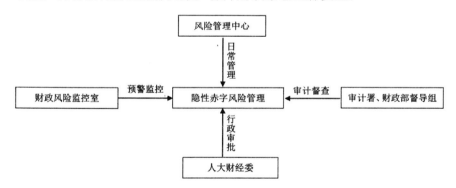

图 6-1　地方财政赤字流动性风险的外部行政监察体系

6.4 事后重组：化解流动困境

地方财政隐性赤字的流动性风险管理必须面对的问题是，即便采取了非常严格的事前设限、事中控管措施，仍难保证长期累积的赤字不会触发偿债危机。道理在于，地方政府偿债能力受经济基础、政策导向、外部环境等多重因素的影响，一些事前缜密论证、事中严格监管的政府举债项目，仍可能遭受随机事件冲击，难以达到预期回报，使地方政府陷入偿债困局。这类风险的触发机制有偶然性、不可预测性等特征。中国地方政府偿债收入严重依赖土地批租收益，而土地收益是强顺周期性财源，会在经济紧缩期快速下滑，降低地方政府的偿债能力。这就需要对危机地区实施事后重组，通过政策框架指导和中长期债务置换，化解偿债困境，恢复财政健康，保障基本公共服务的供给能力。本节结合国际经验，讨论适用于中国的事后重组策略。

6.4.1 促建财政调整计划

举凡中央政府救助危机的国家，地方政府无不过度举债，将偿债压力转抛给中央政府。如何设计激励相容的制度框架，约束地方政府谨慎举债，始终是摆在决策者面前的难题。

为避免中央救助诱发的举债道德风险，彻底分权国家以"地方政府破产"的极端方式践行"不救助"承诺，如美国传统工业城市底特律、日本北海道小镇夕张等，均曾宣布破产。破产后的地方政府不会获得中央政府提供的事后救助，只能依靠自身财政收支调整化解危机。通常，地方政府采取的财政调整措施是提高税率、压缩支出，但这会进一步恶化危机地区的竞争环境，使本地在同其他地区的公共服务竞争中继续居于劣势。不断提高的税率和被动削减的公共服务，导致资本、劳动等流动要素退出本地，"用脚投票"到其他公共服务更完善、征税压力更轻的地区，形成"支出削减—税率提高—税基外流—支出削减"的循环，严重时甚至导致城市衰落。但从另一个角度看，正是由于破产后的地方政府不会得到任何中央事后救助，所有危机成本都由自身担负，这种严厉的事后惩罚机制,约束地方政府必须事前谨慎权衡举债项目的成本收益,尽可能降低危机触发概率。那么这种严厉的预算约束机制是否适用于中国呢?对中国这样一个快速发展的大国来说,一方面,地方政府隐性举债是城市化快速发展期,由经济、政治、金融、财政等一系列制度安排协同激励的结果,完全由地方政府承担危机成本未必公平;另一方面,若允许"地方政府破产",中央不采取任何危机应对措施,也不提供任何事后救助,破产地区屡弱的偿债能力可能影响基本公共服务供给,从而将危机成本转嫁给公众承担,诱发更深层次的分配不公。综上,我国尚不适宜采取这种激进策略应对流动性危机。既然硬约束取向的财政改革不可能一蹴而就,中央政府应发挥顶层设计优势,在央地财政关系框架中循序推进,逐步完善一系列制度设计,主要有明晰举债权责、稳定地方税基、匹配财权事权等。

2015 年初,中国政府审时度势,适度放开了地方政府的发债融资权,允许地方政府用债券融资置换到期债务,缓释即期偿债压力。以这一政策为契机,可借鉴成熟分权国家治理经验,要求危机地区置换债务的同时,实施财政结构调整计划,以增收节支的政策取向增强中长期财政偿债能力。对债务置换后仍难走出偿债困境的地区,省级政府敦促提交财政整改方案,在规定时限内恢复财政健康。整改方案要详述税收、支出、借贷政策,确保各项调整方案符合危机化解目标。

财政调整计划首先强调增收。我国地方政府不具备税基选择权、税率调整权,收入调整灵活性不足,危机地区难以变动税基或税率扩充偿债收入,可采取的方式是强化税收征管、改善征税效率。中央政府应协调组建覆盖全国的税务征管信息系统,省级政府向危机地区增派税务稽查员,确保应征税收及时足额征缴入库。对于政府性收费、基金收入,应在遏制乱收费、乱摊派的前提下加大征缴力度,将新增税收和政府性规费收入补充偿债基金,优先化解历史欠债问题。我们建议,对于偿债压力特别沉重、债务融资绩效极差、政府举债不具备可持续性的地方政府,可考虑拍卖超标公车、豪华办公楼等政府性资产,将资产拍卖收入补充偿债准备金。本着债权人损失最小化的原则,资产拍卖可以在清偿上届政府遗存债务的同时避免新的债务违约,倒逼出一个更加廉洁自律的增收节支型政府。做中长期考虑,更可行的举措是稳定地方税基,将强顺周期性的土地批租收入替代为预算内财产税收入，使财产税成为地方政府的主体税种，从制度层面缓释经济紧缩期地方政府的增收压力。

财政调整计划更可行的举措是节支。与增收相比，节支空间更大，灵活性更高，但应注意的是，削减支出应遵循"有保有压"原则，并非所有支出项目都一味削减。在支出结构中，"保"的是教育、医疗、社保、社会事业等基本公共服务，"压"的是低效支出和自利性支出，如"三公经费"、预算超编人员供养支出等。保基本公共服务支出，是为了避免危机地区以削减服务的方式将偿债成本转嫁给社会公众。为确保基本公共服务正常供给，中央政府可对危机地区增拨专项支付，但要严禁偿还历史债务。在行政支出方面，"楼堂馆所"建造全面停止，杜绝新增低效项目投资；出境培训、公车采购、业务招待经费大力压缩，仅保留必要的行政机关运转支出，结余经费优先补充进偿债基金。此外，对深陷流动性困境的地区，有必要查核公务员预算编制，严格定岗定编，将超编人员分流辞退。[①]针对危机地区的控编政策，将实现经常性收支盈余，增强地方政府应对危机的灵活处理能力。

6.4.2　强化事后追责机制

在分权较彻底的国家，地方政府资不抵债宣布"破产"后，地方官员集体解职，由辖区公众选举产生新一届地方政府，负责接管上届政府的遗留债务并化解危机。重新组阁的政府要吸收上届政府举债融资的教训，在强化偿债能力的同时，避免上届政府的决策失误，在融资理念、偿债思路、增收策略等方面改弦易张。从这个角度看，政府破产引发的人事更迭，是一种检验官员偿债组织能力的筛选机制，在保障可持续举债融资方面具有积极作用。但这种剧烈的人事变动也会带来组织协调、院外游说等方面的高昂行动成本，这些成本最终要通过增税方式由辖区公众承担。

作为全球最大的单一制政体，我国地方官员由上级政府虑若干后备人选后，根据其任职期间的政绩表现，直接任命产生，地方官员决策主

---

① 日本针对危机地区的的事后支出调整更加严厉，破产地方政府甚至会削减公务员工资。如夕张市陷入危机后，政府职员的工资福利降低了大约30%，这种情况将一直延续到危机预计解除的2021年。

要对上而非对下负责。这种制度是降低上下级政府间信息不对称，**避免人为因素干扰考核结果**的一种有效制度安排，但量化考核也形成一种强政治压力，将地方官员的工作努力导向更有利于凸显量化政绩的方面。由于传统举债融资主要通过隐性渠道展开，上级政府很难掌握举债规模、还款能力、到期债务等信息，也就缺乏评估风险的有效办法。风险因素排除出政绩考评机制，降低了地方政府举债融资的制度成本，激励地方官员罔顾风险过度融资，这是我们观察到地方官员普遍秉有强烈扩张偏好的制度诱因。另一个不容忽视的问题是，传统举债融资模式游离在预算监管之外，致使融资转包、质量失控、权力设租等违规行为滋生蔓延。构建地方官员举债融资的问责机制势在必行。

在我们看来，单一制政体下的地方官员问责机制，不宜采取剧烈的重组改选方式，否则组织成本过于高昂，不符合单一制政体的行政效率优势。适宜采取的问责机制是，将是否扩张风险、触发危机纳入地方官员的政绩考评指标体系，作为一个核心变量进行新的量化政绩评定。如果说在以往的问责机制中，风险问责缺失是由于量化技术不成熟、基础融资不完备，那么当显性发债权放开后，地方债务数据将逐步浮出水面，数据不再是风险评估的核心制约；在技术层面，前文设计的早期、高危两套预警方法，也可有效解决风险评估的技术瓶颈。将问责机制嵌入政绩考评体系，将约束地方官员在任职理念中树立新的政绩观。继续延续以往模式，一味拉动增长和促进增收的地方官员，将因过度扩张累积难以应对的流动性风险，甚至触发危机，在这种情况下地方官员同样将被问责，面临降职、免职的行政处罚，因此地方政府在举债时必须谨慎权衡项目成本收益，摒弃数量型融资的低效模式。地方官员问责机制必须强调的一点是，即便在危机触发时，举债官员已通过"干部交流"机制到异地任职，也要追究其风险责任，即所谓的"离职追责"。离职追责制度旨在避免地方官员利用任职期限和偿债期限的错配，将偿债压力主动转抛给继任官员，从而杜绝地方官员普遍秉持的"本届借、下届还；政府借、企业还"的道德风险。对于政府举债过程中滋生的贪腐寻租行为，在行政处罚的同时，更要追究当事官员的法律责任，确保举债融资坚守"黄金法则"。

在强化风险追责的同时，地方官员治理另有复杂之处。如果一味强调追责，地方官员可能走向另一个极端："懒政"，即所谓"尸位素餐"。懒政问题是官员治理的难题，如果过度抑制激励机制，突出融资风险，地方官员将"不求有功、但求无过"，在现职岗位碌碌无为，很难追究其责任。我们建议，在防范地方官员"卸责"问题的同时，也有必要在新型地方官员政绩考评机制中，融入对举债绩效的激励机制。认定标准是，对于举债项目的实际绩效与目标绩效一致，甚至超过目标绩效的官员，择优提高晋升概率。同以往绩效考核标准的差异是，传统政绩考评机制更注重"数量"，以"招商引资额""税收入库额""举债融资额"等数量型指标考核官员，而新的考核标准更注重"质量"，考核的是项目的实际业绩而非融资数额。这项激励机制从属于地方政府举债融资治理机制从"加力"向"增效"的目标转变，将对提高举债融资绩效产生深远的制度影响。

6.4.3　纵向指导债务重组

从本质上说，财政调整和官员问责仍不是化解危机的根本之道。财政调整的目的是强化地方政府危机应对能力，官员问责的目的是约束地方政府举债道德风险，但除了内生管理不善外，地方政府也可能在周期性的随机因素冲击下陷入危机，如货币贬值、通货膨胀、利率波动等。对于这些外生因素冲击的情形，问责机制和调整计划都无力解除危机，有必要实施债务重组，帮助危机地区摆脱困境、恢复健康。但应注意的是，中央政府指导地方政府债务重组，绝不能采取简单的事后拨款方式，否则仍将在央地财政关系框架中，强化地方政府的救助预期，诱发道德风险。

在分权治理国家，中央政府介入危机地区的债务重组，主要是解决所谓的"钳制问题"（刘珫珫，2011）。当地方政府陷入破产境地时，地方政府需要同债权人逐一谈判，协商债务清算事宜，但债权人往往要求地方政府的债务重组方案向有利于自身的方向靠拢，分散债权人达成统一谈判结果非常困难。在这种情况下，中央政府出面解决个别债权人钳制债务重组方案的问题，就显得很有必要。从这个角度看，单一制政体具有避免"钳制问题"的制度优势，中央政府可以避免繁冗的谈判过程，从容地在全国范围内铺开债务重组方案。

危机地区的债务重组方式一般是用长期债券替代短期债券，以空间换时间，缓释地方政府的即期偿债压力。由于长期债券需要在短期债券基础上上浮利率，尽管地方政府可减轻即期偿债压力，但偿债压力只是发生了时间维度上的后移，并没有根除，未来地方政府仍要改善管理、提高绩效，为偿还中长期债务涵养税基。一旦管理不善，未来积蓄的偿债压力甚至可能使举债融资难以持续。但中国政府全面推开的债务置换同上述重组过程又有所不同。中国的债务置换是用中长期地方政府债券融资置换短期银行贷款为主的传统举债融资，这种置换模式使中长期利率不增反降，既缓释了地方政府的即期偿债压力，又减轻了地方政府的中长期偿债成本，分散了债权人可能承担的投资风险，是一种一举多赢的重组策略。做中长期构想，流动性风险缓释后，随着地方政府举债融资的大国治理模式从"加力"到"增效"转变，一系列以强化绩效为目标的制度设计陆续推出，地方政府将更加注重提高举债项目的影子收益，以公共投资项目涵养中长期稳定税基，从而使地方政府举债融资沿着透明化、规范化的轨道持续有序运行。这种治理模式的转变，必将成为中国经济步入"新常态"后，宏观经济整体治理模式的一个重要组成部分，为中国经济成功跨越"中等收入陷阱"、平稳完成经济转型，乃至实现21 世纪强国梦想创造制度条件。

为达到债务置换的中长期目标，我们建议中央政府在纵向层级体系中，对地方政府的债务置换重组过程介入框架指导，目标是通过债务重组提高地方政府的偿债责任意识和危机处理能力，保障基本公共服务供给。指导原则一是优化债务利率结构，使债务期限的中期利率和长期利率协调搭配。这将有利于根据举债项目的回报特征合理安排投资进度，增强地方政府合理规划债券融资的责任意识，防止一味以长期债券置换短期债券的机会主义行为。指导原则二是调整公共项目的资金来源结构，用公私合营方式吸引民间资本介入公共项目，挤入而非挤出民间投资，压缩政信合作等形式的影子银行规模，降低财政杠杆率。指导原则三是对确定不能偿还的债务，视所形成的资产有无收益，采取资产证券化、股权出售、银行债转股、资产变现等办法，多措并举化解流动性困境。

参考文献

[1] Adam, C.S., and Bevan, D.L., 2005, Fiscal Deficits and Growth in Developing Countries. Journal of Public Economics, 89: 571-597.

[2] Ahmad, E., Singh, R.J., and Fortuna, M., 2004, Toward More Effective Redistribution: Reform Options for Intergovernment Transfers in China. IMF Working Paper 04/98.

[3] Aghion and Howitt, 1998, Endogenous Growth Theory. MIT Press.

[4] Alessi, L., and C. Detken, 2011, Quasi Real Time Early Warning Indicators for Costly Asset Price Boom/Bust Cycles: A Role for Global Liquidity. European Journal of Political Economy, 27(3), 520-533.

[5] Asogwa, F.O., and Chetachukwu, O.I., 2013, The Crowding Out Effect of Budget Deficits on Private Investment in Nigeria, European Journal of Business and Management, 5(20), 161-165.

[6] Barro and Sala-I-Martin, 1995, Economic Growth. New York: McGraw-Hill.

[7] Bhatia, A.V., 2002, Sovereign Credit Rating Methodology: An Evaluation. IMF Working Paper No.170.

[8] Brixi, H., Schick, A., 2002, Government at Risk: Contingent Liabilities and Fiscal Risk, World Bank Publications.

[9] Brender, A., and Drazen, A., 2008, How do Budget and Economic Growth Affect Reelection Prospects? Evidence from a Large Panel of Countries. American Economic Review, 98(5), pp2203-2220.

[10] Buchanan.J.M., Tollison, R.D., and Tullock, G., Towards a Theory of the Rent-seeking Society. College Station, TX: Texas A&M University

Press.

[11] Buiter, W.H., 1985, A Guide to Public Sector Debt and Deficit. Economic Policy, 1(1):14-79.

[12] Burnside, Craig, 2005, Fiscal Sustainability in Theory and Practice: A Handbook. The World Bank.

[13] Chalk, N., and Hemming, R., 2000, Assessing Fiscal Sustainability in Theory and Practice. IMF Working Paper WP/00/81.

[14] Danel J. A., and Jeffery M. D., 1997, Fiscal Accounting of Bank Restrutuing. IMF Working Paper.

[15] Dillinger, W., 2002, Brazil, Issues in Fiscal Federalism. The World Bank Working Paper.

[16] Easterly, W., 1998, When is Fiscal Adjustment an Illusion?. The World Bank Working Paper.

[17] Eisner, R., 1984, Which Budget Deficit? Some Issue of Measurement and Their Implications. American Economic Review, 74(2), pp. 138-143.

[18] Ernesto, C., 2011, Subnational Fiscal Behavior under the Expectation of Federal Bailouts. Journal of Economic Policy Reform, 14(1), 41-57.

[19] Ezeabasili, V.N., Tsegba, I.N., and Ezi, W., 2012, Economic Growth and Fiscal Deficit. Economics and Finance Review, 2(6), pp85-96.

[20] Goodspeed, T.J., 2002, Bailouts in a Federation. International Tax and Public Finance, 9(4), pp409-421.

[21] Gramlich E.M., 1977, Intergoverental grants: a review of the empirical literature. In Oates federalism[M].Lexington:D.C. Heath and Company, pp227-230.

[22] Guo Yuqing., 2014, The Institutional Incentives and Hidden Risk Control Strategies of China's Local Government Debt Financing. The Korean-Chinese Association of Social Science Studies, Vol. 12(4), pp. 251-270.

[23] Hana Polackova, 1998, Government at Risk: Contingent Liabilities

and Fiscal Risk. World Bank Police Research Working Paper No.1989.

[24] Hemming R. and Petrie, M., 2002, A Framework for Assessing Fiscal Vulnerability. IMF Working Paper No.WP/00/52.

[25] Huang, Yasheng, Central-Local Relations in China during the Reform Era: The Economic and Institutional Dimensions. World Development, 1996, 24(4), pp.655-672.

[26] Jorion, P., 2001, Value at Risk: The Global Investor Book of Investing Rules, Harriman House.

[27] Kharas H., and Mishra d., 2002, Hidden Deficits and Currency Crisis. Word Bank Working Paper.

[28] Kaminsky, G. L., S. Lizondo, and C. M. Reinhart, 1998, Leading Indicators of Currency Crises. Staff Papers - International Monetary Fund, 45(1), 1-48.

[29] Knedlik, T., and G. V. Schweinitz, 2012, Macroeconomic Imbalances as Indicatiors for Debt Crises in Europe. Journal of Common Market Studies, 50(5), 726-745.

[30] Kornai, J., E. Maskin and G. Roland, 2003, Understanding the Soft Budget Constraint. Journal of Economic Literature, Vol.41, No.4, 1095-1136.

[31] Krumm, K.L., and Wong C.P., 1999, Fiscal Risk of Contingent Liabilities Facing the Government of China. IMF Working Paper.

[32] Kumar, M.S. and J. Woo, 2010, Public Debt and Growth. IMF Working Paper, No. WP/10/174.

[33] Lane, T.D., 1993, Market Discipline, Staff papers, International Monetary Fund, 40(March), pp.53-88.

[34] Liu, Lili and Waibel, M., 2003, Sub-national Insolvency: Cross-Country Experience. The World Bank Working Paper, No.4469.

[35] Ma, J., 2002, Monitoring Fiscal Risk of Sub-national Governments: Selected Country Experience. World Bank Working Paper.

[36] Macro, P.S., Building a Strong Subnational Debt Market: A Regulator's Perspective. Richmond Journal of Global Law and Business, 2001, 2(1), pp.1-31.

[37] Manasse, P., Roubini, N., Schimmelpfennig, A., 2003, Predicting Sovereign Debt Crises, IMF Working Paper 03/221, 1-41.

[38] Naughton, B, 2007, The Chinese Economy: Transitions and Growth. Cambridge, Massachusetts: Massachusetts Institute of Technology Press.

[39] North, D., 1990, Institutions, Institutional Change and Economic Performance. Cambridge University Press.

[40] Oates, W., 1969, The effects of Property Taxes and Local Public Spending on Property Values: An Empirical Study of Tax Capitalization and the Tiebout Hypothesis. The Journal of Political Economy, 77(6), pp.957-971.

[41] Oates, W. Fiscal Federalism. New York: Harcourt Brace Jovanovich, 1972.

[42] Odhiambo, O.S., Momanyi, G., Lucas, O., and Aila, F.O., The Relationship between Fiscal Deficits and Economic Growth in Kenya: An Empirical Investigation. Greener Journal of Social Science, 3(6), pp306-323.

[43] Rodden, J., 2002, The Dilemma of Fiscal Federalism: Grants and Fiscal Performance Around the World. American Journal of Politics Science, 46(3), pp.670-687.

[44] Rodden, J. A., G. S. Eskeland and J. Litvack, 2003, Fiscal Decentralization and the Challenge of Hard Budget Constraints. MA: The MIT Press.

[45] Rodden, J. Hamilton's Paradox: The Promise and Peril of Fiscal Federalism, Cambridge: Cambridge University Press, 2006.

[46] Singh, R., and Plekhanov, A., 2005, How Should Subnational Government Borrowing Be Regulated? Some Cross-Country Empirical Evidence. IMF Working Paper WP/05/54.

[47] Talvi, E., and Carlos, A., 2000, Tax Base Variability and Procyclical Fiscal Policy. NBER Working Paper No.7499.

[48] Ter-Minassian, Teresa, 1997, Fiscal Federalism in Theory and Practice, International Monetary Fund.

[49] Tiebout, C. A Pure Theory of Local Expenditures. Journal of Political Economy, 1956, 64(5), pp.416-424.

[50] Weingast, B.R., 2009, Second Generation Fiscal Federalism: The Implications of Fiscal Incentives. Journal of Urban Economics, 65(3), 279-293.

[51] Wildasin, D.E., 2004, The Institution of Federalism: Toward an Analytical Framework. National Tax Journal, 57(June), pp247-272.

[52] Xu, Jianguo and Xun Zhang, 2014, China's Sovereign Debt: A Balance-Sheet Perspective. China Economic Review, Vol. 31, 55–73.

[53] Yang Daguang and Li Cun, 2014, Moderate Scale Estimates of Local Government Debt. International Conference on Global Economy.

[54] 安立伟:《美日加澳四国地方政府债务管理做法对我国的启示》,《经济研究参考》2012 年第 10 期。

[55] 巴里·诺顿:《中国经济:转型与增长》,安佳译,上海人民出版社,2011 年。

[56] Brixi,H.,马骏:《财政风险管理:新理念与国际经验》,中国财政经济出版社,2003 年。

[57] 财政部财政科学研究所课题组:《我国地方政府债务态势及其国际借鉴:以财政风险为视角》,《改革》2009 年第 1 期。

[58] 财政部国库司、预算司:《2006 年地方财政政府收支分类转换数据》,中国财政经济出版社,2010。

[59] 财政部科研所:《财政风险视角下的地方债务研究》,转引自《公共财政研究报告——中国地方债务管理研究》,2007 年。

[60] 曹广忠、袁飞、陶然:《土地财政、产业结构演变与税收超常增长》,《中国工业经济》,2007 年第 12 期。

[61] 陈艳:《财政风险预警系统构建初探》,《湖南财经高等专科学校学报》,2005 年第 8 期。

[62] 丛树海:《财政扩张风险与控制》,商务印书馆,2005 年。

[63] 崔光庆:《我国财政隐性赤字与金融风险的对策研究》,《宏观经济研究》2007 年第 6 期。

[64] 邓淑莲、彭军:《地方政府债务风险控制的国际经验及启示》,

《财政研究》2013 年第 2 期。

[65] 段海英：《财政赤字结构研究》，四川大学出版社，2013。

[66] 弗兰克·H. 奈特：《风险、不确定性与利润》，商务印书馆，2010。

[67] 傅勇、张晏：《中国式分权与财政支出结构偏向：为增长而竞争的代价》，《管理世界》2007 年第 3 期。

[68] 高培勇：《关注中国的财政风险》，《经济》，2006 年第 6 期。

[69] 郭玉清：《地方政府违约债务规模及偿债准备金研究》，《山西财经大学学报》，2006 年第 3 期。

[70] 郭玉清：《内生创新增长理论研究述评》，《经济学动态》，2007 年第 8 期。

[71] 郭玉清、杨栋：《人力资本门槛、创新互动能力与低发展陷阱》，《财经研究》，2007 年第 6 期。

[72] 郭玉清：《逾期债务、风险状况与中国财政安全——兼论中国财政风险预警与控制理论框架的构建》，《经济研究》2011 年第 8 期。

[73] 郭玉清、姜磊、李永宁：《城市化进程中的地方政府债务融资激励及其隐性风险控制》，《天津社会科学》2014 年第 2 期。

[74] 洪源、刘兴琳：《地方政府债务风险非线性仿真预警系统的构建》，《山西财经大学学报》2012 年第 3 期。

[75] 胡光辉：《地方政府性债务危机预警及控制研究》，吉林大学博士学位论文，2008 年。

[76] 黄佩华、迪帕克：《中国：国家发展与地方财政》，中信出版社，2003。

[77] 贾俊雪、郭庆旺：《政府间财政收支责任安排的地区经济增长效应》，《经济研究》，2008 年第 6 期。

[78] 贾翁、冰莹康、张晓云、王敏、段学仲：《关于中国养老金隐性债务的研究》，《财贸经济》，2007 年第 9 期。

[79] 姜磊、郭玉清：《中国的劳动收入份额为什么趋于下降？》，《经济社会体制比较》，2012 年第 1 期。

[80] 李朝鲜、陈志楣、李友元：《财政或有负债与财政风险研究》，人民出版社，2008 年。

[81] 李金昌、徐蔼婷：《未被观测经济估算方法新探》，《统计研究》

2005 年第 11 期。

[82] 李萍等:《地方政府债务管理:国际比较与借鉴》,中国财政经济出版社,2009。

[83] 李扬、张晓晶、常欣、汤铎铎、李成:《中国主权资产负债表及其风险评估》(上、下),《经济研究》2012 年第 6、7 期。

[84] 李扬、张晓晶:《"新常态":经济发展的逻辑与前景》,《经济研究》2015 年第 5 期。

[85] 林毅夫:《从西潮到东风:我在世行四年对世界重大经济问题的思考和见解》,中信出版社,2012 年。

[86] 刘剑雄:《财政分权、政府竞争与政府治理》,人民出版社,2009 年。

[87] 刘珊珊:《地方政府债务融资及其风险管理:国际经验》,经济科学出版社,2011 年。

[88] 刘尚希、赵全厚:《政府债务:风险状况的初步分析》,《管理世界》2002 年第 5 期。

[89] 李朝鲜、陈志楣、李友元:《财政或有负债与财政风险研究》,人民出版社,2008 年。

[90] 卢文鹏、尹晨:《隐性担保、补偿替代与政府债务——兼论我国的财政风险问题》,《财贸经济》2004 年第 1 期。

[91] 吕冰洋、郭庆旺:《中国税收高速增长的源泉:税收能力和税收努力框架下的解释》,《中国社会科学》2011 年第 2 期。

[92] 马恩涛:《我国直接显性财政风险预警系统研究》,《广东商学院学报》2007 年第 1 期。

[93] 马骏、张晓蓉、李治国:《中国国家资产负债表研究》,《社会科学文献出版社》,2012 年。

[94] 马拴友:《中国公共部门债务和赤字的可持续性分析》,《经济研究》2001 年第 8 期。

[95] 欧阳华生、裴育:《我国地方政府债务的区域比较分析》,《财经论丛》2006 年第 1 期。

[96] 裴育、欧阳华生:《地方债务风险预警程序与指标体系构建》,《当代财经》2006 年第 3 期。

[97] 沈沛龙、樊欢：《基于可流动性资产负债表的我国政府债务风险研究》，《经济研究》2012 年第 2 期，

[98] 沈翼：《对我国财政隐性赤字的分析》，《财政》1995 年第 9 期。

[99] 时红秀：《财政分权、政府竞争与中国地方政府的债务》，中国财政经济出版社，2007 年。

[100]　史宗瀚：《中国地方政府的债务问题：规模测算与政策含义》，北京大学中国教育财政科学研究所简报，2010 年第 2 期。

[101] 陶然、陆曦、苏福兵、汪晖：《地区竞争格局演变下的中国转轨：财政激励和发展模式反思》，《经济研究》2009 年第 7 期。

[102] 王亚芬、梁云芳：《我国财政风险预警系统的建立与应用研究》，《财政研究》2004 年第 11 期。

[103] 许狄龙、何达之：《财政风险预警指数系统的构建与分析》，《财政研究》2007 年第 11 期。

[104] 杨志安、闫婷：《地方政府债务规模的计量经济分析——以辽宁省为例》，《地方财政研究》2012 年第 3 期。

[105] 杨志勇：《国内税收竞争理论：结合我国现实的分析》，《税务研究》2003 年第 6 期。

[106] 余斌、魏加宁：《中国财政金融风险问题研究》，中国发展出版社，2012。

[107] 喻桂华、陈建青：《我国地方政府直接显性债务规模估算》，《河南金融管理干部学院学报》2005 年第 12 期。

[108] 张军、周黎安：《为增长而竞争——中国增长的政治经济学》，上海人民出版社，2007 年。

[109] 张明喜、丛树海：《我国财政风险非线性预警系统：基于 BP 神经网络的研究》，《经济管理》2009 年第 5 期。

[110] 张志华、周娅、尹李峰等（a）：《哥伦比亚的地方政府债务管理》，《经济研究参考》2008 年第 22 期。

[111] 张志华、周娅、尹李峰等（b）：《巴西治理地方政府债务危机的经验教训及启示》，《经济研究参考》2008 年第 22 期。

[112] 张志华、周娅、尹李峰等（c）：《日本地方政府债务管理》，《经济研究参考》2008 年第 62 期。

[113] 中华人民共和国财政部预算司：《财政部代理发行 2009 年地方政府债券问题解答》，中国财政经济出版社，2009 年。

[114]《中国地方债务管理研究》课题组：《公共财政研究报告——中国地方债务管理研究》，中国财政经济出版社，2011 年。

[115] 周飞舟：《以利为利：财政关系与地方政府行为》，上海三联书店，2012 年。

[116] 周黎安：《转型中的地方政府：官员激励与治理》，格致出版社，2008 年。

后　记

我对中国地方政府债务问题的研究，始于 2002 年，迄今已不间断地思考了十三年。彼时，我在地方财政部门工作，负责研究地方财政风险预警机制、编制全省联网操控软件。这套软件终于在信息管理中心科研人员的辅助下设计完成，在省以下财政系统推广使用。当时的研究成果还出版了一本专著《地方财政运行分析系统》（经济科学出版社，2003年），但现在看来，这本书中的很多观点尚不成熟。

2005 年，我进入中国人民大学财政金融学院，攻读财政学博士学位，师从我国著名财政学家、人大财金学院院长郭庆旺教授。郭老师的每一次点拨，都能让我在迷雾中寻找到可行的方向。得益于参加老师主持的自然科学基金重大项目"中国财政金融风险预警机制及控制体系研究"，有机会同课题组核心成员贾俊雪、魏丽、吴卫星、孟庆斌等青年学者进行讨论交流，我开始系统梳理中国地方财政风险的形成机理、激励机制、传导路径、风控策略等问题，一个源于工作实践的理论框架初步成型。如今，当时的课题组成员大都已成为各自领域的知名学者和我国经济学研究的中坚力量。回思那段"激情燃烧的岁月"，课题组每隔一段时间就组织一次研讨，大家集思广益、共克难关，很多观点在激烈碰撞中渐次厘清，对我的学术影响一直延续至今。最直接的体现就是，当时的很多思想和方法都有意或无意识地写进了这本书中，以至于很难分清楚究竟哪些是我自己的观点、哪些是郭老师或其他学者的观点了。所以，如果这本书中的部分内容有掠美之嫌，那我必须向参加讨论的诸位同仁深表歉意，并向无私提供资料、分享心得的老师致以诚挚谢忱。

2008 年博士毕业后，我进入南开大学经济学院，从事教学科研工作。任教期间，我继续完善地方债理论框架，试图将这个领域的研究扩展到中央地方财政关系层面。在南开大学这个学术重镇中，我得到更多"贵人"帮助，梁琪院长、周立群院长、张志超教授、陶江教授、谢思全教授、李俊青教授等知名教授，都在各自学术领域给我莫大启发，引导我用动态方法切入地方债问题，将这个领域的研究同主流框架接轨。新方法、新视角的引入，自然对传统理论形成了冲击和挑战。经过痛苦的思维转型，我突然发现，从"地方财政隐性赤字"这个从未见诸报端的崭新概念出发，更有利于洞察地方政府债务演化规律，设计流动性风险的预控机制和监管策略。非常幸运的是，2012 年我以"中国地方财政隐性赤字的规模估测、风险量化与动态监管研究"为题，申请的项目获得国家自然科学基金（71203106）资助，这使我能够牵头组织一个以青年力量为主的科研团队，展开跨学科协作攻关。在研究过程中，不断有新的学者加入进来，又带着我们的观点融入其他团队，或者在公开会议上同其他观点切磋、交流，这个过程本身也是动态的。参与讨论的青年学者有：首尔国立大学社会科学院孙希方助理教授、中央财经大学税务学院何杨副教授、天津工业大学经济管理学院李永宁副教授、上海财经大学公共管理学院郑春荣副教授、清华大学社会科学院李龙博士、山东大学管理学院王怀明副教授、南京大学国际关系研究院郑先武副教授、南开大学周恩来政府管理学院郭道久副教授、南开大学经济学院邹洋副教授等。我带的硕士生杨学程、袁静、王倩、张媛、王润、周弘、付懋林、邢亮、金雁、卢肖、孙建飞等，替我做了大量的资料搜集、数据整理、文字校对、指标测算等工作，使我能够"分心"多去一些地方做调研；财政系教导主任倪志良教授甚至把他的办公桌椅都让给我，让我安心写作。没有他们的支持，完成这本书的难度是不可想象的。

地方财政隐性赤字问题纷繁复杂、头绪众多，尽管整个课题组付出了大量心血，数易其稿，但由于成员结构偏年轻化，研究视野和学术洞察力有限，涉及的很多前沿问题恐怕只能做到浅尝辄止。具体到这本书，我的本意并不想将读者群体严格限定在学术同行，而是想用尽量通俗化的文风表达学术思想，因为我始终坚信，无论数学建模还是文理叙事，在经济学研究中应该是相通的；但能力所限，本书中一些内容仍然诉诸数理推导，留下些许遗憾。但反过来想，队伍年轻化或许正是我们的优势。不惮于将一些新的观点和想法在学界率先抛出，甚至发出一些同主流观点不太一样的声音，至少能"抛砖引玉"，吸引更多学者参与讨论。很多经典的学术思想，不就是在"提出观点—学术争鸣—矫正讹误—凝聚共识"的过程中熔炼而成的吗？从这个角度看，即便从被批判的意义上能够对现有知识存量做出一些边际贡献，也是我们乐于尝试的。

我们有幸生在一个伟大的时代，见证一个大国的崛起。中国的一言一动，无不吸引全球目光，引发如潮热议。作为青年学者，我们有责任向世界讲述发生在中国的故事，以国际化视野厘清中国的机遇和挑战，破解这个生机勃勃的国家所经历的"成长的烦恼"。不揣浅陋，我们非常欢迎广大的学术同仁和读者朋友剖析我们的观点，纠正我们的错误，为构建中国式地方政府举债融资的大国治理机制而共同努力。

郭玉清

2015 年 9 月 4 日清晨于南开园